Wagner · Management Buy Out

Klaus-R. Wagner

Management Buy Out

Führungskräftebeteiligung
Arbeitnehmerbeteiligung

Grundlagen – Modellhinweise –
Neue Bundesländer – Rechtspolitik

Luchterhand

Die Deutsche Bibliothek – CIP-Einheitsaufnahme

Wagner, Klaus-R.:
Management buy-out : Führungskräftebeteiligung, Arbeitnehmerbeteiligung ; Grundlagen – Modellhinweise – neue Bundesländer – Rechtspolitik / Klaus-R. Wagner. – Neuwied ; Kriftel ; Berlin : Luchterhand, 1993
ISBN 3-472-01577-2

Satz: LibroSatz, Kriftel
Druck: Wilhelm & Adam, Heusenstamm
Umschlaggestaltung: Reckels, Schneider-Reckels & Weber, Wiesbaden
Printed in Germany, April 1993

Vorwort

Über Jahre hinweg wurde ich von der AGP Arbeitsgemeinschaft zur Förderung der Partnerschaft in der Wirtschaft e. V., Kassel und dort deren Geschäftsführer, Herrn Lezius, gebeten, anläßlich vielzähliger Vortragsveranstaltungen in Ost und West mich des Themas dieses Buches anzunehmen. So entstand die Idee, einige ausgewählte Vorträge aus der Zeit von 1988-1992 zu sammeln und in Buchform einer breiten Öffentlichkeit zugänglich zu machen.

Dabei wird deutlich, daß die Mitarbeiterkapitalbeteiligung, die vom Management Buy Out über die Führungskräftebeteiligung bis zur Arbeitnehmerbeteiligung reicht, weit mehr umfaßt als eine staatliche Sparförderung als Bestandteil einer Vermögenspolitik (5. VermBG) oder eine Finanzierungskonzeption (wie dies der MBO einmal ist/war). Inzwischen werden die dargestellten Beteiligungsformen auch zur Unternehmensnachfolge in Ost und West, als attraktive Variante für Führungskräfte, als Finanzierungsinstrument etc. eingesetzt. Und der Blick in die Zukunft zeigt, daß bisher ungeahnte weitere Möglichkeiten bestehen, die hier angedacht wurden.

Im 6. Kapitel wird insbesondere aus dem Beitrag über den Aktienverein (§ 22) deutlich, über welche Weichenstellungen man auf seiten der Gewerkschaften vor der Wiedervereinigung nachdachte. Und bezüglich der Vorträge in §§ 31 und 32 haben *Univ.-Prof. Dr. Karl-Georg Loritz, Universität Würzburg*, und ich gemeinsam Zukunftsperspektiven zur Diskussion gestellt.

Ziel dieses Buches ist es, allen Interessierten (Unternehmern, Managern, beteiligungswilligen Führungskräften und Arbeitnehmern, Beratern und der Politik sowie Gerichten, wenn es einmal – was man diesseits nicht hofft – zum Streit kommen sollte) ein Kompendium an praktischen Erfahrungen, theoretischem Grundlagenwissen und Kreativität für die Zukunft zu vermitteln. Und so ist beabsichtigt, diesem Buch weitere Bände folgen zu lassen, um durch die Wiedergabe von aus der Praxis angeregten Vorträgen zugleich auf laufende Entwicklungen aufmerksam zu machen.

Wiesbaden 1993 Dr. Klaus-R. Wagner

Vorwort

[illegible]

Inhalt

Abkürzungen

a.A.	anderer Ansicht
aaO	am angegebenen Ort
ABM	Arbeitsbeschaffungsmaßnahmen
Abs.	Absatz
ABS	Gesellschaften zur Arbeitsförderung, Beschäftigung und Strukturentwicklung
AFG	Arbeitsförderungsgesetz
AG	Aktiengesellschaft, Die Aktiengesellschaft (Zeitschrift)
AGBG	Gesetz zur Regelung des Rechts der Allgemeinen Geschäftsbedingungen
AktG	Aktiengesetz
Aufl.	Auflage
BAG	Bundesarbeitsgericht
BB	Betriebs-Berater
Beschl.	Beschluß
BetrVG	Betriebsverfassungsgesetz
BFH	Bundesfinanzhof
BGB	Bürgerliches Gesetzbuch
BGH	Bundesgerichtshof
BGHZ	Entscheidungen des Bundesgerichtshofes in Zivilsachen
BMF	Bundesministerium für Finanzen
BMWi	Bundesministerium für Wirtschaft
BGHSt	Entscheidungen des Bundesgerichtshofs in Strafsachen
BO	Buy Out
BStBl.	Bundessteuerblatt
BT-Drs.	Bundestags-Drucksache
BVerfG	Bundesverfassungsgericht
bzgl.	bezüglich
DB	Der Betrieb
DGB	Deutscher Gewerkschaftsbund
Diss.	Dissertation
DNU	Das Neue Unternehmen (Zeitschrift)
DStR	Deutsches Steuerrecht (Zeitschrift)
DStZ	Deutsche Steuer-Zeitung
DWI	Deutsche Wirtschaft (Zeitschrift)
EG	Europäische Gemeinschaft
ESOP	Employee Stock Ownership Plan
EStG	Einkommensteuergesetz
etc.	et cetera
f., ff.	folgende
FAZ	Frankfurter Allgemeine Zeitung
FN	Fußnote
GA	Goltdammer's Archiv für Strafrecht
GBl.	Gesetzesblatt

GbR	Gesellschaft bürgerlichen Rechts
ggf.	gegebenenfalls
GK	Gemeinschafts-Kommentar
GmbH	Gesellschaft mit beschränkter Haftung
GmbHG	Gesetz betr. die Gesellschaften mit beschränkter Haftung
GmbHR	GmbH-Rundschau
HGB	Handelsgesetzbuch
Hrsg.	Herausgeber
IAB	Institut für Arbeitsmarkt- und Berufsforschung der Bundesanstalt für Arbeit – Bericht
i.d.F.	in der Fassung
i.d.R.	in der Regel
i.S.d.	im Sinne der(s)
i.V.m.	in Verbindung mit
KAGG	Gesetz über Kapitalanlagegesellschaften
KapErhG	Gesetz über die Kapitalerhöhung aus Gesellschaftsmitteln und über die Verschmelzung von Gesellschaften mit beschränkter Haftung
KaRS	Kapitalanlagen Recht und Steuern (Zeitschrift)
KG	Kommanditgesellschaft
KStG	Körperschaftsteuergesetz
KWG	Kreditwesengesetz
LBO	Levaraged Buy-Out
LG	Landgericht
m.E.	meines Erachtens
m.w.N.	mit weiteren Nachweisen
MAB	Mitarbeiterbeteiligung
MBI	Management Buy-In
MBO	Management Buy-Out
Mio.	Million(en)
Mrd.	Milliarde(n)
n.F.	neue Fassung
NJW	Neue Juristische Wochenschrift
NStZ	Neue Zeitschrift für Strafrecht
OE	Organisationsentwicklungsprozesse
OLG	Oberlandesgericht
p.a.	per anno
PE	Personalentwicklungsprozesse
rd.	rund
RdA	Recht der Arbeit (Zeitschrift)
Rdn.	Randnummer
RGZ	Entscheidungen des Reichsgerichts in Zivilsachen
S.	Seite
s.	siehe
s.o.	siehe oben
s.u.	siehe unten
sog.	sogenannte(s, r)
StGB	Strafgesetzbuch
StuW	Steuer und Wirtschaft (Zeitschrift)
stv.	stellvertretend
TVG	Tarifvertragsgsetz

u.a.	und andere, unter anderem
u.H.a.	unter Hinweis auf
u.U.	unter Umständen
UmwG	Umwandlungsgesetz
Urt.	Urteil
UStG	Umsatzsteuergesetz
usw.	und so weiter
v.	vom
VerbrKrG	Verbraucherkreditgesetz
VermBeteilG	Vermögensbeteiligungsgesetz
VermBG	Vermögensbildungsgesetz
wistra	Zeitschrift für Wirtschaft, Steuer und Strafrecht
WM	Wertpapier-Mitteilungen
z.B.	zum Beispiel
z.Zt.	zur Zeit
ZGB	Zivilgesetzbuch
ZGR	Zeitschrift für Unternehmens- und Gesellschaftsrecht
ZHR	Zeitschrift für das gesamte Handels- und Wirtschaftsrecht
Ziff.	Ziffer
zzgl.	zuzüglich

1. Kapitel: Arbeits- und gesellschaftsrechtliche Aspekte der Beteiligung von Arbeitnehmern an Unternehmen

– Die besondere Berücksichtigung von betrieblichen Arbeitnehmer-Substanzbeteiligungen –

§ 1 Einleitung

Soweit im Untertitel von betrieblichen Arbeitnehmersubstanzbeteiligungen die Rede ist, sind damit Beteiligungen gemeint, mittels deren Arbeitnehmer volle gesellschaftsvertragliche Mitgliedschaften und nicht nur Beteiligungen an den stillen Reserven erhalten. Gemeint sind Beteiligungen als Belegschaftsaktionäre, GmbH-Gesellschafter, Kommanditisten, stille Beteiligte und Genossenschaftsmitglieder.

Motive, warum man Arbeitnehmern das Angebot unterbreitet, sie zu Mitgesellschaftern und damit zu Partnern zu machen, sind unterschiedlich. Partnerschaft bedeutet aber Chance *und* Risiko und wenn insbesondere von Gewerkschaftsseite eingewandt wird, bei Substanzbeteiligungen bestünde das doppelte Risiko des Arbeitsplatzverlustes sowie des Verlustes des vom Arbeitnehmer investierten Kapitals, so ist dem folgendes entgegenzuhalten:

– Soweit Arbeitgeber betriebliche Substanzbeteiligungen anbieten sollten, ist der Arbeitnehmer nicht verpflichtet, diese anzunehmen, er hat vielmehr die Wahlfreiheit, es zu tun oder zu lassen.

– Entscheidet er sich dafür, dann in Kenntnis folgender Umstände:

- Er geht zwar das von Gewerkschaftsseite beschriebene Doppelrisiko ein, aber mit Investivbeteiligungen wird eine Verstärkung der Eigenkapitalstruktur des arbeitgebenden Unternehmens bewirkt, weil in dem Maße der Investivbeteiligung eine geringere Fremdverschuldung des arbeitgebenden Unternehmens die Folge ist. Folglich ist investive Substanzbeteiligung zugleich eine Minimierung des oben beschriebenen Doppelrisikos durch Stärkung des arbeitgebenden Unternehmens, mit positiver Auswirkung auf den eigenen Arbeitsplatz.

- Der substanzbeteiligte Arbeitnehmer erhält aufgrund dieser individuellen Beteilung

- die Möglichkeit der Information und Mitgestaltung,
- die Chance der Teilhabe am Unternehmensertrag über den Arbeitslohn hinaus.

– Partnerschaft bedingt Chance *und* Risiko. Wer mithin nur die Chance wahrnehmen will, die Risiken aber anderen aufbürden möchte, mißversteht Wesen und Inhalt von Partnerschaften schlechthin.

Betriebliche Substanzbeteiligungen sind insbesondere dort anzutreffen, wo Kapital und Arbeit keine Interessengegensätze sind, sondern sich bedingen. So sind z.B. Softwareunternehmen nur durch die Kreativität ihrer Mitarbeiter lebensfähig, indem die Austauschbarkeit einzelner Mitarbeiter dort in der Regel geringer sein wird als in anderen Bereichen. – Daß die Aktienbeteiligung von Mitarbeitern in diese Anfangsüberlegung noch nicht mit einbezogen wird, hängt damit zusammen, daß man in der Aktie z.B. noch zu sehr ein Wertpapier, statt den gleichzeitigen Ausweis einer mitgliedschaftlichen Beteiligung sieht.

Nehmen Mitarbeiter das Angebot von Substanzbeteiligungen der oben geschilderten Art an, dann in der Regel neben und nicht an Stelle ihres Arbeits- bzw. Anstellungsverhältnisses. Als Arbeitnehmer sind sie weisungsunterworfen, als Partner mitspracheberechtigt. Als Arbeitnehmer steht ihnen das Streikrecht zu, als Partner und Gesellschafter unterliegen sie dagegen besonderen Treuepflichten. Als Arbeitnehmer können sie ihre Interessen durch die Interessenvertretungen, die Gewerkschaften, wahrnehmen lassen, als Partner haben sie ihre Interessen selbst wahrzunehmen.

Arbeits- und Gesellschaftsrecht berühren sich mannigfaltig und es gilt, die Grenzen auszuloten.

§ 2 Derzeitige Diskussionsschwerpunkte

A. Der Stellenwert der Mitarbeiterbeteiligung auf der Grundlage des Mitbestimmungsurteiles des Bundesverfassungsgerichtes vom 01. 03. 1979[1]

Soweit die Tarifvertragsparteien sich mit Fragen der Mitarbeiterbeteiligung bzw. Arbeitnehmervermögensbildung befassen, wird die Meinung vertreten, dies müsse natürlich per Tarifvertrag geregelt werden. Tarifverträge haben jedoch im Hintergrund stets ihre Erstreikbarkeit, so daß es Zweifel erwecken muß, ob ein nach geltendem Tarifrecht auf Konfronta-

1 BVerfG NJW 1979, 699, 709

tion ausgerichtetes Tarifsystem, soweit es über die Mittelaufbringung hinaus geht, ein taugliches Instrument für partnerschaftliche Mitarbeiterbeteiligungsmodelle sein kann.

In der derzeitigen Diskussion wird mithin nicht zwischen dem Wünschenswerten und dem Machbaren unterschieden.

Für das Machbare gibt das Bundesverfassungsgericht in obigem Urteil einige Hinweise:

»Das Grundrecht (Artikel 9 Abs. 3 GG) enthält wie gezeigt, eine Garantie des Bestandes des Tarifvertrags- und Arbeitskampfsystems in seiner konkreten gegenwärtigen Gestalt: Artikel 9 Abs. 3 GG läßt sich auch nicht dahin auslegen, daß er ein Tarifsystem als ausschließliche Form der Förderung der Arbeits- und Wirtschaftsbedingungen gewährleistet. Dies würde in Widerspruch zu den Grundgedanken der geschichtlichen Entwicklung der Koalitionsfreiheit treten, der für die Auslegung maßgebliche Bedeutung zukommt. Als Freiheitsrecht will Artikel 9 Abs. 3 GG in dem von staatlicher Regelung freigelassenen Raum gewährleisten, daß die Beteiligten selbst eigenverantwortlich bestimmen können, wie sie die Arbeits- und Wirtschaftsbedingungen fördern wollen. Daß dies nur im Wege von Tarifverträgen möglich sein sollte, ist nicht zu erkennen, zumal eine solche Lösung auf eine Einschränkung der gewährleisteten Freiheit hinausliefe. Vielmehr kann die sinnvolle Ordnung und Befriedung des Arbeitslebens, um die es Artikel 9 Abs. 3 GG geht, auf verschiedenen Wegen angestrebt werden: Nicht nur durch Gestaltungen, die wie das Tarifsystem durch die Grundelemente der Gegensätzlichkeit der Interessen, des Konflikts und des Kampfes bestimmt sind, sondern auch durch solche, die Einigung und Zusammenwirken in den Vordergrund rücken, wenngleich sie Konflikte und deren Austragung nicht ausschließen. Auch der ***zweite Weg*** *vermag namentlich der Aufgabe der Befriedung gerecht zu werden. . .«*

Dies bedeutet:

(1) Das gegenwärtige konfliktorientierte Tarifsystem ist grundgesetzlich durch Artikel 9 Abs. 3 GG nicht garantiert.

(2) Es ist auch nicht grundgesetzlich garantiert, daß die Förderung von Arbeits- und Wirtschaftsbedingungen nur durch ein Tarifsystem möglich wäre.

(3) Arbeitnehmer, Arbeitgeber, Kapitaleigner usw. können selbst eigenverantwortlich bestimmen, wie sie ihre Arbeits- und Wirtschaftsbedingungen ausrichten wollen.

(4) Arbeits- und Wirtschaftsbedingungen können auch durch Gestaltungen geregelt werden, die Einigung und Zusammenwirken in den Vordergrund rücken (Kooperation statt Konfrontation).

Solange mithin Tarifsysteme die Konfrontation zum Ausgangspunkt haben, wird m. E. partnerschaftliche Beteiligung (Kooperation) in Tarifverträgen nicht geregelt werden können, sieht man einmal von der Frage der Mittelaufbringung ab.

B. Die Zukunft des Arbeitsrechts in der Wirtschaftsordnung?

Unter obigem Untertitel fand 1986 das Marburger Forum Philippinum statt[2]. Angesprochen wurde damit u. a. der tiefgreifende Wandel, dem das Arbeitsverhältnis seit geraumer Zeit ausgesetzt ist, indem einerseits Arbeitnehmer immer höhere Löhne erhalten, immer größeren Sozialschutz erhalten, in immer stärkerem Maße in Betrieb und Aufsichtsrat mitbestimmen und zunehmend am Unternehmensvermögen beteiligt werden, während andererseits sich die Schutzbedürftigkeit des Arbeitnehmers entsprechend verringert.

Folglich wurde die Frage gestellt, ob in Anbetracht dieser Entwicklung das Arbeitsrecht mit der Zeit seinen »sozialen Grund« verliere und nicht in einem neuen Gesellschaftsrecht aufgehen werde, das als neues Unternehmensrecht in gleicher Weise Kapitalteilhaber wie Arbeitsteilhaber erfasse[3].

Beuthien[4] hat die Entwicklung des Arbeitsrechts treffend wie folgt gekennzeichnet:

□ Nach herkömmlicher arbeitsrechtlicher Sicht wirtschafteten Arbeitgeber und Arbeitnehmer zwar miteinander, aber auf gesonderte Rechnung und getrenntes Risiko.

Nach der Devise »gib weg, hol zurück« fördere der Arbeitnehmer nämlich mit seiner Arbeit das Unternehmen des Arbeitgebers, damit der Arbeitgeber ihn, den Arbeitnehmer, mittels des Unternehmens versorge. Durch diesen Verzicht des Arbeitnehmers auf gesellschaftsrechtliche Teilhabe werde der Arbeitnehmer von einer Reihe von Risiken entlastet, die er als Mitgesellschafter sonst mit übernehmen müsse. Der Arbeitnehmer erkaufe sich quasi durch versäumtes Arbeitnehmereigentum – mit den darin durchaus begründeten Chancen – arbeitsrechtlichen Sozialschutz.

2 *Beuthien,* Arbeitnehmer oder Arbeitsteilhaber, Zur Zukunft des Arbeitsrechts in der Wirtschaftsordnung, 1987

3 *Beuthien* (FN 2), S. 28

4 *Beuthien* (FN 2), S. 29, 30

□ Die insbesondere von seiten der Gewerkschaften favorisierte Mitbestimmung sei quasi ein Eigentumsersatz, indem sie dem Arbeitnehmer auf der Ebene des Arbeitsrechts einen Teil der Selbstbestimmung zurückgeben solle, die er auf der Ebene des Gesellschaftsrechts nicht habe erreichen können.

Folglich weist *Beuthien*[5] darauf hin, daß in dem selben Maße, wie Arbeitnehmer güterrechtlich mitentscheidende Miteigentümer des Unternehmensvermögens würden, sie der außergüterrechtlichen Mitbestimmung nicht mehr bedürften.

Die Konsequenz sei, daß Mitbestimmung und betriebliche Beteiligung der Arbeitnehmer sich nicht grenzenlos häufen ließen, vielmehr umgekehrt in dem Maße die Unternehmens- und betriebliche Mitbestimmung abnehmen müsse, wie der am Unternehmenseigentum beteiligte Arbeitnehmer aus dieser Gesellschafterstellung heraus mitbestimme.

□ Die Beteiligung des Arbeitnehmers am Vermögen des arbeitgebenden Unternehmens sei die konsequente Weiterentwicklung des zuvor Dargestellten[6]. Durch betriebliche Vermögensbeteiligungen würden aber die Grundlagen des Arbeitsverhältnisses berührt. Denn wer sich investiv beteilige und seine Arbeitskraft einbringe, bewege sich im Gesellschaftsrecht *und* Arbeitsrecht, was insbesondere dort deutlich werde, wo Arbeitsverhältnis und Beteiligungsverhältnis *nebeneinander* bestünden[7], so z. B. beim Belegschaftsaktionär, Arbeitnehmerkommanditist und still Beteiligten, wozu man den GmbH-Beteiligten und das Genossenschaftsmitglied mit hinzunehmen kann.

Dabei sei zwischen der Vermögensbeteiligung mit Lohnersatzfunktion einerseits und der Vermögensbeteiligung im Sinne einer Risikoteilhabe zu unterscheiden[8]:

□ *Vermögensbeteiligung mit Lohnersatzfunktion:*

Wenn Vermögensbeteiligung nur dazu diene, aus herkömmlichem Lohn quasi (teilweise) Investivlohn zu machen, stehe nicht die Unternehmerfunktion der Arbeitnehmer im Vordergrund, vielmehr sei damit eine besondere Unternehmensfinanzierung mit Hilfe des im Unternehmen angesammelten Sparkapitals der Arbeitnehmer gegeben.

5 *Beuthien* (FN 2), S. 31
6 *Beuthien* (FN 2), S. 32
7 *Beuthien* (FN 2), S. 32; *Wagner*, Die Massenkommanditgesellschaft als Mittel zur Vermögensbeteiligung der Arbeitnehmer, Göttingen 1985, S. 171-174
8 *Beuthien* (FN 2), S. 33-34

Der Arbeitnehmer werde insoweit nur zu einer besonderen Form des Fremdkapitalgebers.

□ *Vermögensbeteiligung mit Risikoteilhabe:*

Bei dieser Beteiligungsform würde der Arbeitnehmer in die unternehmerische Mitverantwortung für das Beschäftigungsunternehmen eingebunden werden. Neben der Nutzung von Arbeitnehmerkapital für die Unternehmensfinanzierung würde der Arbeitnehmer aus dem Arbeitnehmerstatus in eine unternehmerische Teilhaberschaft überführt.

Beteiligte Arbeitnehmer und Kapitaleigner hätten die arbeitsrechtliche Fürsorge für die vom Unternehmensvermögen ausgeschlossenen Arbeitnehmer übernommen. Dort, wo aber die beteiligten Arbeitnehmer selbst an der Gewinnchance als Teilhaber partizipierten, bedürfe es der sozialwirtschaftlichen Fürsorge des Arbeitgebers nicht mehr.

□ Bei echter unternehmerischer Teilhabe von Arbeitnehmern stelle sich die noch nicht beantwortete Frage nach der Lösung des Konflikts zwischen Arbeitsrecht und Gesellschaftsrecht.

Eine sich über das geltende Arbeitsrecht hinaus entwickelnde Unternehmensrechtsordnung stelle auch den Gewerkschaften neue Aufgaben, wobei es dem Gesetzgeber frei stehe, die Tarifautonomie dadurch zu verändern, daß er den Tarifvertragsparteien neue Wege eröffne[9].

Solange mithin Arbeitnehmer in unterschiedlichem Rahmen – als beteiligte und nichtbeteiligte Arbeitnehmer – tätig seien, seien Konfrontations- und Kooperationsaufgaben gleichermaßen gefordert[10].

§ 3 Substanzbeteiligungen von Arbeitnehmern neben dem fortbestehenden Arbeits- und Anstellungsverhältnis

A. Begriffe

I. Der Arbeitnehmerbegriff

Da es einen einheitlich verwendeten Begriff des Arbeitnehmers nicht gibt, soll begrifflich nach den Bereichen differenziert werden, in denen er verwandt wird:

9 *Beuthien* (FN 2), S. 36
10 *Beuthien* (FN 2), S. 37

1. Individualvertrag

Kriterien der Arbeitnehmereigenschaft sind üblicherweise:

- Fremdbestimmtheit der Arbeit;
- mangelnde Dispositionsfreiheit;
- Erbringung von Diensten (nicht eines vertraglich geschuldeten Erfolges);
- persönliche Abhängigkeit;
- Weisungsgebundenheit;
- Weisungsunterworfenheit.

2. Betriebsverfassungsrecht

Trotz Erfüllens vorgenannter Kriterien sind *nicht* Arbeitnehmer im Sinne des Betriebsverfassungsrechts die in § 5 Abs. 2 und Abs. 3 BertrVG genannten Personen:

- Organmitglieder bzw. gesetzliche Vertreter;
- Gesellschafter oder Personen, die zur Geschäftsführung oder Vertretung einer Personengesamtheit berufen sind;
- Personen, deren Beschäftigung in erster Linie aus karitativen oder religiösen Gründen oder sonstigen nicht auf Erwerb gerichteten Gründen erfolgt;
- leitende Angestellte;
- Generalbevollmächtigte und Prokuristen;
- Eigenverantwortliche.

3. Tarifvertrag

Hier sind nicht in erster Linie die Kriterien der Arbeitnehmereigenschaft maßgeblich, sondern die Verbandszugehörigkeit einerseits sowie die Tariffähigkeit der Gewerkschaften andererseits.

II. Der Arbeitgeberbegriff

Mit dem Begriff des Arbeitgebers werden Personen bzw. Unternehmen in Verbindung gebracht, die in abhängiger Stellung Tätige beschäftigen und diesen gegenüber aufgrund deren persönlicher Abhängigkeit im Rahmen der vertraglich umschriebenen Verwendung innerhalb des Betriebes weisungsbefugt sind[11].

III. Der Unternehmerbegriff

Hierunter wird in der Regel der Unternehmer-Gesellschafter, der Teilhaber, verstanden, der z. B. durch seine Stimmrechte in der Gesellschafterversammlung auf die Geschäftspolitik Einfluß nehmen kann.

IV. Der Kapitaleignerbegriff

Der Kapitaleigner unterscheidet sich vom vorgenannten Unternehmer-Gesellschafter dadurch, daß er mit seiner Beteiligung lediglich eine Kapitalanlage bezweckt, ohne auf die Geschäftspolitik Einfluß nehmen zu wollen bzw. zu können.

Was also ist der neben seinem Anstellungsverhältnis gesellschafterlich beteiligte Arbeitnehmer: Arbeitnehmer, Arbeitgeber, Unternehmer, Kapitaleigner?

B. Typische gesellschafterliche Beteiligungsformen

I. Der Belegschaftsaktionär

Der Belegschaftsaktionär erhält mit der Aktie nicht nur ein Wertpapier, sondern auch folgende Mitgliedschaftsrechte:

- Recht zur Teilnahme an der Hauptversammlung (§ 118 Abs. 1 AktG);
- Auskunftsrecht (§ 131 AktG);
- Stimmrecht (§ 134 AktG);
- Anfechtungsrecht (§ 245 Nr. 1 und 2 AktG);
- Minderheitsrechte (§§ 122, 147 AktG);
- Anspruch auf Bilanzgewinn, Dividende (§§ 58 Abs. 4, 60 AktG);
- Bezugsrechte bei Kapitalerhöhungen (§ 186 Abs. 1 AktG);
- Ausgleichs- und Abfindungsansprüche in den Fällen der §§ 304, 305 und 320 AktG;
- Beteiligung am Liquidationserlös (§ 271 AktG).

Gemäß § 76 AktG leitet aber der Vorstand die Aktiengesellschaft in ei-

11 *Gaul,* Das Arbeitsrecht im Betrieb, Band 1, 8. Aufl., A V Rdn. 1

gener Verantwortung und kann diese Aufgabe weder auf Arbeitnehmer noch auf Betriebsrat delegieren[12].

Der Belegschaftsaktionär ist mithin aufgrund einer neben dem Anstellungsverhältnis bestehenden Mitgliedschaft als Aktionär je nach Ausgestaltung Arbeitnehmer *und* Unternehmer-Gesellschafter bzw. Kapitaleigner, er übt aber nicht zugleich Arbeitgeberfunktionen aus.

II. Der an einer GmbH beteiligte Arbeitnehmer

Der GmbH-beteiligte-Arbeitnehmer hat vergleichbare Rechte zum Aktionär auf der Grundlage des GmbH-Gesetzes.

Anders jedoch als bei der Aktiengesellschaft sind Geschäftsführer einer GmbH in der Regel nicht in eigener Verantwortung tätig, sondern im Innenverhältnis weisungsgebunden nach den Vorgaben der Satzung und der Beschlüsse der Gesellschafterversammlung.

Soweit diese Vorgaben gegeben sind, würden Arbeitnehmer, die neben ihrem Anstellungsverhältnis als GmbH-Gesellschafter beteiligt wären, über ihre Einflußnahmemöglichkeiten in der Gesellschafterversammlung auch Weisungsbefugnisse gegenüber der Geschäftsleitung mit ausüben können.

Insoweit könnte ein Arbeitnehmer vermittels seiner Unternehmer-Gesellschafterstellung auch dem Arbeitgeberbereich zugeordnet werden.

III. Der Arbeitnehmerkommanditist

Ist ein Arbeitnehmer neben seinem Anstellungsverhältnis Kommanditist im arbeitgebenden Unternehmen, dabei jedoch lediglich kapitalmäßig beteiligt, ohne in Abweichung zu § 164 HGB an Geschäftsführungsmaßnahmen beteiligt zu werden, dann wäre der Arbeitnehmer je nach Ausgestaltung des Beteiligungsverhältnisses neben seiner Arbeitnehmereigenschaft zugleich Unternehmer-Gesellschafter oder Kapitaleigner, er wäre aber nicht der Arbeitgeberseite mit zuzuordnen.

Neben seiner Arbeitnehmereigenschaft würde ein beteiligter Arbeitnehmer-Kommanditist folglich nur dann auch Arbeitgeberfunktionen mit wahrnehmen, wenn er in Abweichung zu § 164 HGB aufgrund seiner Gesellschafterstellung eine gesellschaftsvertragliche Mitgeschäftsführungsbefugnis erhalten würde[13].

---

12 *Henn,* Handbuch des Aktienrechts, 3. Aufl., S. 197
13 *Wagner* (FN 7), S. 314-320

IV. Der still beteiligte Arbeitnehmer

Bei einer betrieblichen stillen Beteiligung des Arbeitnehmers schließt dieser mit dem arbeitgebenden Unternehmen einen Gesellschaftsvertrag. Gesellschafter dieser Innengesellschaft sind das arbeitgebende Unternehmen und der Arbeitnehmer. Über diese typisch stille Beteiligung erhält der beteiligte Arbeitnehmer keine Mitgeschäftsführungsbefugnis, sondern lediglich Kontrollrechte und Gewinnbeteiligungsansprüche.

Neben seiner Arbeitnehmereigenschaft würde ein still beteiligter Arbeitnehmer im weitesten Sinne des Wortes allenfalls Kapitaleigner sein, nicht aber Unternehmer-Gesellschafter und würde auch keine Arbeitgeberfunktionen mit wahrnehmen.

V. Die genossenschaftliche Beteiligung

Ähnlich wie bei der Aktiengesellschaft obliegt die Geschäftsführung und Vertretung dem Vorstand. Arbeitnehmer, die Genossenschaftsmitglieder neben ihrem Anstellungsverhältnis würden, würden – je nach Ausgestaltung des Status (§ 18 GenG) – zusätzlich Unternehmer-Gesellschafter bzw. Kapitaleigner, sie würden insoweit jedoch keine Arbeitgeberfunktionen ausüben, solange sie nicht in den Vorstand wechseln.

C. Auswirkungen von Substanzbeteiligungen

I. Auf den Anstellungs- bzw. Arbeitsvertrag

Sind Arbeitnehmer neben ihrem Anstellungsvertrag zusätzlich gesellschafterlich beteiligt, wirkt sich dies weder auf Inhalt noch auf den Bestand des Anstellungsvertrages noch auf die sonstigen (z. B. gesetzlichen) Arbeitnehmerschutzrechte aus[14].

Diskutiert werden dagegen z. Zt. folgende Fragen:

1. Auswirkungen des Anstellungsverhältnisses auf die gesellschafterliche Beteiligung?

Da die Beteiligung in der Regel dem Arbeitnehmer aufgrund seiner Arbeitnehmerstellung gewährt wird, wird man seitens des arbeitgebenden Unternehmens nicht an einem Fortbestehen der Beteiligung unabhängig von dem weiteren Fortbestehen des Anstellungsverhältnisses interessiert sein. Es gilt folglich, im Gesellschaftsvertrag zu regeln, daß die Beteiligung

14 *Wagner* (FN 7), S. 322-331

in ihrer Dauer von der Dauer des Anstellungsverhältnisses abhängig sein soll, und weil diese Dauer nur in diese eine Richtung wirkt, mithin also nicht das Anstellungsverhältnis von der Dauer des Beteiligungsverhältnisses abhängt, wird sie relative Akzessorietät genannt[15].

Da aber die Gründe der Beendigung eines Anstellungsverhältnisses unterschiedlich sein können, sollen an diesen unterschiedlichen Möglichkeiten im Gesellschaftsverhältnis jeweils Höhe und Zahlungsmodus der gesellschaftsvertraglichen Abfindungsregelung für den Fall des Ausscheidens aus der Gesellschafterstellung geknüpft werden.

Da das Anstellungsverhältnis durch eine gesellschaftsrechtliche Mitgliedschaft nicht berührt wird, können beteiligte Mitarbeiter auch von betriebsbedingten Kündigungen nicht ausgespart werden. Da dadurch aber der mit einer betriebsbedingten Kündigung verfolgten Absicht der Personalkosteneinsparung die Mehrbelastung des Unternehmens mit gesellschafterlichen Abfindungsansprüchen des beteiligten, ausscheidenden Arbeitnehmer-Gesellschafters folgen würde, was das Unternehmen und damit die verbleibenden Arbeitsplätze zusätzlich gefährden würde, fragt sich, ob nicht aus diesem Aspekt beteiligten Arbeitnehmern bei der Auswahl der betriebsbedingt zu kündigenden Arbeitnehmer ein gewisses Prae für die Erhaltung ihres Arbeitsplatzes und damit auch der Beteiligung einzuräumen ist[16].

2. Sind bei gesellschafterlich beteiligten Arbeitnehmern arbeitsrechtliche Vorschriften verzichtbar?

Loritz[17] kommt zu der Feststellung, daß dem geltenden Recht keine Aussagen zu entnehmen sind, ob arbeitsrechtliche Vorschriften bei gesellschafterlich beteiligten Arbeitnehmern verzichtbar seien.

Andererseits vertritt er die Auffassung, daß das geltende Recht sich auch noch nicht spezifisch mit der Mitarbeiterbeteiligung befaßt habe[18]. Arbeitsrecht und Gesellschaftsrecht müßten daher nicht als Gegensatz verstanden werden, sondern könnten sich ergänzen, so daß das Arbeitsrecht überall dort zurückgedrängt werden könne, wo das Gesellschaftsrecht eine sachgerechtere bzw. flexiblere Lösung für einen Interessenausgleich ermögliche[19].

15 *Wagner* (FN 7), S. 217-224
16 *Wagner* (FN 7), S. 246-267
17 *Loritz,* Die Mitarbeit Unternehmensbeteiligter, 1984, S. 241
18 sieht man von ihrer Förderung im 5. VermBG und in § 19 a EStG einmal ab
19 *Loritz* (FN 17), S. 260, 389 ff., 517

II. Auf die Betriebsverfassung

1. Regelungsmöglichkeiten gemäß Betriebsvereinbarung?

Einigkeit besteht darin, daß durch normativ wirkende Betriebsvereinbarungen die Einräumung gesellschafterlicher Beteiligungen nicht geregelt werden kann, da Arbeitnehmer nicht gegen ihren Willen Gesellschafterstellungen aufgezwungen werden können[20]. Andererseits läßt § 88 Ziff. 3 BetrVG ausdrücklich *freiwillige* Betriebsvereinbarungen zur Regelung von Maßnahmen der Vermögensbildung zu, womit allenfalls schuldrechtliche Vereinbarungen zwischen Arbeitgebern und Arbeitnehmern gemeint sein können, gegenüber den Arbeitnehmern für den Abschluß von Beteiligungsverträgen Sorge tragen zu wollen oder inhaltliche Regelungen festlegen zu wollen[21].

Es gilt jedoch weitere Besonderheiten zu beachten:

Die Verschaffung der Stellung eines *Belegschaftsaktionärs* ist direkt durch Betriebsvereinbarung nicht möglich, da die durch die Aktie verbriefte Mitgliedschaft eines Übertragungsaktes bezüglich genau zu konkretisierender Aktien bedarf[22]. Denkbar ist aber, seitens der arbeitgebenden Aktiengesellschaft in einer Vereinbarung mit dem Betriebsrat die Verpflichtung des Arbeitgebers aufzunehmen, an Arbeitnehmer Angebote zum Erwerb eigener Aktien des arbeitgebenden Unternehmens zu unterbreiten, die dann der Arbeitnehmer im Einzelfall je nach Bedarf annehmen kann. Auch kann geregelt werden, den Erwerb von eigenen Aktien zu vergünstigen, was im Hinblick auf § 19 a EStG von Interesse sein kann.

Auch die Gewährung von *GmbH-Anteilen* kann in einer Betriebsvereinbarung direkt nicht geregelt werden. Zum einen deshalb nicht, weil dazu ohnehin notarielle Beurkundung erforderlich wäre (§ 15 Abs. 3 und 4 GmbHG), zum anderen auch deshalb, weil in der Regel der Verkauf von GmbH-Beteiligungen von Gesellschaftern erfolgt, die ohnehin nicht Vertragspartner einer Betriebsvereinbarung sein können. Dagegen kann in einer Betriebsvereinbarung geregelt werden, daß die arbeitgebende GmbH bereit ist, zum Kaufpreis des Arbeitnehmers zum Erwerb von Anteilen beizutragen, um damit im Hinblick auf § 19 a EStG zu einer Verbilligung des Anteilserwerbs mit beizutragen. Bei der *Arbeitnehmer-Kommanditbeteiligung* scheidet eine Betriebsvereinbarung schon deshalb aus, weil der Erwerb von Gesellschaftsanteilen zwischen den Gesellschaf-

20 *Loritz* (FN 17), S. 112
21 *Loritz* (FN 17), S. 115; *Vollmer*, Die Entwicklung partnerschaftlicher Unternehmensverfassung, 1976, S. 108 ff.
22 *Loritz* (FN 17), S. 114

tern der KG und den Arbeitnehmern erfolgen müßte, während Betriebsvereinbarungen nur zwischen dem Betriebsrat und dem Arbeitgeber – also der Kommanditgesellschaft – abgeschlossen werden könnten[23]. Wohl aber kann auch hier die KG mit dem Betriebsrat ihren Beitrag zur Verbilligung beim Erwerb von Beteiligungen von Arbeitnehmern regeln, wie sie sich auch verpflichten kann, Teile der Kaufpreiszahlung des Arbeitnehmers zu übernehmen, um damit diesem die Verbilligung im Sinne des § 19 a EStG zukommen zu lassen.

Vergleichbare Feststellungen sind auch für die *stille Beteiligung* und den Erwerb von Genossenschaftsbeteiligungen zu treffen, indem in einer Betriebsvereinbarung nicht gesellschaftsrechtliche Beteiligungen abgeklärt werden können, sondern allenfalls Fragen der Beihilfe zur Bezahlung oder der Mittelaufwendung.

Es zeigt sich mithin, daß – mit Einschränkungen – per Betriebsvereinbarungen nur dort der Arbeitgeber sich zum Angebot von Beteiligungen – ohne Annahmepflicht der Arbeitnehmer – verpflichten kann, wo das arbeitgebende Unternehmen selbst – und nicht andere Gesellschafter – eigene Beteiligungen hält. Folglich begrenzt sich der Regelungsbereich auf Fragen der Vermögensbildung (§ 33 Ziff. 3 BetrVG), die sich nicht unbedingt an den Kriterien des 5. VermBG und § 19 a EStG orientieren müssen[24].

2. Umfang der Mitbestimmungen

Der Umfang der Mitbestimungen des Betriebsrats auf der Grundlage des BetrVG bei einem Unternehmen, in welchem gesellschafterlich beteiligte Arbeitnehmer und nichtbeteiligte Arbeitnehmer nebeneinander beschäftigt sind, ist z. Zt. in der Diskussion.

Zunächst ist mit oben Ausgeführtem festzustellen, daß auch gesellschafterlich beteiligte Arbeitnehmer unter den Regelungsbereich des Betriebsverfassungsgesetzes fallen. Der Betriebsrat ist Repräsentant der Arbeitnehmerschaft des Betriebes zur Mitwirkung und Mitbestimmung im Betrieb[25] und hat zudem die Aufgabe, mit dem Arbeitgeber zum Wohle der Arbeitnehmer und des Betriebes zusammenzuarbeiten (§ 2 Abs. 1 BetrVG) und gemeinsam mit ihm darüber zu wachen, daß alle im Betrieb tätigen Personen nach den Grundsätzen von Recht und Billigkeit behandelt werden (§ 75 BetrVG). Dazu ist er vom Arbeitgeber umfassend zu

23 *Wagner* (FN 7), S. 154
24 *Dietz/Richardi,* BetrVG Band 2, 6. Aufl., § 88 Rdn. 21
25 *Dietz/Richardi,* BetrVG Band 2, Vorbemerkung, § 74 Rdn. 1

unterrichten, wie ihm auch die erforderlichen Unterlagen zur Verfügung zu stellen sind (§ 80 Abs. 2 BetrVG).

Diese Aufgaben entfallen bei beteiligten Arbeitnehmern nicht, auch wenn neben dem Anstellungsverhältnis ein gesellschaftsrechtliches Beteiligungsverhältnis eingegangen wird. *Aber* der beteiligte Arbeitnehmer hat gesellschafterlich eigene Möglichkeiten und Rechtspositionen, bei denen die Mitsprache des Betriebsrates ungeeignet ist, da ja der Betriebsrat die Interessenvertretung der Arbeitnehmer im Auge haben muß und gerade nicht nur die der beteiligten Arbeitnehmer. Zum einen aus diesem Grunde und zum anderen deshalb, weil beteiligte Arbeitnehmer selbst die Möglichkeit haben, Interessen auf gesellschafterliche Weise wahrzunehmen, hat ja *Beuthien* in seinem eingangs zitierten Referat darauf hingewiesen, daß darüber nachgedacht werden müsse, mit dem Eingehen von Beteiligungsverhältnissen und den dadurch gegebenen Möglichkeiten betriebsverfassungsrechtliche Mitsprachemöglichkeiten zu minimieren, statt zu kumulieren.

Da die Diskussion in diesem Bereich noch nicht abgeschlossen ist, möchte ich vorliegend meine persönliche Auffassung in Thesen niederlegen:

(1) Begründen Arbeitnehmer *neben* ihrem Anstellungsverhältnis ein gesellschafterliches Beteiligungsverhältnis, so bleiben sie Arbeitnehmer im Sinne des BetrVG, so daß der Betriebsrat auch für sie Repräsentativorgan ist.

Dies gilt gemäß § 5 Abs. 2 Ziff. 2 BetrVG nicht für Arbeitnehmer, die an der Geschäftsführung des arbeitgebenden Unternehmens teilhaben oder auf sie Einfluß nehmen können (z.B. Arbeitnehmer bei Beteiligungen als GmbH-Gesellschafter oder Kommanditisten – bei letzteren nur dann, wenn besagte Arbeitnehmer-Kommanditisten in Abweichung zu § 164 HGB Teilhabe an der Geschäftsführung haben oder auf sie Einfluß nehmen können).

(2) Der Betriebsrat hat für Arbeitnehmer, die dem BetrVG unterfallen und gesellschafterlich beteiligt sind, keine Sonderrechte, vielmehr müssen die so beteiligten Arbeitnehmer ihre Rechte, soweit sie die Gesellschafterstellung betreffen, selbst ausüben[26].

(3) Der Abschluß von gesellschafterlichen Beteiligungen kann im Grundsatz nicht in Betriebsvereinbarungen geregelt werden.

26 Fraglich ist, ob die Gesellschafter des arbeitgebenden Unternehmens dem Betriebsrat die Position eines Stimmrechtsgesellschafters einräumen können; dazu siehe *Wagner* (FN 7), S. 163

(4) Die inhaltliche Ausgestaltung von Beteiligungsverhältnissen kann nur dann in Betriebsvereinbarungen geregelt werden, wenn das arbeitgebende Unternehmen selbst und nicht Gesellschafter Partner des Beteiligungsvertrages wären, weil das arbeitgebende Unternehmen über eigene Anteile verfügen möchte.

(5) Gesellschaftsrechtliche Mitarbeiterbeteiligungen können weder bezüglich des Abschlusses noch bezüglich der inhaltlichen Ausgestaltung vor der Einigungsstelle erzwungen werden.

(6) Mitbestimmung kann möglich sein, wenn investive Mitarbeiterbeteiligungen in die betriebliche Lohngestaltung einfließen, womit aber nur die Mittelaufbringungsseite angesprochen ist, nicht die Beteiligungsform und der Inhalt der gesellschafterlichen Beteiligung (§ 87 Ziff. 10 BetrVG).

III. Auf tarifvertragliche Gestaltungen

Mit *Loritz*[27] ist davon auszugehen, daß per Tarifvertrag nicht geregelt werden kann, wer welche gesellschafterlichen Beteiligungen zu gewähren oder als Arbeitnehmer zu erhalten hat *(keine tarifvertragliche Regelung der Mittelverwendungsseite)*. Wohl aber kann per Tarifvertrag geregelt werden, ob und inwieweit Arbeitgeber ihren Arbeitnehmern vermögenswirksame Leistungen (Geldleistungen) zur Verfügung stellen, so daß Arbeitnehmer dann wählen können, ggf. vom Arbeitgeber angebotene gesellschafterliche Beteiligungen neben dem Anstellungsverhältnis einzugehen und damit zu bezahlen *(tarifvertragliche Regelungsmöglichkeiten der Mittelaufbringungsseite)*.

Wenn § 19 a Abs. 7 EStG von der tariflichen Regelbarkeit des Arbeitnehmerdarlehens spricht, so halte ich dies für verfassungsrechtlich bedenklich. Zum einen kann im Einkommensteuergesetz nicht die Zulässigkeit tarifvertraglicher Regelungen geregelt werden, sondern nur steuerliche Regelungen angesprochen werden, zum anderen würde die tarifliche Regelbarkeit von Arbeitnehmerdarlehen dazu führen, daß Arbeitgeber gezwungen werden könnten (auch erstreikbar?), Arbeitgeberdarlehen einräumen zu müssen, die, um nach dem 5. VermBG und § 19 a EStG gefördert zu werden, mit vom Arbeitgeber zu stellenden Bürgschaften versehen werden müßten. Ich halte es für verfassungsrechtlich bedenklich, daß Arbeitgeber gezwungen werden können, per Tarifvertrag ihren Bürgschaftsrahmen für Mitarbeiterbeteiligungen in Anspruch nehmen zu müs-

27 *Loritz,* DB 1985, 531, 535

sen. Wenn dagegen eingewandt würde, § 19 a Abs. 7 EStG sehe Ausweichmöglichkeiten vor, ändert dies nichts daran, daß über den Einstieg der tarifvertraglich regelbaren Arbeitnehmerdarlehen der Arbeitgeber gezwungen werden könnte, tarifvertraglich Beteiligungen gewähren zu müssen, wenn § 19 a Abs. 7 EStG die tarifliche Zulässigkeit von Arbeitnehmerdarlehen ansprechen würde. Aufgrund dieser verfassungsrechtlichen Bedenken kann daher § 19 a Abs. 7 EStG verfassungskonform nur dahingehend ausgelegt werden, daß *wenn* der Arbeitgeber Arbeitnehmerdarlehen als Beteiligungsformen eingeht, sich dann die *steuerlichen* Gegebenheiten so darstellen, wie in § 19 a Abs. 7 EStG angesprochen.

Neuerdings wird diskutiert, ob nicht auch § 19 a EStG tarifvertraglich neben dem 5. VermBG erfaßt werden könne. § 19 a Abs. 1 EStG hat u. a. folgenden Wortlaut:

»Erhält ein Arbeitnehmer im Rahmen eines gegenwärtigen Dienstverhältnisses unentgeltlich oder verbilligt Kapitalbeteiligungen oder Darlehensforderungen (Vermögensbeteiligungen) nach Abs. 3, so ist der Vorteil steuerfrei, soweit er nicht höher als der halbe Wert der Vermögensbeteiligung (Abs. 8) ist und insgesamt DM 500,– im Kalenderjahr nicht übersteigt. . .«

Steuergesetzliche Rechtsfolgen sind nicht tarifvertraglich regelbar, da das Gesetz bereits die Rechtsfolgen selbst beschrieben hat. Folglich könnte man allenfalls an die Regelung der *Voraussetzungen* denken, an die § 19 a EStG steuerliche Folgen knüpft. Im Gegensatz zum 5. VermBG werden aber bei § 19 a EStG steuerliche Vergünstigungen von dem Einräumen verbilligter Beteiligungen, also von der ansonsten tarifvertraglich nicht regelbaren Mittelverwendungsseite abhängig gemacht.

M. E. kann daher tarifvertraglich das 5. VermBG und § 19 a EStG nur mittels schuldrechtlicher Rahmenvereinbarungen durch die Tarifvertragspartner verknüpft werden, die folgende Kriterien erfüllen müßten:

– der Tarifvertrag dürfte nicht Zwangs-, sondern müßte Regelungscharakter haben;

– die Freiwilligkeit des Arbeitgebers, Beteiligungsangebote dem Arbeitnehmer zu unterbreiten, dürfte nicht beeinträchtigt werden;

– die Freiwilligkeit des Arbeitnehmers, Beteiligungsangebote anzunehmen bzw. die Wahlfreiheit der Beteiligungsformen auf Arbeitgeber- und Arbeitnehmerseite muß berücksichtigt werden;

– besagter Rahmentarifvertrag wäre gegenüber dem Gehaltstarifvertrag zu trennen (letzterer wäre erstreikbar, ersterer nicht), denn Arbeitslohn wird *wegen* erbrachter Arbeitsleistung gegeben, vermögenswirksame Leistungen dagegen werden *für* investive Beteiligungen gegeben;

– es müßte dem Gebot der Kostenneutralität entsprochen werden, zumindest müßte man diesem Gebot nahe kommen;

– die Verpflichtung des Arbeitgerbers, daß er, wenn er Beteiligungen anbietet, die Möglichkeiten des 5. VermBG und des § 19 a EStG dann ausschöpfen soll, könnte mit aufgenommen werden.

Es wurde schon dargelegt, daß vorgenannter Rahmentarifvertrag von dem nach wie vor möglichen Gehaltstarifvertrag bzw. dem Tarifvertrag zu trennen ist, der sonstige Regelungsinhalte hätte, die nichts mit der Beteiligung des Arbeitnehmers am arbeitgebenden Unternehmen zu tun hätten. Da das Anstellungsverhältnis des beteiligten Arbeitnehmers fortbesteht, stellt sich die Frage, ob beteiligte Arbeitnehmer Gewerkschaftsmitglieder sein/bleiben können und mithin auch das Streikrecht ausüben können. Diese Frage stellt sich aus zwei Gesichtspunkten in besonderer Weise:

(1) Sind Arbeitnehmer zugleich am arbeitgebenden Unternehmen als Gesellschafter beteiligt, dann sind sie alleine aufgrund der Kapitaleignerstellung noch nicht der Arbeitgeberseite zuzuordnen. Es fragt sich daher, ob das für Tariffähigkeit von Gewerkschaften geltende Gebot der Gegnerreinheit bereis dann tangiert ist, wenn die Gewerkschaft Arbeitnehmer als Mitglieder hat, welche auch Kapitaleigner des arbeitgebenden Unternehmens sind.

Verschärft stellt sich die Frage nach dem Postulat der Gegnerreinheit dort, wo Arbeitnehmer gleichzeitig neben ihrer Arbeitnehmerstellung auch der Arbeitgeberseite partiell zugeordnet werden können, wie dies etwa bei Arbeitnehmern der Fall sein kann, die als GmbH-Gesellschafter beteiligt sind und dort über die Gesellschafterversammlung Miteinfluß auf die Geschäftsleitung nehmen können bzw. bei Arbeitnehmer-Kommanditisten, soweit ihnen in Abweichung von § 164 HGB ebenfalls partieller Einfluß auf die Geschäftsführung mit eingeräumt würde.

(2) Die Frage der Teilnahme beteiligter Arbeitnehmer an Streiks stellt sich daher auch aus dem Blickwinkel der gesellschafterlichen Treuepflicht, da Arbeitnehmer, soweit sie ja auch Gesellschafter sind, alles zu unterlassen haben, was zum Schaden der Gesellschaft gereichen könnte. Soweit in der Literatur vereinzelt die Auffassung vertreten wurde, bei beteiligten Arbeitnehmern würde deren Streikrecht nicht entfallen, ist dies zunächst lediglich Ausdruck eines durch die entsprechenden Autoren vorgegebenen Primats des Arbeitsrechts über das Gesellschaftsrecht. Diese Auffassung ließe sich genau so gut umkehren.

Rechtsprechung existiert zu dieser Frage noch nicht.

§ 4 Fazit

Unsere geltende Rechtsordnung ist auf gesellschafterliche Arbeitnehmerbeteiligungen nicht eingerichtet. Das Nebeneinander und Miteinander von Arbeitnehmern und Arbeitgebern bzw. Gesellschaftern erfordert in der Praxis neue Gewöhnungsprozesse und wirft rechtlich eine Vielzahl bisher noch nicht vertieft diskutierter Fragen auf. Die bisher getrennt nebeneinander praktizierten Bereiche des Gesellschafts- und Arbeitsrechts müssen plötzlich aufeinander abgestimmt und austariert werden, wie es auch hier eine gewisse Zeit dauern wird, bis sich abgeklärt haben wird, ob Gestaltungsfragen, Konfliktlösungen und ähnliches besser mit Mitteln des Arbeitsrechts oder mit Mitteln des Gesellschaftsrechts gelöst werden können. Abgeleitet aus dem Mitbestimmungsurteil des Bundesverfassungsgerichts von 1979 wird man sich an folgendem Slogan orientieren müssen:

Ein zweiter Weg –
Kooperation statt Konfrontation.

2. Kapitel: Mitarbeiterbeteiligung im Rahmen eines Buy-Out

§ 5 Einleitung

Wenn nach Instrumenten und Möglichkeiten einer Mitarbeiterbeteiligung im Rahmen eines Buy-Out gefragt wird, so wird unterstellt, daß beides miteinander harmonisierbar bzw. vereinbar ist. Dies wird zu hinterfragen sein.

A. Begriffsbestimmungen

I. Mitarbeiterbeteiligung (MAB)

»Mitarbeiterbeteiligung« ist ein Sammelbegriff für die Beteiligung von Mitarbeitern am/im Unternehmen bzw. in Betrieben, wobei der Mitarbeiterbegriff vom Arbeiter bis zum leitenden Angestellten reicht.

Man unterscheidet ferner zwischen immaterieller und materieller Mitarbeiterbeteiligung. Zur immateriellen Mitarbeiterbeteiligung gehören u. a. Mitwirkungen an Arbeitszeitgestaltungen, Arbeitslohnregelungen, Arbeitsorganisationsfragen, Arbeitsplatzgestaltungen incl. Qualitätszirkeln und betrieblichem Vorschlagswesen, um nur einiges zu nennen. Von materieller Mitarbeiterbeteiligung ist bei Beteiligungen am Kapital des arbeitgebenden Unternehmens bzw. am Ertrag/Gewinn die Rede, die man weiter u.a. in Ergebnisbeteiligungen, schuldrechtliche und Wertpapierbeteiligungen sowie gesellschaftsrechtlich orientierte Beteiligungen untergliedern kann[1]. Materielle Mitarbeiterbeteiligungen können auch danach unterteilt werden, oh sie Eigenkapital- oder Fremdkapitalcharakter haben, je nach ihrer Ausgestaltung.

Schließlich unterscheidet man bei der materiellen Mitarbeiterbeteiligung zwischen direkter betrieblicher Beteiligung sowie mittelbarer betrieblicher Beteiligung der Mitarbeiter einerseits und der außerbetrieblichen Beteiligung von Mitarbeitern andererseits. Von direkter betrieblicher Mitarbeiterbeteiligung spricht man, wenn Mitarbeiter am arbeitgebenden Unternehmen direkt beteiligt werden, während von einer mittelbaren betrieblichen Beteiligung die Rede ist, wenn Arbeitnehmer an einer Beteiligungsge-

---

1 *Wagner* in: Guski/Schneider, Mitarbeiterbeteiligung (MAB), Fach 6530

sellschaft des arbeitgebenden Unternehmens beteiligt sind, die ihrerseits am arbeitgebenden Unternehmen oder als Gesellschafter im arbeitgebenden Unternehmen beteiligt ist. Von außerbetrieblicher Beteiligung spricht man dagegen dann, wenn Mitarbeiter sich z. B. an Unternehmensbeteiligungsgesellschaften bzw. Investmentfonds oder fremden Unternehmen beteiligen, z. B. durch Erwerb börsennotierter Aktien fremder Unternehmen.

In jedem Falle gilt es aber, grundsätzlich zwischen Mitarbeiterbeteiligung einerseits und der *Förderung* derselben zu unterscheiden. So sind das 5. VermBG und § 19 a EStG Ausdruck bestimmter steuerlich orientierter *Förderkomponenten* der Mitarbeiterbeteiligung, sie sind jedoch nicht Ausdruck der Mitarbeiterbeteiligung schlechthin.

II. Buy-Out (BO)

Buy-Out ist der Sammelbegriff für Unternehmensübertragungen, sei es Übertragungen von Anteilen/Beteiligungen oder Unternehmensübertragungen im ganzen[2]. Erfolgt dies im wesentlichen durch hohen Fremdkapitaleinsatz, so spricht man von Levaraged Buy-Out (LBO). Geschieht die Übertragung auf das eigene Management, ist von Management Buy-Out (MBO) die Rede, erfolgt dies etwa durch Übertragung auf ein fremdes Management-Team, so spricht man von Management Buy-In und wird das Unternehmen auf die Belegschaft übertragen, so spricht man von Belegschaft-Buy-Out. Wird nur ein Unternehmensteil übertragen, ist ein Spin-Off gegeben.

Zum Buy-Out wird man auch sogenannte Übernahmen bzw. Übernahmeangebote (Tender offer bzw. Takeover)[3] zählen müssen. Während bei MBO und MBI das Management das Unternehmen bzw. die Gesellschaftsanteile/Beteiligungen oder Teile davon erwerben, richten sich Übernahmeangebote von dritter Seite unter Umgehung des Managements an die Anteilseigner direkt[4].

B. Gemeinsames

Management Buy-Out und Belegschaft-Buy-Out sind beide dem Begriff der Mitarbeiterbeteiligung zuzuordnen wie umgekehrt die Kapitalbeteiligung von Führungskräften durch Beteiligungs-/Anteilskauf auch einen MBO, z. B. in Form eines Spin-Off, darstellen kann.

2 *Wollny,* Unternehmens- und Praxisübertragungen, 1988, Rdn. 310

3 *Hauschka/Roth,* AG 1988, 181; *Lutter/Wahlers,* AG 1989, 1; *Otto,* DB 1988, Beilage Nr. 12

4 *Hauschka/Roth,* AG 1988, 181, 182 m.w.N.; *Loritz/Wagner* WM 1991, 709

Management Buy-Out und Mitarbeiterbeteiligung schließen sich daher begrifflich nicht aus, da jeder Management Buy-Out auch eine Mitarbeiterbeteiligung darstellt, wenngleich nicht jede Mitarbeiterbeteiligung ein Management Buy-Out ist.

C. Trennendes

Mitarbeiterbeteiligung zielt auf eine stärkere Beteiligung von Mitarbeitern am Produktivvermögen der Wirtschaft[5], was durch das Vermögensbeteiligungsgesetz gesondert gefördert werden soll. Der Buy-Out dagegen sieht die Beteiligung zunächst nur als Mittel zum Zweck an, wenn etwa Beteiligungen nur angestrebt werden, um sie entweder weiter zu veräußern oder damit die Möglichkeit zu erhalten, das Unternehmen für eigene Zwecke umzustrukturieren (turnaround) oder gar in Teilen zu veräußern.

Die Mitarbeiterbeteiligung geht von einer partnerschaftlichen Integration der Arbeitnehmer aus[6], was unausgesprochen unterstellt, daß nicht die »Partner« der zu beteiligenden Arbeitnehmer planmäßig wechseln. Der Buy-Out lebt jedoch vom Wechsel von Gesellschaftern, so daß beim Zusammentreffen von MAB und BO der Begriff der partnerschaftlichen Integration neu zu definieren wäre.

MAB dient auch dem Abbau des dualistischen Interessengegensatzes von Kapital und Arbeit[7]. Der BO hat weniger die Komponente Arbeit als vielmehr die Komponente Kapital vor Augen.

MAB kann auch der Verbesserung der Eigenkapitalausstattung des Beteiligungsunternehmens dienen[8]. Der BO, insbesondere in der Form des LBO, strebt dagegen eine höhere Verschuldung durch entsprechende Fremdkapitalaufnahme an.

MAB soll auch der Stärkung des arbeitgebenden Unternehmens und damit der Sicherung von Arbeitsplätzen dienen. BO eignet sich dagegen auch zur Zerschlagung von Unternehmen, wenn etwa nach Übernahme mittels LBO Unternehmensteile verkauft werden, um mit dem Erlös die Verschuldung des LBO vorzeitig zurückführen zu können und deshalb Einzelteile mit Gewinn weiter verkauft werden.

Investive Mitarbeiterbeteiligung kann auch zur Innenfinanzierung des arbeitgebenden Unternehmens mit eingesetzt werden. Der Buy-Out, ins-

5 *Hesse,* DB Beilage 1/87, S. 1
6 siehe (FN 5)
7 *Wagner,* Die Massenkommanditgesellschaft als Mittel zur Vermögensbeteiligung der Arbeitnehmer, Göttingen 1985, S. 190
8 *Hesse* (FN 5), S. 1

besondere in der Form des LBO, geht dagegen von einer hohen Außenfinanzierung aus und sieht oft das Unternehmen als Sicherungsmittel dafür an.

D. Fragen

Nimmt man zur Kenntnis, daß MAB und BO gemeinsames aber auch relevant trennendes aufweisen, gilt es den Fragen nachzugehen,

- ob MAB für BO und umgekehrt jeweils ein Hindernis darstellen bzw.
- unter welchen Voraussetzungen sinnvoll kombiniert werden können,
- wie auch festzustellen ist, wie sich BO's auf bereits vorhandene MAB's auswirken.

E. Derzeitige (rechtspolitische) Situation für vorgenannte Fragen

(1) Die Bundesregierung hat eine starke Förderung des Produktivkapitalsparens im Rahmen der Mitarbeiterbeteiligung eingeleitet, wobei u. a. Konten- und Versicherungssparen im Rahmen des 5. VermBG und § 19 a EStG nicht mehr gefördert werden sollen[9]. Dies soll auch der Stärkung der Eigenkapitalstruktur der Unternehmen dienen.

(2) Parallel dazu sind zwei weitere Erscheinungen zu verzeichnen, deren Ziel es ist, die unzureichende Eigenkapitalausstattung insbesondere kleinerer und mittlerer Unternehmen zu verbessern:

– Die von der Landesregierung Baden Württemberg eingesetzte Kommission »Zweiter Börsenmarkt« hat Lösungen erarbeitet, Unternehmen in den Rechtsformen der GmbH und KG durch autonome Regelungen der Börse zum Handel zuzulassen[10].

– Gefördert von der Bertelsmann Stiftung wurde ein Entwurf zur Modifizierung des Aktienrechts vorgelegt (sogenanntes Drei-Stufen-Modell)[11]. Danach soll zwischen Aktiengesellschaften unterschieden werden, deren Aktien an der Börse, also insbesondere auch am amtlichen Markt, zugelassen werden, solchen, deren Aktien nur am geregelten (zweiten) Markt und solchen, die an keiner Börse zugelassen sein können. Insbesondere

9 *Guski* in: Guski/Schneider, MAB, Fach 1500 Rdn. 12 ff.

10 Kommission »Zweiter Börsenmarkt«, Börsenzugang für kleine und mittlere Unternehmen, 1987

11 *Albach/Corte/Friedewald/Lutter/Richter,* Deregulierung des Aktienrechts: Das Drei-Stufen-Modell, 1988

mit letzteren sollen beim Einstieg Erfahrungen für die Folgestufen gesammelt werden können.

(3) Im Rahmen der Arbeitnehmervermögensbildung wird ebenfalls diskutiert, inwieweit diese eine größere Rolle für Altersversorgungskomponenten spielen kann.

(4) Während einerseits die Fusionen zunehmen, gilt es andererseits, Wachstumskrisen vorzubeugen oder Sanierungsstrategien umzusetzen (Corporate Restructuring)[12]. Dazu werden wettbewerbsschwache Segmente abgestoßen bzw. wettbewerbsstarke Segmente aufgebaut, dezentralisiert, Aktivitäten arbeitsteilig von größeren Unternehmen auf kleine mittelständische Firmen oder abgespaltene Firmen (Teile) verlagert. Dieses können Ansatzpunkte sein, Mitarbeiterbeteiligung ebenso wie Buy-Out's attraktiv mit einzubauen.

(5) Die in den USA bereits verbreiteten Übernahmen bzw. Übernahmeangebote und die damit verbundenen Praktiken breiten sich langsam auch in Europa aus und berühren Deutschland[13]. Dies hat im Bereich der Europäischen Gemeinschaften zu Überlegungen nach einer gesetzlichen Regelung für Übernahmeangebote geführt. Ende 1987 wurde ein Vorschlag für eine Richtlinie des Rates über Übernahmeangebote vorgelegt, wonach u. a. eine Aufsichtsbehörde Übernahmeangebote beaufsichtigen soll, Kapitalerhöhungen, Einzelheiten des Angebotes, seine Veröffentlichung und Übernahmeverpflichtungen sollen geregelt werden. Die Börsensachverständigenkommission beim BMF hat ebenfalls – wenngleich nicht verbindlich – Leitlinien erarbeitet[14], so daß Aktivitäten zu verzeichnen sind, eine gesicherte Grundlage aber (noch) nicht vorhanden ist.

(6) Das Fusionsrecht gerät im Rahmen der EG-Vereinheitlichung in die Diskussion, insbesondere was Zuständigkeitsfragen, Größenmerkmale, Prüfkriterien usw. betrifft[15].

(7) Der Bundesjustizminister kündigte in Vorbereitung auf den offenen EG-Markt ein Gesetz zur Bereinigung des Umwandlungsrechts an – ein Diskussionsentwurf liegt seit Anfang 1988 vor –[16] wie überhaupt eine

12 dazu *Berger,* Manager Magazin 10/1988, S. 253 ff.
13 *Hauschka/Roth* (FN 3); *Lutter/Wahlers* (FN 3), S. 1; *Loritz/Wagner,* WM 1991, 709
14 *Hauschka/Roth* (FN 3), S. 184, 196
15 Wirtschaftswoche v. 16. 12. 1988 »Wettbewerbspolitik, Schlappe für Brüssel«
16 *Engelhard,* Handelsblatt v. 30./31. 12. 1988, S. 10

Harmonisierung der nationalen Gesellschaftsrechte zum Zwecke der Rechtsannäherung im Europäischen Rahmen vollzogen werden soll, womit zugleich neue Kooperations- und Konzentrationsmöglichkeiten für Unternehmen in der Gemeinschaft ermöglicht werden sollen[17].

(8) Die bisher geltende Regelung des § 34 EStG, wonach Gewinne aus der Veräußerung von Einzelunternehmen, Mitunternehmeranteilen oder wesentlichen Beteiligungen nur dem halben Steuersatz unterliegen, galt nur noch bis zum 31. 12. 1988. Dies führte vermehrt dazu, Beteiligungen abzugeben, was MAB, BO und Übernahmen gleichermaßen Chancen eröffnete.

(9) Schließlich und endlich hat der BGH in Strafsachen in seiner Entscheidung vom 25. 09. 1987[18] nochmals verdeutlicht, daß das Vermögen juristischer Personen Fremdvermögen für ihre Anteilseigner sogar dann ist, wenn alle Anteile in einer Hand vereinigt sind, womit die anzutreffende Praxis, bei Buy-Outs das Firmenvermögen bzw. den cash flow der Firma als Finanzierungs- und Sicherungsmittel für den Kaufpreis des Anteilseigners und Käufers zu verwenden, an strafrechtliche Grenzen stößt.

Fazit

Das Umfeld für MAB und BO ist von einer Vielzahl im Fluß befindlicher Entwicklungen geprägt, die nach ihrem jeweiligen Abschluß neue Anpassungsfragen stellen.

F. Ausgangsüberlegungen

Bei der weiteren Entwicklung der MAB darf das Schutzbedürfnis beteiligter Mitarbeiter nicht aus dem Auge verloren werden, will man nicht der These Vorschub leisten, MAB erhöhe nur Risikopotential, indem zum Arbeitsplatzrisiko das Risiko des Beteiligungsverlustes treten könne.

Treffen MAB und BO aufeinander, muß überlegt werden, wie Mißbrauchsmöglichkeiten beim BO vermieden werden können und trennende Komponenten hinter Gemeinsamkeiten zurücktreten.

Eine Aufgabe der Zukunft wird es folglich sein, unter Berücksichtigung sich anbahnender neuer tatsächlicher und rechtlicher Entwicklungen Voraussetzungen zu definieren, unter denen MAB und BO sinnvoll kombiniert werden können.

---

17 siehe (FN 16)

18 BGH DB 1987, 1930; dazu *Wagner,* wistra 1992, 161

Um solche Möglichkeiten zu hinterfragen, bietet es sich an, zunächst die Ausgangssituationen für MAB und BO zu betrachten.

§ 6 Gründe und Entwicklungen der MAB

A. Entwicklung in Deutschland

Die Mitarbeiterbeteiligung und ihre Förderung läßt sich im wesentlichen mit drei Komponenten verbinden, deren Stellenwert heute wie folgt zu beschreiben ist:

(1) Am Anfang stand die Sparförderung für Konten- und Versicherungssparen, womit Arbeitnehmer bei Erfüllung bestimmter Voraussetzungen an Vermögensbildung herangeführt werden sollten.

Diese Zielsetzung hat sich inzwischen überholt.

(2) In einem weiteren Schritt trat neben die vorgenannte Sparförderung die der Förderung des Produktivkapitalsparens, mithin auch der Mitarbeiterkapitalbeteiligung. Zweites Ziel war dabei der Abbau des dualistischen Interessengegensatzes von Kapital und Arbeit.

Diese Zielsetzung hat nach wie vor nichts von ihrer Bedeutung eingebüßt, wenngleich ihr Stellenwert nicht mehr so sehr von gesellschaftlichen Konflikten geprägt ist.

(3) Inzwischen hat die Mitarbeiterbeteiligung einen neuen, eigenen Stellenwert: nämlich die Mitarbeiter am Ertrag des geschaffenen »Miterfolges« materiell zu beteiligen. Dies hat zur Folge

– die Steigerung der Mitarbeitermotivation und Verantwortung im und für das arbeitgebende Unternehmen,

– sowie bei investiver Mitarbeiterbeteiligung einen Beitrag zur Verbesserung der Eigenkapitalstruktur des arbeitgebenden Unternehmens mit der Sekundärfolge der Sicherung des Arbeitsplatzes.

Da die oben beschriebene 1. Zielsetzung mithin an Bedeutung verloren hat, ist die Förderung der Mitarbeiterbeteiligung fast ausschließlich auf das Produktivkapitalsparen umgelenkt worden.

Die politischen Parteien haben den wichtigen Stellenwert der Mitarbeiterbeteiligung erkannt, die Tarifvertragsparteien folgen dem zögernd.

Der Schwerpunkt der MAB in Deutschland ist die betriebliche. Darunter versteht man die direkte Beteiligung des Arbeitnehmers am/im arbeitgebenden Unternehmen bzw. die mittelbare über eine Beteiligungsgesellschaft am arbeitgebenden Unternehmen. Die Förderung solcher Beteiligungen erfolgt z. B. im 5. VermBG über die vier Bausteine

- vermögenswirksame Leistung,
- Anlagekatalog,
- Förderrahmen,
- Sparzulage[19],

indem Arbeitnehmern es über vermögenswirksame Leistungen bzw. Verbilligungen von Beteiligungen finanziell erleichtert wird, sich jeweils *einzeln* zu beteiligen.

Nach der neuesten Erhebung von *Guski/Schneider*[20] stellt sich die Mitarbeiterbeteiligung wie folgt dar:

- 1.364 Unternehmen mit MAB Anfang 1987. In den Jahren 1984 bis 1986 Zuwachsraten von 125 neuen Beteiligungsunternehmen p. a.
- 1,1 Mio Arbeitnehmer sind am Kapital des arbeitgebenden Unternehmens beteiligt.
- 14,2 Mrd. DM beträgt z. Zt. das Beteiligungskapital von Arbeitnehmern.
- Fast 2/3 der Mitarbeiter nehmen ihnen angebotene Beteiligungsangebote an.

Mitarbeiterkapital kann mithin einen relevanten Faktor einer Eigenkapitalstärkung des arbeitgebenden Unternehmens darstellen.

Die AGP Arbeitsgemeinschaft zur Förderung der Partnerschaft in der Wirtschaft e.V. ist die private Institution in Deutschland, die den Gedanken der Mitarbeiterbeteiligung in ihrer unterschiedlichen Ausprägung ideell fördert und unterstützt.

B. Stellenwert der MAB in den USA

Während in Deutschland der Schwerpunkt der Mitarbeiterbeteiligung in der individuellen Beteiligung der Mitarbeiter am arbeitgebenden Unternehmen liegt, werden in den USA beteiligungswillige Arbeitnehmer in einem sogenannten ESOP (= Employee Stock Ownership Plan), einer

19 Übersicht bei *Juntermanns* in: Guski/Schneider, MAB, Fach 3200
20 *Guski/Schneider,* MAB, Fach 4100, Rdn. 10 ff.

juristischen Person amerikanischen Rechts, zusammengefaßt. Typisiert läßt sich dies wie folgt beschreiben[21]:

Ein ESOP wird durch die Unternehmersleitung unter Mitwirkung von Arbeitnehmervertretern beschlossen und muß von der bundesstaatlichen Steuerbehörde (Internal Revenue Service) genehmigt werden, um auch Steuervorteile in Anspruch nehmen zu können.

Mit Hilfe einer Investmentbank wird eine Fondsgesellschaft gegründet, die vom Arbeitgeber oder der Bank selbst treuhänderisch verwaltet wird. Ziel ist es, für die Belegschaft eines Unternehmens Geschäfts- bzw. Gesellschaftsanteile am arbeitgebenden Unternehmen zu erwerben und für die Arbeitnehmer zu verwalten. Die Anteile werden den Mitarbeitern in einem bestimmten quotalen Verhältnis »gutgeschrieben«.

Um seitens des ESOP Anteile am arbeitgebenden Unternehmen zu erwerben, werden vielfach vom ESOP Fremdmittel aufgenommen, die durch eine Bürgschaft des arbeitgebenden Unternehmens abgesichert werden, wobei bei einer solchen Konstellation das arbeitgebende Unternehmen zusätzlich die Mittel für die Tilgung des Kredites aufwendet (sogenannter Leveraged ESOP); diese Tilgungszahlungen sind wie auch die Zinsen steuerlich abzugsfähig.

Die Folge dieser Konzeption ist, daß das arbeitgebende Unternehmen durch den Verkauf von Anteilen an den ESOP zusätzliche Eigenmittel erhält, die für betriebliche Zwecke wie Investitionen, Entschuldung, Re-Kapitalisierung usw. verwendet werden können. Die Arbeitnehmer dagegen erhalten nach Rückführung der Fremdmittelkredite des ESOP und der Beendigung der Treuhandschaft die ihnen gutgeschriebenen Geschäfts- bzw. Gesellschaftsanteile direkt zugeordnet.

Beim eigenfinanzierten ESOP zahlt das arbeitgebende Unternehmen in den ESOP die entsprechenden finanziellen Mittel ein, die der ESOP zum Ansteilserwerb benötigt bzw. übermittelt ihm direkt Aktien.

Steuererleichterungen bestehen u. a. in folgendem[22]:

– Der ESOP muß weder für Zahlungen von arbeitgebenden Unternehmen noch für Aktien, die er vom arbeitgebenden Unternehmen erhält, Steuern zahlen.

21 »Ideen, die gehn«, Mitarbeiterbeteiligung: *Treichl,* Leveraged Buy-Out's und ESOP's aus amerikanischer Sicht

22 »Ideen, die gehn«, Mitarbeiterbeteiligung: *Pototschnig,* Unternehmertum der achtziger Jahre – erstaunliche Finanzierungstechniken und revolutionäre Managementmethoden, S. 47

– Dividendenzahlungen für Aktien, die auf der Basis eines ESOP erworben werden, sind einkommensteuerfrei.

– Beim fremdfinanzierten ESOP sind Zinszahlungen unbeschränkt absetzbar, während Tilgungsleistungen bis zu 25% der Lohnsumme absetzbar sind.

– Für die Banken sind 50% der Zinseinnahmen von ESOP-Krediten steuerfrei.

– Bei mindestens 30%-iger MAB kann der in Pension gehende Unternehmer seinen Aktienanteil an den ESOP verkaufen, ohne dafür Kapitalertragsteuer zahlen zu müssen. Die Entwicklung der ESOP's in den USA nahm bisher folgendcn Verlauf[23]:

– 8.000 ESOP Anfang 1987.

– 8 Mio beteiligte Arbeitnehmer.

– rund l.500 Firmen stehen mehrheitlich im Besitz von beteiligten Arbeitnehmern. ESOP's werden inzwischen von Unternehmen auch als Abwehrsystem gegen hostile takeovers eingesetzt wie von Procter & Gamble berichtet wird[24].

§ 7 Buy-Out Entwicklung

A. Ursachen des Buy-Out und Erscheinungsformen in den USA

Die Gründe für Fusionen und Übernahmen (kurz M & A = Merger & Acquisitions) waren wohl letztlich billiges Aktienkapital in den späten 70iger und Anfang der 80iger Jahre mit der Folge einer deutlichen Diskrepanz des Wertes von Unternehmen gegenüber dem Preis von Aktien[25]. Dies veranlaßte sogenannte »Raubritter« (»corporate raiders«), diese Situation gerade bei Misch- und Großkonzernen auszunutzen, indem man feststellte, daß diese Konzerne oft in Teilbereichen mehr wert waren, als die Konzerne insgesamt. So war es mithin möglich, durch Fremdmittel den Kaufpreis für die Übernahme solcher Gesellschaften in erheblicher

23 *Treichl* (FN 21), S. 26

24 Handelsblatt v. 18. 01. 1989, S. 14: Danach will Procter & Gamble die Beteiligung seiner Belegschaft am Konzernkapital von 14% auf 20% erhöhen, wobei der ESOP rund 1 Milliarde Dollar aufnehmen wird, um Vorzugsaktien zu erwerben, die in Stammaktien umwandelbar sind, womit Aktien »in freundliche Hände gegeben werden«.

25 *Treichl* (FN 21), S. 11

Höhe aufzubringen, um nach Erwerb durch Verkauf des Unternehmens in wertvolle Einzelteile Geschäfte zu machen.

Vorgenannte Unterbewertungen von Unternehmen stellten oft die »günstige Gelegenheit« dar, sogenannte takeover-Vorstöße zu unternehmen. Allerdings war die sich anschließende »Zerschlagung« durch Teilverkauf nicht immer das einzige Motiv, vielmehr standen oft statt dessen das Erhoffen von Synergien, Risikostreuung, Erwerb neuer Marktanteile, Erhoffen eines weiteren Gewinnanstiegs durch zusätzliches Produktivvermögen usw. ebenfalls im Vordergrund[26].

Takeovers waren mithin einerseits geschäftspolitische Ergänzungen eigenen unternehmerischen Handelns, andererseits aber auch reines Durchhandeln erworbener Anteile, um damit Geschäfte zu tätigen.

So blieb es nicht aus, daß takeovers bzw. Buy-Out's, zumal wenn sie hoch fremdfinanziert waren, in die Diskussion gerieten und positive und negative Argumente sich abwechselten.

Beispiele:

(1) Positive Argumente

- Kapital fließt an Aktionäre zurück, die es vermutlich wieder dort investieren, wo die beste Rendite zu erwarten ist. Es werden mithin keine Geldmittel entzogen, sie bleiben im Wirtschaftskreislauf[27].
- Firmen werden rationalisiert, Aktivitäten konzentriert, Bürokratie und Betriebskosten abgebaut, also die Wettbewerbsfähigkeit gesteigert[28].
- Finanzielle Restrukturierungen werden ermöglicht[29].
- Know-How-Lücken können geschlossen werden[30].
- Eintritt in neue nationale Märkte werden ermöglicht/gefördert[31].
- Ausbruch aus stagnierenden Stamm-Märkten in neue Geschäftsfelder werden ermöglicht/gefördert[32].
- Strategische Gründe für Akquisitionsprojekte[33]:

26 dazu *Caytes/Mahari,* Im Banne des Investmentbanking, 1988, S. 31 ff.
27 *Treichl* (FN 21), S. 12
28 s. o. (FN 27)
29 *Caytas/Mahari* (FN 26), S. 29
30 *Kröger,* Handelsblatt v. 14. 11. 1988, S. 14 »Über die Hälfte aller Firmenkäufe sind Flops«
31 s. o. (FN 30)
32 s. o. (FN 30)
33 *Caytes/Mahari* (FN 26), S. 53

- ○ Gewinnsteigerung durch Synergie in der Kombination von Marketingpotentialen,
- ○ Gewinnsteigerung durch Synergie in der Kombination von Managementpotentialen,
- ○ Gewinnsteigerung durch Einführung neuer Managementtechniken beim Target,
- ○ Gewinnsteigerung je Aktie beim Erwerber,
- ○ Steigerung von Marktanteilen,
- ○ Diversifikation in ein neues, aber mit dem bisherigen Geschäftsfeld zusammenhängendes Gebiet,
- ○ Diversifikation in ein völlig neues Gebiet,
- ○ Erwerb einer neuen Produktlinie zur Abrundung des eigenen Angebotes,
- ○ Sicherung der Rohstoff- und Halbfabrikatversorgung.
- ○ Realisierung von Unterbewertungen und Nutzung eines niedrigen Kurs/Gewin-Verhältnisses,
- ○ Mobilisierung der liquiden Mittel und des Verschuldungspotentials des Target,
- ○ Verwertung der liquiden Mittel und des Verschuldungspotentials des Erwerbers,
- ○ Ablösung eines suboptimalen Führungsteams,
- ○ Größenwachstum des Erwerbers,
- ○ Erwerb einer Quelle stetigen und hohen cash flows,
- ○ Einkauf von Managementtalenten,
- ○ Spekulation auf spätere inflationäre Entwicklung, die einen Schuldendienst mit abgewertetem Geld ermöglicht,
- ○ Nutzung vorübergehend reduzierter Aktionärsloyalität,
- ○ Elimination eines Konkurrenten,
- ○ Erwerb eines Rechts oder Status des Target (Lizenz, Standort, Privilegien, Börsenkotierung, . . .)

- ○ Verbesserung des Rating am Kapitalmarkt,
- ○ Adaptation an einen Modetrend samt Kapitalstrukturierung,
- ○ Ablenkung von inneren Schwierigkeiten oder Blockierung interner Opposition,
- ○ Turnaround- und Sanierungsvorhaben,
- ○ politisch-außenwirtschafltiche Motive,
- ○ Public Relations und Imagepflege: Beleg für Dynamik,
- ○ Verunmöglichung der Vergleichbarkeit von Zahlenreihen und Zeitgewinn unter dem Vorwand der Konsolidierung der Akquisition,
- ○ Mobilisierung des Potentials von beruflichen Vorsorgeeinrichtungen.

(2) Negative Argumente

– Durch hohe Fremdfinanzierungen wird der amerikansichen Geschäftswelt eine große Schuldenlast auferlegt[34],

– bei denen die Zins- und Kapitalrückzahlungen für die Banken u.U. zweifelhaft sind.

– Lockende große Gewinne ziehen gute Kräfte der Wirtschaft wegen Finanzierungsdeals und Börsentransaktionen ab[35]; dieses Potential an Know-How fehlt der Wirtschaft.

– Zerschlagung von Unternehmen, mit der Folge des Verlusts von Arbeitsplätzen, entweder durch Teilverkäufe oder weil die Kreditverbindlichkeiten aus dem cash flow nicht mehr bedient werden können.

– Durch hohe Schuldenlasten Erhöhungen von Insolvenzrisiken.

In neuerer Zeit sind takeovers bzw. Buy-Out's, insbesondere wenn sie als LBO konzipiert waren, in die Diskussion geraten:

Der Kauf des Genußmittelkonzern Nabisco durch die Investmentfirma KKR, (Kohlberg Kravis Roberts & Co.) zu einem Preis von US $ 25 Mrd. mit einer jährlichen Schuldendienstlast von US $ 3 Mrd. bis US $ 3,5 Mrd. ist in die Zeilen geraten, da Milliardenbeträge aufgewandt würden, ohne

---

34 *Treichl* (FN 21), S. 13
35 s. o. (FN 21)

daß damit Produktionsmöglichkeiten oder neue Arbeitsplätze geschaffen würden. Also wird in den USA darüber nachgedacht, LBO's und die Anerkennung der steuerlichen Abzugsfähigkeit von Finanzierungsverbindlichkeiten zu erschweren[36].

Die Geschwindigkeit, mit der das Volumen von LBO-Krediten in den letzten Jahren anwuchs, soll zu Unruhen bei der amerikanischen Bankenaufsicht geführt haben[37], weil man im Falle des Abschwungs Pleiten befürchte. Folglich sollen schärfere Richtlinien für LBO-Kredite in der Überlegung sein, womit die Währungskontrollbehörde die einheimischen Banken zu einer sorgfältigeren Selbstkontrolle bei Buy-Out's veranlassen möchte[38].

Nach Angaben des Einlagensicherungsfonds der amerikanischen Geschäftsbanken sollen die Banken sich bisher mit US $ 150 Mrd. in »Buy Out Krediten« engagiert haben[39]. Die Sorgen wachsen, daß die mittlerweile bei einem Volumen von US $ 300.000,- Mrd. angelangten Junk-Bonds Emissionen und Kredite für Unternehmenskäufe und Übernahmeangebote bei einer konjunkturellen Krise »faul« werden könnten. Das Arbeitsministerium hat deshalb die Pensions-Fonds ermahnt, bei solch riskanten Krediten Zurückhaltung zu üben, was in der Branche als der Versuch gewertet wird, Buy-Out's und Firmenkäufe zu begrenzen, was Behinderungen innovativer Finanzinstitutionen zur Folge habe[40].

Das Ausweichen amerikanischer Investmentbanken auf Europa wird teilweise mit Besorgnis gesehen, weil sich in den USA der Schwerpunkt des M & A Geschäfts von der auf industrielle Überlegungen begründeten Re-Strukturierung auf rein finanziell motivierte Unternehmensübernahmen verlagert hätte[41].

36 Wirtschaftswoche v. 16. 12. 1988, S. 128-132 »Der Unmut wächst«; FAZ v. 23. 12. 1988, S. 12 »Herrhausen: Feindliche Übernahmen ein Irrweg des Kapitalismus«; Handelsblatt v. 27./28. 01. 1989 S. 9 »Leveraged Buyouts/Finanzminister befürchtet Nachteile für amerikanische Firmen, Senkung der Doppelbesteuerung von Dividendenzahlungen als Gegenmaßnahme«

37 Handelsblatt v. 22. 12. 1988, S. 8 »Leveraged Buy-Out Kredite, US-Banken verkaufen großen Teil der Risiken weiter«

38 Handelsblatt v. 11./12. 11. 1988, S. 14 »Sorgfältige Kreditprüfung bei Leveraged Buy-Out's«

39 Handelsblatt v. 30. 11. 1988, S. 7 »Übernahme-Kredite, Aufsichtsbehörden warnen Banken und Versicherer vor riskanten Engagements

40 s. o. (FN 39)

41 *Ermgassen,* Handelsblatt v. 30./31. 12. 1988, S. 31 »Auf der europäischen Fusionsfront bilden deutsche Firmen noch die Nachhut«

B. Entwicklungen in Europa

Die deutsche Presse berichtet von einem neuen Bazillus in Europa, dem Fusionsfieber, womit man durch Beteiligungen und takeovers (friendly or unfriendly) Positionen im EG-Binnenmarkt festigen wolle. M & A Spezialisten aus den USA würden sich in den großen Städten Europas »einnisten«[42]. Größe und Umfang der M & A Transaktionen und Übernahmeangebote hätten erheblich zugenommen[43] und in jüngster Zeit sind die Wirtschaftsnachrichten voll von Meldungen über die wechselseitigen Übernahmeangebote von GEC (General Electric Company) und dem Elektronikkonzern Plessey.

Es bleibt abzuwarten, ob *Ermgassen*[44] in seiner optimistischen Prognose richtig liegt, von amerikanischen Exzessen sei der europäische M & A-Markt noch weit entfernt. Immerhin hat man sich im Rahmen eines Vorschlages für eine EG-Richtlinie[45] bereits mit vorbeugenden Maßnahmen gegen Mißbräuche befaßt.

Weiterhin ist in Europa eine Beschleunigung des Beteiligungsbooms zu verzeichnen, weil man glaubt, der gemeinsame Markt erfordere größere Unternehmen, um wettbewerbsfähig zu bleiben. Das Ergebnis einer Umfrage unter 650 Gesellschaften der EG soll ergeben haben, daß fast 2/3 der Unternehmen in den nächsten Jahren Fusionen oder den Erwerb eines anderen Unternehmen anstreben und dies möglichst kurzfristig, bevor unter Umständen neue Kartellgesetze greifen[46].

C. Entwicklungen in Deutschland

Die Buy-Out und Takeover-Welle hat Deutschland ebenfalls berührt, wenngleich nicht in den Dimensionen des amerikanischen bzw. europäischen Marktes. Immerhin sollen sich die Unternehmenskäufe in den letzten 4 Jahren auf knapp unter 1.000 p.a. gegenüber Zeiträumen davor verdoppelt haben[47].

Publizistisch werden in Fachbeiträgen und Presseveröffentlichungen be-

42 *Blecke,* Manager Magazin 1989/1, S. 3

43 z. B. die schwedische Asea fusionierte mit der schweizerischen Brown, Boveri & Cie., Nestle machte ein feindliches Übernahmeangebot für den englischen Süßwarenkonzern Rowentree, die Ludwigshafener Benckiser GmbH übernahm den italienischen Waschmaschinenhersteller Mira Lanza, die französische Indosuze-Gruppe erwarb die Mehrheit an der Societe General de Belgique

44 *Ermgassen* (FN 41)

45 *Hauschka/Roth,* AG 1988, 181, 184; kritisch *Loritz/Wagner,* WM 1991, 709

46 Wirtschaftswoche v. 09. 12. 1988, S. 40, 43

47 *Kröger* (FN 30)

reits Vorschläge unterbreitet, wie man sich bei Firmenkäufen und Übernahmeangeboten verhalten soll[48], weil man ähnliche Mißbräuche wie für die USA beschrieben, fürchtet[49].

Buy-Out's und Übernahmen in Deutschland waren auch von der Vorteilhaftigkeit der Anteilsverkäufe und Firmenverkäufe (= Betriebsaufgaben) wegen der damit bis 31. 12. 1989 noch verbundenen steuerlichen Vorteile geprägt, wie auch ähnliche Motive eine Rolle spielen können wie sie oben[50] als »positive Argumente« dargestellt werden. Ohnehin geplante Unternehmensveräußerungen wurden – nicht zuletzt aus steuerlichen Gründen – möglicherweise vorgezogen[51].

Buy-Out's bzw. Takeovers in Deutschland müssen aber rechtsformspezifische Besonderheiten beachten, wozu zunächst einmal der Grundsatz gehört, daß das Vermögen juristischer Personen (z.B. Aktiengesellschaft und GmbH) Fremdvermögen für ihre Anteilseigner ist, sogar wenn alle Anteile in einer Hand sind. Verstöße gegen diesen Grundsatz haben strafrechtliche und zivilrechtliche bzw. gesellschaftsrechtliche Konsequenzen.

Werden Anteile einer Kapitalgesellschaft ganz oder teilweise erworben und verwendet der Erwerber zur Zahlung des Kaufpreises nicht nur den Gewinn aus seiner Beteiligung, sondern auch den cash flow der Gesellschaft wie auch die Besicherung zur Kaufpreisfinanzierung aufgenommener Fremdmittelkredite auf dem Vermögen bzw. auf Vermögensgegenständen der Zielgesellschaft erfolgt, dann kann dies nach Auffassung des Bundesgerichtshofs strafrechtlich relevant sein[52].

Zivilrechtlich kann bei einer Aktiengesellschaft ein solches Rechtsgeschäft gemäß § 71 a Abs. 1 Satz 1 AktG nichtig sein bzw. gegen das Verbot der Einlagenrückgewähr gemäß § 57 Abs. 1 Satz 1 AktG verstoßen[53], während bei einer GmbH ein Verstoß gegen das Verbot der Stammkapital-

48 *Hauschka/Roth,* AG 1988, 181 »Übernahmeangebote und deren Abwehr in deutschem Recht«; *Lutters/Wahlers,* AG 1989, 1 »Der Buyout: Amerikanische Fälle und die Regeln des deutschen Rechts«; *Otto,* DB 1988 Beilage 12 »Übernahmeversuche bei Aktiengesellschaften und Strategien der Abwehr«; *Kröger,* Handelsblatt v. 14. 11. 1988, S. 14 »Firmen – Akquisitieren / Acht Regeln für erfolgreiches Planen und Realisieren«; *Fricke/Heidelberg,* Handelsblatt v. 30. 11. 1988, S. 3 »Schutzmechanismen gegen feindliche Übernahmeversuche. . .«

49 siehe auch Wirtschaftswoche v. 09. 12. 1988, S. 40 ff »Unternehmensübernahmen, Monopoly mit Milliarden

50 s. o. § 7, A. (1)

51 *Hennerkes/Jeschke,* DB 1988, 2577 zu den Möglichkeiten, auch ohne solche Verkäufe unter Auflösung stiller Reserven zu vergleichbaren steuerlichen Ergebnissen zu kommen

52 BGH DB 1987, 1930; dazu näher *Wagner,* wistra 1992, 161 m.w.N.

53 zu Einzelheiten *Lutter/Wahlers,* AG 1989, 1, 8-12

rückzahlung gemäß § 30 Abs. 1 GmbHG vorliegen kann, insbesondere wenn dies zu einer Unterbilanz führt[54].

Solchen Problemen aus dem Weg zu gehen, gleichwohl aber das Vermögen der Zielgesellschaft zur Rückführung bzw. Besicherung von Fremdmittelkrediten nutzen zu können, die die Käufer zum Zwecke der Kaufpreiszahlung der gekauften Beteiligungen aufgenommen haben, geht man dazu über, seitens der Käufer eine fremdfinanzierte Übernahmegesellschaft zu gründen und auf diese bzw. auf eine schon vorhandene fremdfinanzierte Übernahmegesellschaft die Zielgesellschaft zu »verschmelzen«. Dies hat dann zugleich den Vorteil, daß die Verbindlichkeiten des Übernehmers zu solchen der Zielgesellschaft werden und das Vermögen der Zielgesellschaft nach Verschmelzung zu Besicherungszwecken verwandt werden kann[55]. Aber auch hier gilt es, Einzelheiten zu beachten, worauf insbesondere *Lutter/Wahlers*[56] hingewiesen haben.

§ 8 Mitarbeiterbeteiligung und Buy-Out

A. Erkenntnisse

Die Kombinationen von Mitarbeiterbeteiligungen via ESOP und Buy-Out's ist in den USA nichts ungewöhnliches[57]. Dies hängt mit der größeren Finanzkraft eines oft ja fremdfinanzierten (leveraged) ESOP zusammen, so daß der Ankauf eines Unternehmens durch einen MBO bzw. ESOP, jeweils als LBO, nichts ungewöhnliches ist. Ebenso wie ein fondsorientierter ESOP der Risikosteuerung – weg vom einzelnen Arbeitnehmer – dient, ermöglicht er zugleich, die entsprechenden finanziellen Mittel aufzubringen, um selbst wie ein fremdes Unternehmen sich am arbeitgebenden Unternehmen zu beteiligen (etwa per Spin-Off) oder es ganz zu übernehmen. Insoweit können die Möglichkeiten des Zusammengehens mit einem ESOP auch zur Abwehr gegen unfreundliche Übernahmeangebote genutzt werden: LBO und Mitarbeiterbeteiligung schließen in den USA sich mithin – auch in Anbetracht des steuerlichen Fördersystems – nicht aus, sie ergänzen sich vielmehr. Da zudem der Leveraged-ESOP steuerlich begünstigt ist, ermöglichen die Steuervorteile es dem arbeitgebenden Unternehmen, aus einem dadurch besseren cash flow eine schnellere Kreditrückführung der Mitarbeiterbeteiligung herbeizuführen was

54 s. o. (FN 53), 1, 13-16
55 *Otto,* DB 1988, Beilage 12, S. 2
56 s. o. (FN 53), 1, 12 ff.
57 siehe Berichte von *Treichl* (FN 21) und *Pototsching* (FN 22)

auch den beteiligten Mitarbeitern zu Gute kommt, wie ja auch die den ESOP finanzierenden Banken steuerliche Vorteile zu gewärtigen haben.

Bei der deutschen Mitarbeiterbeteiligung sieht dies anders aus. Sie ist im Grundsatz statt fonds- einzelpersonenbezogen, und die Steuervorteile sind verteilt nach niedrigen Einkommensgruppen (5. VermBG) und unabhängig von Einkommensgrenzen, was immer wieder die besondere Schutzbedürftigkeit der unterschiedlichen Personenkreise zum Thema macht. Die steuerlichen »Vorteile« des arbeitgebenden Unternehmens bei einer Mitarbeiterbeteiligung sind gering[58] und aufgrund der niedrig geförderten Beträge pro Arbeitnehmer verbietet es sich. Arbeitnehmern etwa anzuraten, eigene Mitarbeiterbeteiligung fremd zu finanzieren.

Die im Grundsatz auf den einzelnen Mitarbeiter ausgerichtete betriebliche Mitarbeiterbeteiligung deutscher Prägung wird sich mithin mit folgenden Fragen befassen müssen:

(1) Welche Auswirkungen haben Buy-Out's incl. MBO und Takeovers, insbesondere unter Einsatz hoher Fremdfinanzierungen (LBO) auf eine betriebliche Mitarbeiterbeteiligung beim Ziel- und Übernahmeunternehmen bzw. welche Einflüsse haben Mitarbeiterbeteiligungen auf Buy-Out's incl. MBO's und Takeovers?

(2) Welche Voraussetzungen müssen zusammenkommen, um Buy-Out's und Mitarbeiterbeteiligungen positiv und für beide vorteilhaft zu kombinieren?

B. Auswirkungen von Buy-Out's incl. MBO und Takeovers auf Mitarbeiterbeteiligungen beim Zielunternehmen

Erfolgt ein Verkauf nebst Übertragung von Beteiligungen, ohne daß der Kaufpreis aus dem cash flow der Gesellschaft bedient wird und ohne daß eine Besicherung einer Kaufpreisfinanzierung auf dem Gesellschaftsvermögen der Zielgesellschaft erfolgt, dann wirkt sich dies auf eine bei der Zielgesellschaft etwa vorhandene materielle betriebliche Mitarbeiterbeteiligung nicht aus.

Wird die Zielgesellschaft mittels eines LBO auf eine Übernahmegesellschaft verschmolzen, so liegt seitens der Übernahmegesellschaft Gesamtrechtsnachfolge vor. Vorhandene Mitarbeiterbeteiligungen der Zielgesellschaft wirken mithin bei der Übernahmegesellschaft fort und erhalten

58 z. B. bei: § 19 a EStG, soweit keine Soziallasten und Steuern zu zahlen sind liegen keine Vorteile vor, vielmehr werden nur zusätzliche Belastungen vermieden

dort. sofern es sich um eine Mitarbeiterbeteiligung in Form von Gläubigerstellungen – nicht bei Gesellschafterstellungen – handelt, das Recht auf Sicherheitsleistung gemäß § 347 AktG, §§ 26, 33 KapErhG. An der Zielgesellschaft als Aktionäre beteiligte Mitarbeiter können insoweit aus der Gesellschaft nicht hinausgedrängt werden, sondern müssen durch die Übernahmegesellschaft in Aktien oder Geschäftsanteilen abgefunden werden (§ 339 Abs. 1 AktG, § 33 Abs. 1 KapErhG), wie auch die Rechtsprechung zusätzlich den Minderheitenschutz verstärkt hat[59].

Wenngleich rechtlich Mitarbeiterbeteiligungen der Zielgesellschaft im Verschmelzungsfall nicht tangiert werden, ist dies aber wirtschaftlich der Fall, wenn Mitarbeiterbeteiligungen mit Gewinnbeteiligungen ausgestattet sind, diese aber aufgrund hoher Fremdverschuldung im Rahmen eines LBO dadurch tangiert werden, daß über einen bestimmten Zeitraum kein oder weniger Gewinn ausgeschüttet wird.

C. Auswirkungen von Buy-Out's incl. MBO und Takeovers auf Mitarbeiterbeteiligungen bei der Übernahmegesellschaft

An der Übernahmegesellschaft als Gläubiger – nicht als Gesellschafter – beteiligte Mitarbeiter haben, wenn es sich bei der Übernahmegesellschaft um eine GmbH handelt, *keine* Gläubigerschutzrechte auf Sicherung gemäß §§ 33, 26 KapErhG, da dieses nur den Gläubigern der übertragenden Gesellschaft zusteht, nicht aber den Gläubigern der übernehmenden Gesellschaft, während im Falle einer Aktiengesellschaft als Übernahmegesellschaft denen als »Gläubigern« beteiligten Mitarbeitern ein Recht auf Sicherheit gemäß § 347 Abs. 1 Satz 2 AktG nur zusteht, wenn diese nachweisen können, daß ihre »Beteiligung« quasi gefährdet wäre.

Abgesehen davon, daß beteiligte Mitarbeiter der Übernahmegesellschaft mithin rechtlich schlechter als solche der Zielgesellschaft stehen, haben sie natürlich im Falle hoher Fremdverschuldung beim LBO ebenfalls den Nachteil zu tragen, daß Gewinnbeteiligungsrechte (vorübergehend) wirtschaftlich nicht zum Zuge kommen.

D. Wie wirken sich Mitarbeiterbeteiligungen bei Ziel- und Übernahmeunternehmen für Buy-Out's incl. MBO und Takeover aus?

Mitarbeiterbeteiligungen bei der Zielgesellschaft, die nicht als Aktien- oder GmbH-Beteiligungen ausgestattet sind, vermögen einen anstehenden Buy-Out oder Takeover nicht zu beeinflussen. Aktien- oder GmbH-

59 OLG Hamm WM 1988, 1164; dazu ferner *Bayer,* WM 1989, 121

Beteiligungen in der Zielgesellschaft dagegen können, wenn die Übernahmegesellschaft das gesamte Anteilspaket erwerben möchte, entweder ein Hindernis oder für die so beteiligten Mitarbeiter die Chance sein, ihre Beteiligungen zu einem interessanten Preis zu verkaufen. Im letzteren Falle wird aber die Mitarbeiterbeteiligung zum Spekulationsgegenstand, die Philosophie der Mitarbeiterbeteiligung – Teilhabe am mit Erarbeiten bzw. Abbau- der Interessengegensätze von Kapital und Arbeit – hat dann keine Bedeutung mehr.

Mitarbeiterbeteiligungen bei der Übernahmegesellschaft vermögen in der Regel anstehende Buy-Out's/Takeovers nicht zu beeinträchtigen bzw. zu beeinflussen.

E. Zwischenergebnis

Mitarbeiterbeteiligungen, einerlei ob bei der Ziel- oder Übernahmegesellschaft, behindern Buy-Out's/Takeovers nicht, haben aber gerade im Falle gewinnbeteiligter Mitarbeiter bei LBO's unter Umständen den wirtschaftlichen Nachteil zu tragen, daß eigentlich ausschüttbare Gewinne zur Rückführung von Fremdmitteln verwandt werden.

F. Unter welchen Voraussetzungen können sich Buy-Out's und Mitarbeiterbeteiligungen positiv ergänzen?

Diese Frage ist dort positiv zu beantworten, wo Mitarbeiterbeteiligungen und Buy-Out's dasselbe sind, nämlich beim Management Buy-Out, da jeder Management Buy-Out auch eine Mitarbeiterbeteiligung ist, wenngleich – wie bereits aufgezeigt – nicht umgekehrt jede Mitarbeiterbeteiligung ein Managment Buy-Out darstellt.

Belegschafts-Buy-Out's entstehen oft aus bereits vorhandenen Mitarbeiterbeteiligungen, die alleine oder in Kombination mit einem MBO Anteile am arbeitgebenden Unternehmen erwerben, ggf. z. B. im Rahmen von Sanierungen[60].

Aber auch unabhängig davon können sich Manager und Mitarbeiter in einer neu gegründeten Übernahmegesellschaft zusammenfinden, um z. B. Anteile des arbeitgebenden Unternehmens oder Betriebsteilen von Unternehmen, an denen z. B. die Konzernspitze kein Interesse mehr hat, herauszukaufen, so daß der »herausgekaufte« Betriebsteil von der Manager-/Mitarbeitergesellschaft übernommen wird (Spin-Off).

60 *Weber,* Sanierung durch Arbeitnehmer, 1984

Buy-Out's/Takeovers können auch eine Mitarbeiterbeteiligung zukunftsorientiert positiv absichern, wenn Ziel die Stärkung der Wettbewerbsfähigkeit von Ziel- und Übernahmeunternehmen nach dem Zusammengehen sind[61].

Eine positive Ergänzung ist auch dann gegeben, wenn die Beteiligung als solche, also auch die Gewinnbeteiligung, nicht durch zu hohe Fremdverschuldung im Rahmen eines LBO auf Dauer abgewertet wird, was bei einem zum Zeitpunkt eines Buy-Out's bereits vorhandenen ausreichend hohen – langfristig erzielbaren – cash flow gegeben sein kann.

Auch steht nichts im Wege, Mitarbeiterbeteiligungen nach erfolgtem Buy-Out/Takeover im Einverständnis mit Mitarbeitern umzuwandeln, wenn etwa dem Buy-Out/Takeover ein going public folgt und den Mitarbeitern quasi im Tausch an Stelle ihrer bisherigen Beteiligungen entsprechend börsennotierte Aktien angeboten werden.

§ 9 Ausblick

Es zeigt sich, daß die in Deutschland vorherrschende und insoweit auch geförderte individuelle betriebliche Mitarbeiterbeteiligung im Hinblick auf eine sich abzeichnende Buy-Out/Takeover-Entwicklung nicht so gut angepaßt werden kann wie dies bei dem in den USA anzutreffenden ESOP der Fall ist, es gilt daher m. E. zukunftsorientiert folgende Themen zu überdenken:

(1) Ist die derzeitige individuelle betriebliche Mitarbeiterbeteiligung mit denen durch das 5. VermBG und § 19 a EStG ausgestatteten Förderkomponenten der richtige Weg oder wäre ein deutsches ESOP-Modell nicht effektiver, was dann aber auch eine andere Art steuerlicher Förderung voraussetzen würde?

(2) Würde man in Deutschland an dem eingeschlagenen Weg der Mitarbeiterbeteiligung nebst dem entsprechenden Förderkonzept festhalten, dann aber wäre zu überlegen, ob die derzeitigen rechtlichen Grundlagen ausreichen, Mitarbeiterbeteiligungen rechtlich und wirtschaftlich vor möglichen Risiken von Buy-Out's und Takeovers, gerade bei LBO's zu schützen.

---

61 s. o. § 7, A. (1) »Positive Argumente«

(3) Zudem haben Buy-Out's und Mitarbeiterbeteiligungen eigene Probleme zu lösen:

– bei Buy-Out's/Takevoers der Schutz vor Mißbräuchen und

– bei Mitarbeiterbcteiligungen der Abbau von Vorurteilen.

(4) Die Weichenstellungen sollten im Auge haben, daß Buy-Out's und Mitarbeiterbeteiligungen – jeweils für sich – zukunftsorientiert Perspektiven und Chancen haben:

– Buy-Out's räumen neue unternehmerische Chancen ein und können neue Finanzierungsinstrumente sein, mit der Folge neuer Expansions- und innovativer Möglichkeiten, jeweils zur Stärkung der Wettbewerbsfähigkeit.

– Mitarbeiterbeteiligungen sind nach wie vor geeignet, am Abbau von Interessengegensätzen von Kapital und Arbeit mitzuwirken sowie die Mitbeteiligung an mitgeschaffenen Erträgen zu ermöglichen, womit Motivationspotential ebenso aufgebaut werden kann, wie den Unternehmen Innenfinanzierungsmöglichkeiten und Ansatzpunkte zur Stärkung der Eigenkapitalstruktur gegeben werden.

Beides so zu kombinieren, daß die Vorteile sich ergänzen und Risiken bzw. Mißbräuche minimiert werden, erfordert allerdings ein Überdenken der derzeitigen Rahmendaten.

3. Kapitel: Management Buy Out – Führungskräftebeteiligung – Arbeitnehmerbeteiligung

§ 10 Einleitung

Auf dem 2. Management Buy-Out Kongress 1989 hatte ich die Entwicklungslinien von Buy-Outs bzw. Takeovers und Mitarbeiterbeteiligungen in Deutschland aufgezeigt und diese mit entsprechenden Entwicklungslinien in USA verglichen[1].

In dem hier abzuhandelnden Beitrag sind *Management* Buy-Out und Mitarbeiterbeteiligungen zu untersuchen. Dabei sollen im Vordergrund folgende Fragen stehen:

- Was versteht man unter Management Buy-Out einerseits und Mitarbeiterbeteiligung andererseits und wem ist die Führungskräftebeteiligung zuzuordnen?
- Was sind die Motive für obige drei Beteiligungsformen?
- Gibt es Sinn, diese Beteiligungsformen zu kombinieren?
- Auf welche rechtlichen Besonderheiten ist zu achten?

Dem schließen sich Hinweise an, wie konzeptionell an das Thema Management Buy-Out und Mitarbeiterbeteiligung herangegangen werden kann.

§ 11 Beteiligungsformen

Das Thema dieser Abhandlung suggeriert, Management Buy-Out (MBO) und Mitarbeiterbeteiligung (MAB) seien Beteiligungsformen unterschiedlicher Personenkreise. Dem ist aber nicht so. Zwar ist jeder Management Buy-Out Ausdruck einer Mitarbeiterbeteiligung – nämlich des Managements –, die Mitarbeiterbeteiligung erschöpft sich aber nicht in der Beteiligung des Managements, sondern kennt viele Erscheinungsformen wie *Bild 1* zeigt.

---

1 siehe zuvor §§ 5-9 = *Wagner*, Tagungsdokumentation 2. MBO-Kongress 1989, S. 126; Lebensmittel-Zeitung vom 21. 04. 1989; KaRS 1989, 82; Guski/Schneider, Mitarbeiterbeteiligung (MAB), Fach 1500

Bild 1

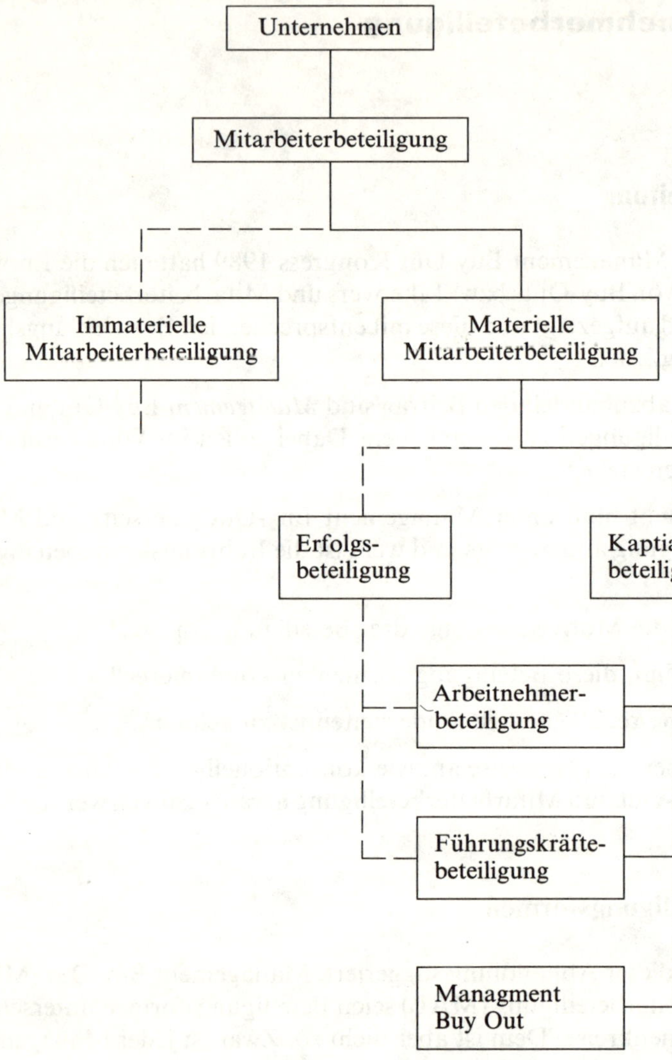

Die Elemente der Mitarbeiterbeteiligung sind die immaterielle und materielle Mitarbeiterbeteiligung, die durch nachfolgende *Bilder 2* und *3* verdeutlicht werden[2].

2 *Lezius,* Der Arbeitgeber Nr. 23/40 – 1988

Bild 2

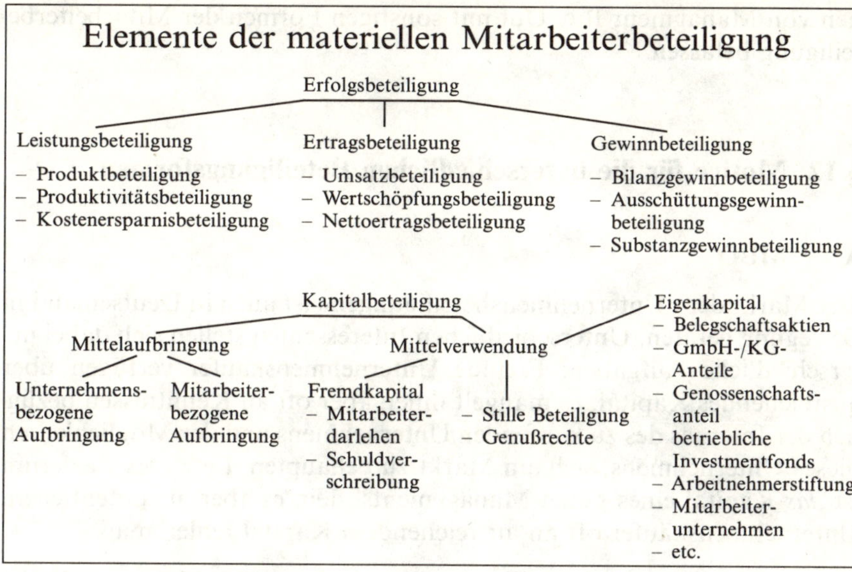

Bild 3

Elemente der immateriellen Beteiligung			Materielle Beteiligung
Verhaltensänderung		Strukturveränderung	
Mitbestimmung	Organisationsentwicklung	Arbeitsstrukturierung	Erfolgsbeteiligung Kapitalbeteiligung Vermögensbeteiligung
Individualrechte Gruppenmitbestimmung Betriebsratsrechte Unternehmensmitbestimmung	Information gemeinsame Zielformulierung Mitwirkung an Gruppenentscheidung (Prinzip der Einstimmigkeit) Arbeitszufriedenheit differenzierter Führungsstil Bildungsarbeit Sozialbilanz (Umweltbezogenheit)	Einzelarbeitsplatz Gruppenarbeit Arbeitsplatzgestaltung Arbeitsinhalt Arbeitsplatzwechsel Arbeitsvergrößerung Arbeitsbereicherung teilautonome Gruppen Ergonomie Sozialmedizin Unfallschutz	1. Mitarbeiterunternehmen 2. Stiftungsunternehmen 3. Beteiligungsunternehmen – Erfolgsbeteiligung – reine Kapitalbeteiligung – laboristische-kapitalistische Beteiligung
Mitbestimmung	Humanisierung der Arbeitswelt		Vermögensbildung

Dieser Beitrag soll sich folglich mit den Möglichkeiten der Kombinationen von Managment Buy Out mit sonstigen Formen der Mitarbeiterbeteiligung befassen.

§ 12 Motive für die unterschiedlichen Beteiligungsformen

A. MBO

Der Markt der »Unternehmensbeteiligungen« ist auch in Deutschland in Bewegung geraten. Unterschiedlichen Interessenten stellen sich dabei unterschiedliche Aufgaben: Fremde Unternehmenskäufer verfügen über ausreichendes Kapital, es mangelt ihnen aber oft an Kenntnissen bezüglich der Internas des zu kaufenden Unternehmens und der Möglichkeiten dieses Unternehmens, sich am Markt zu behaupten. Letzteres wiederum ist *das* Kapital eines guten Managements, dem es aber als potentiellem Unternehmenskäufer oft an ausreichendem Kapital fehlen mag.

Seit aber der Markt der Beteiligungsfinanzierungen flexibler geworden ist und der Ruf *»Kapital vorhanden – Unternehmer gesucht«* die Runde macht[3], sind auch und gerade Manager als interessante Unternehmenskäufer-Zielgruppen ausgemacht worden. Motive für einen MBO können sein:

(1) *Albach/Freund*[4] sind in einer Untersuchung über Generationswechsel und Unternehmenskontinuität u. a. zu folgenden Erkenntnissen gelangt:

– Bei einem relativ hohen Prozentsatz von Familienunternehmen finden sich keine Familienmitglieder bereit, die unternehmerische Verantwortung des Vorgängers zu übernehmen[5].

– Die Beteiligung von Geschäftsführern am Unternehmen ist zur Zeit prozentual noch außerordentlich gering[6].

– Häufige Fluktuation des Managements ist ein Hindernis für Führungskontinuität[7].

3 Verlagsbeilage FAZ vom 23. 05. 89 »Unternehmensbeteiligungen Management Buy Out«, S. B 1

4 *Albach/Freund,* Generationswechsel und Unternehmenskontinuität – Chancen, Risiken, Maßnahmen, Gütersloh 1989

5 *Albach/Freund,* (Fußn. 4), S. 43

6 *Albach/Freund,* (Fußn. 4), S. 46

7 *Albach/Freund,* (Fußn. 4), S. 55

– Bei Familienunternehmen stellen die Einheit von Eigentum und Leitung einen wesentlichen Bestandteil der Motivation zum Erhalt des Unternehmens dar[8].

– Hochqualifiziertes und motiviertes Management stellt ein entscheidendes Erfolgspotential für Unternehmen dar[9].

– Die Familiengesellschaft stirbt, es entsteht das Unternehmen an sich[10].

Diese herausgegriffenen Feststellungen machen deutlich, daß die Einheit von Eigentum und Leitung ein relevanter Motivationsfaktor ist, aber nicht auf die Familiengesellschaften begrenzt sein muß. Gegenläufige Entwicklungen sind erkennbar: während Familiengesellschaften mangels Sicherung von Unternehmenskontinuität aus den eigenen Reihen immer mehr auf Fremdgeschäftsführer zugreifen müssen, ist bei Managern verstärkt der Trend zu erkennen, nicht alleine im Gehalt Motivation und Anerkennung zu sehen, sondern in dem Streben nach Beteiligung.

Motive für einen MBO können folglich das Nutzen verstärkten Motivationspotentials durch die Vereinigung von Management und Unternehmensbeteiligung bzw., das Erstreben der Einheit von Eigentum und Leitung, sein, auch zum Zwecke der Unternehmensnachfolge bzw. -kontinuiät.

(2) Passen Teile eines Konzerns nicht mehr in das Programm desselben, kann es naheliegen, diesen Teil dem eigenen Management zu verkaufen[11]. Die Manager können sich mit Umstrukturierungsmaßnahmen bei dem so erworbenen Unternehmen auf neue Marktherausforderungen flexibel einstellen.

(3) Persönliche Gründe von Anteilsinhabern können eine Rolle spielen, sich von eigenen Beteiligungen zu trennen. Während der Verkauf von Anteilen an Dritte nicht immer den Fortbestand des Unternehmens sichert, weil dort vielleicht nur Synergieeffekte oder Assets des gekauften Unternehmens interessieren, kann der Verkauf an das eigene Management den Fortbestand des Unternehmens ermöglichen bzw. sichern helfen[12].

8 *Albach/Freund,* (Fußn. 4), S. 93

9 *Albach/Freund,* (Fußn. 4), S. 94

10 *Albach/Freund,* (Fußn. 4), S. 266

11 so z.B.: Fichtel & Sachs AG verkaufte die Tochtergesellschaft Fella Werke GmbH an den langjährigen Geschäftsführer. – Manager und Mitarbeiter kauften mit Finanzpartnern von der US-Mutter Textron Inc., Providence/Rhode Island die Anteile der Ex-Cell-O GmbH.

12 so z. B. der MBO bei Lignotock (siehe FAZ FN 3, S. B 2) und bei Hein Gericke (siehe FAZ FN 3, S. B 6)

(4) Ein frühzeitig eingeleiteter MBO kann den Verkauf in fremde Hände verhindern bzw. Vorsorge gegen unfreundliche Firmenübernahmen sein.

B. Führungskräftebeteiligung

Der für den MBO charakteristische Motivationsfaktor des Zusammenbringens von Eigentum und Leitung wird hier durch den Motivationsfaktor der Teilhabe am Miterarbeiteten ersetzt. Ebenso wie beim MBO ist hochmotiviertes und unternehmerisches Führungsverhalten der Führungskräfte das Ziel. Während aber beim MBO der Manager durch Kauf des Unternehmens Unternehmer wird, werden bei der Führungskräftebeteiligung Arbeitsbedingungen geschaffen, die dem Bild des selbständigen Unternehmers möglichst nahe kommen (fiktiver Unternehmer).

MBO und Führungskräftebeteiligung streben als Ziel höhere Motivation durch unternehmerische Verantwortung – also durch mehr Selbständigkeit – an. Sie unterscheiden sich aber in den Mitteln: Der MBO sucht die stärkere Motivation durch die schon angesprochene Einheit von Eigentum und Leitung herzustellen, die Führungskräftebeteiligung versucht stärkere Motivation durch Anreize von Verantwortung und Teilhabe z.B. auf Profit-Center-Ebene herzustellen, ohne unhedingt die Eigentumsfrage stellen zu müssen.

C. Arbeitnehmerbeteiligung

Ebenso wie es bei Managern bzw. Führungskräften Beteiligungsformen mit und ohne Eigentumsbeteiligung gibt, ist dies auch bei Arbeitnehmerheteiligungen der Fall. Dort steht aber nicht die unternehmerische Führung oder Verantwortung neben der Teilhabe am Miterarbeiteten im Vordergrund, sondern das Ermöglichen von mehr Verständnis *für* unternehmerische Entscheidungen. Dies wird durch Delegation von Verantwortung auf die Ebene von Arbeitnehmern (außerhalb von Managern bzw. Führungskräfte) in Verbindung mit Beteiligung am gemeinsam Geschaffenen angestrebt, um dadurch auch eine größere Selbstverwirklichung des Einzelnen an seinem Arbeitsplatz zu ermöglichen.

D. Fazit

Gemeinsam ist allen drei Beteiligungsformen das Ziel, auch höhere Motivation zu erreichen. Dies soll zugleich größerer Selbstverwirklichung und Selbstbestätigung des Einzelnen ermöglichen. Materielle Beteiligungsformen zielen insoweit auf immaterielle Komponenten mit unterschiedlichen Mitteln.

Dies bedeutet, daß alle drei Beteiligungsformen gut kombinierbar sind.

Bild 4

	eingesetzte Mittel	»Status«	Ziel
MBO	Eigentum + unternehmerische Verantwortung	Unternehmer sein	höhere Motivation
Führungskräfte-Beteiligung	Profit-Center-/ Kapitalbeteiligung + unternehmerische Verantwortung	handeln wie ein Unternehmer	höhere Motivation
Arbeitnehmer-Beteiligung	Kapital-/ Erfolgsbeteiligung + delegierte Verantwortung	Entscheidungsträger	höhere Motivation

§ 13 Konzeptionen

Wenn alle drei Beteiligungsformen gut kombinierbar sind, stellt sich die Frage, wie die Kombinationen konzeptionell umgesetzt werden können:

A. Vorüberlegungen

MBO zeichnen sich oft durch einen hohen Fremdmittelanteil bei der Kaufpreisaufbringung aus. Folglich achten Kreditinstitute und sonstige Finanzpartner besonders darauf, ob das Zielunternehmen über einen ausreichend hohen cash flow verfügt, um daraus die zur Kaufpreisfinanzierung aufgenommenen Fremdmittel zurückführen zu können. Dabei stellen sich aber u. a. folgende Probleme, die im Hinblick auf das Thema dieser Abhandlung näher beleuchtet werden sollen:

Kaufpreis und Kaufpreisfinanzierung sind Sache des kaufenden Managers als künftigem Unternehmensinhaber bzw. Gesellschafter. Da unsere deutsche Rechtsordnung aber zwischen Gesellschafts- und Gesellschafterebene trennt, sind hier konzeptionelle Besonderheiten zu beachten.

Sind am Zielunternehmen Führungskräftebeteiligungen und Arbeitnehmerbeteiligungen bereits vorhanden, kann die Rückführung von Fremdmitteln aus dem cash flow des Unternehmens, (die zum Zweck der Kaufpreisfinanzierung aufgenommen wurden) zu Lasten dieser Beteiligungen gehen. Sollen hier Nachteile vermieden werden, sind konzeptionelle Besonderheiten zu beachten.

Sollen erst im Zusammenhang mit einem MBO oder im Nachgang zu diesem Führungskräfte- bzw. Arbeitnehmerbeteiligungen eingeführt werden, gilt es ebenfalls, konzeptionelle Besonderheiten zu beachten.

B. MBO

Würden Manager beim Kauf von Beteiligungen des Unternehmens eigene Kaufpreiszahlungsverpflichtungen gegenüber verkaufenden Anteilseignern aus dem cash flow des Unternehmens bedienen bzw. für die Kaufpreiszahlung aufgenommene Fremdmittel auf dem Vermögen des Unternehmens absichern, so würde dies negative zivil- bzw. strafrechtliche Folgen haben können[13]. Im Hinblick auf die angesprochene Fragestellung lohnt es sich, die damit zusammenhängenden rechtlichen Streitfragen kurz wiederzugeben:

I. Direkte Beteiligungen

1. Aktienerwerb

a) Manager kauft Aktien – AG zahlt Kaufpreis

Würden Manager die Aktien einer AG erwerben und die Kaufpreiszahlungsverpflichtungen aus dem cash flow der AG bedienen wollen, dann wären Rechtsbeziehungen der AG zum kaufenden Manager einerseits sowie zum veräußernden Aktionär bzw. einem dritten Kreditgeber angesprochen. Würde der Manager, der besagte Aktien gekauft hat, im Anschluß daran seine Kaufpreiszahlungsverpflichtungen aus dem cash flow der AG bezahlen, dann läge darin nach § 57 Abs. 1 AktG eine unzulässige verdeckte Einlagenrückgewähr an den Manager-Aktionär[14] wie auch dieser sich als neuer Vorstand bei Verstößen gegen § 57 Abs. 1 AktG gemäß § 93 Abs. 3 Ziff. 1 AktG zudem schadensersatzpflichtig machen

---

13 Bei der Aktiengesellschaft kann ein Verstoß gegen das Verbot der Einlagenrückgewähr gemäß § 57 Abs. 1 AktG bzw. die Nichtigkeitsfolge des § 71 a AktG gegeben sein, bei der GmbH können Verstöße gegen die Kapitalerhaltungsvorschriften der §§ 30, 31 GmbHG gegeben sein, wenn dadurch eine Unterbilanz bzw. Uberschuldung entsteht oder verstärkt wird, mit entsprechenden haftungsrechtlichen Folgen. Dazu: *Lutter/Wahlers,* AG 1989, 1, 8 ff. und 13 ff.; *Kerber,* WM 1989, 473, 475; *Rutke,* WM 1989, 806; *Wagner,* KaRS 1989, 82, 88;
Zur strafrechtlichen Seite siehe einerseits BGH DB 1987, 1930 und andererseits BGH GmbHR 1988, 477; ferner *Wagner,* wistra 1992, 161

14 *Lutter/Wahlers,* AG 1989, 1, 8

könnte. Eine dem zugrundeliegende Vereinbarung zwischen AG und dem kaufenden Manager-Aktionär wäre gemäß § 134 BGB nichtig[15], die AG hätte gegen den kaufenden Manager-Aktionär Ausgleichsansprüche gemäß § 62 Abs. 1 Satz 1 AktG[16]. Darüber hinaus würde aber auch der verkaufende Aktionär, soweit er Kenntnis davon hat, daß der Kaufpreis aus dem cash flow der AG gezahlt wird, die Nichtigkeit der Verträge im Zusammenhang mit dem Verkauf der Aktien[17] zur Kenntnis nehmen müssen, so daß er keine Kaufpreisansprüche gegen den kaufenden Manager-Aktionär und erst recht nicht gegen die AG hätte, vielmehr umgekehrt mit Rückzahlungsansprüchen der AG bei schon – aus dem cash flow – geleisteten Kaufpreisen auf die Dauer von 30 Jahren rechnen müßte (§ 195 BGB)[18].

Bei dieser Konzeption wären mithin weder der verkaufende Aktionär, noch der kaufende Manager-Aktionär gesichert. Hinzu käme, daß letztlich die wirtschaftliche Last des Aktienerwerbs doch beim kaufenden Manager-Aktionär hliebe, die er eigentlich doch durch die Kaufpreiszahlung aus dem cash flow der AG abzuwälzen gedenkt, was aber wie ausgeführt, rechtlich auf Probleme stößt[19].

b) Manager kauft Aktien – Finanzierung des Kaufpreises über Kreditvertrag AG/Bank – Sicherheitenbestellung durch AG

Nicht wesentlich anders als die zuvor dargestellte Rechtslage ist die rechtliche Beurteilung hier, nur etwas diffiziler im Detail durch die Einschaltung eines externen Kreditgebers.

Wird zur Finanzierung des Kaufpreises, den der kaufende Manager für Aktien an den Verkäufer zu zahlen hat, durch die AG ein auch auf dem Vermögen der AG besicherter Kredit aufgenommen und werden die Mittel daraus seitens der AG dem kaufenden Manager zur Kaufpreiszahlung zur Verfügung gestellt, dann handelt es sich um einen Fall des § 71 a Abs. 1 Satz 1 AktG. Kreditvertrag und Absicherung sind nichtig, mit der Folge, daß die AG gegenüber dem Kreditinstitut die Freistellung von daraus entstandenen Belastungen verlangen kann.

15 *Lutter*, Kölner Kommentar zum AktG, 2. Aufl., § 57 Rdn. 61, 62,64 ff. m.w.N.
16 dies gilt gleichermaßen für die schuldrechtlichen wie dinglichen Ansprüche – *Lutter* (FN 15) § 57 Rdn. 63
17 schuldrechtliches und dingliches Rechtsgeschäft
18 *Lutter* (FN 15) § 57 Rdn. 74. Immerhin könnten in solche Ansprüche Dritte hineinpfänden.
19 die strafrechtlichen Fragen seien hier ausgeklammert; dazu siehe *Wagner*, wistra 1992, 161

Rechtliche Streitfragen bestehen z. Zt. allenfalls insoweit, ob dieses Ergebnis dann anders aussieht, wenn die entsprechenden Verträge erst dann abgeschlossen und die Besicherung erst dann vorgenommen wird, *nachdem* der Aktienerwerb durch den kaufenden Manager bereits abgeschlossen ist, er also bereits Aktionär ist[20].

c) Zwischenergebnis

Der Aktien kaufende Manager, der, statt den Kaufpreis selbst zu zahlen, diesen über die AG besichern, finanzieren oder bezahlen läßt, hat ebenso wie der verkaufende Aktionär die Nichtigkeit aller Maßnahmen mit entsprechenden Ansprüchen der AG zu gewärtigen, wobei die finanzierenden Kreditinstitute in diesen Risikobereich einbezogen sind. Man mag sich nicht damit trösten, daß der kaufende Manager-Aktionär, wenn er das gesamte Aktienpaket kauft, wohl kaum gegen sich selbst entsprechende rechtliche Schritte einleiten werde, so daß der Grundsatz gelten würde, wo kein Kläger, da kein Richter, denn eine solche Betrachtungsweise würde zum einen die Aufsichtspflichten des Aufsichtsrats außer acht lassen und zum anderen die Möglichkeiten potentieller Gläubiger unberücksichtigt lassen, in entsprechende Ansprüche der AG gegenüber dem Manager-Aktionär bzw. verkaufenden Aktionär hineinzupfänden, sich überweisen zu lassen, um dann aus diesen Ansprüchen seitens der Gläubiger direkt vorgehen zu können.

2. Erwerb von GmbH-Geschäftsanteilen

a) Manager kauft Geschäftsanteile – GmbH zahlt Kaufpreis

Während bei der AG gerade auch wegen der gesetzlichen Regelungen der §§ 57 Abs. 1, 71 a Abs. 1 Satz 1 AktG im Hinblick auf die angesprochenen Nichtigkeitsfolgen vieles transparenter erscheint, ist dies bei einem MBO von GmbH-Geschäftsanteilen nicht der Fall. Dies hängt damit zusammen, daß im Gegensatz zur AG, wo das gesamte Gesellschaftsvermögen in den §§ 57 ff. AktG einer gesonderten Bindung unterliegt, bei der GmbH die §§ 30 ff. GmbHG nur die Erhaltung des Stammkapitals sichern helfen sollen[21] und zwar in seinem rechnerischen Wert[22]. so daß mit § 30 Abs. 1 GmbHG nur solche Zuwendungen mit der *Haftungsfolge* des § 31 Abs. 1

20 zum Meinungsstand in Rechtsprechung und Literatur siehe *Lutter/Wahlers,* AG 1989, 1, 9 f. m.w.N.

21 stellvertretend *Lutter/Wahlers,* AG 1989, 1, 13 m.w.N.

22 *Joost,* ZHR 148 (1984), 27 f; *Lutter,* Kapital, Sicherung der Kapitalaufbringung und Kapitalerhaltung in den Aktien- und GmbH-Rechten der EWG, 1964, S. 52 f.; *Lutter/Wahlers,* AG 1989, 1, 13

GmbHG[23] angesprochen sind, durch die eine Unterbilanz entsteht oder verstärkt wird[24], ohne daß deshalb die Unwirksamkeitsfrage vergleichbar zum Aktienrecht gestellt ist.

Dies hat zur Folge, daß, wenn im Rahmen eines MBO sämtliche Geschäftsanteile erworben werden und nicht gegen vorgenannte Kapitalerhaltungsgrundsätze sowie Satzungsregelungen verstoßen wird, gesellschaftsrechtlich das Vermögen der GmbH und damit auch deren cash flow zur Kaufpreiszahlung im Rahmen eines MBO eingesetzt werden kann[25] [26].

Wird dagegen gegen obige Kapitalerhaltungsgrundsätze verstoßen, haftet der die Geschäftsanteile kaufende Manager gemäß § 31 Abs. 1 GmbHG, die Wirksamkeit der geschlossenen Verträge wird aber davon nicht berührt.

Kauft der Manager dagegen nur einen Teil der Geschäftsanteile, nutzt aber den cash flow der GmbH zur Zahlung seines Kaufpreises gegenüber dem Verkäufer, dann kann, wenn dem nicht alle anderen Gesellschafter zustimmen, darin eine Pflichtwidrigkeit durch sich Verschaffen von Sondervorteilen auf seiten des kaufenden Managers liegen, die bis zur Nichtigkeit der Verträge bei Vorliegen des Mißbrauchs der Vertretungsmacht reichen können[27].

b) Manager kauft Geschäftsanteile – Finanzierung des Kaufpreises über Kreditvertrag GmbH/Bank – Sicherheitenbestellung durch GmbH

Zum vorgenannten Sachverhalt ist insoweit ein Unterschied gegeben, als die Darlehensaufnahme durch die GmbH bei ihr zu passivieren ist und zu

---

23 nicht wie bei §§ 57 Abs. 1 und 71 a Abs. 1 Satz 1 AktG mit Nichtigkeitsfolgen

24 *Baumbach/Hueck,* GmbHG, 15. Aufl., § 30 Rdn. 7; *Fischer/Lutter/Hommelhoff,* GmbHG, 12. Aufl., § 30 Rdn. 2; *Flume,* ZHR 144 (1980), 18 f.; *Hachenburg/Goerdeler/Müller,* GmbHG, 7. Aufl., § 30 Rdn. 3; *K. Schmidt,* Gesellschaftsrecht, S. 846 f.; *Winter,* ZHR 148 (1984), 579, 582– der Unterbilanz wird die Überschuldung der GmbH von folgenden Autoren gleichgestellt: *Kerber,* WM 1989, 473, 476; *K. Schmidt,* Gesellschaftsrecht, S. 847; *Westermann in:* Scholz, GmbHG, 7. Aufl., § 31 Rdn. 14

25 *Lutter/Wahlers,* AG 1989, 1, 17

26 Offen bleibt die strafrechtliche Würdigung, da in BGH GmbHR 1988, 477 nur die einverständliche Entnahme bereits erzielter Gewinne angesprochen war, nicht aber die Nutzung des cash flow der Gesellschaft durch einen Gesellschafter. – Ebenfalls hier nicht erörtert werden sollen die steuerlichen Konsequenzen.

27 *Lutter/Wahlers,* AG 1989, 1, 15-17

einer Unterbilanz bzw. sogar zu einer Überschuldung[28] führen kann, womit – bei Gleichstellung von Unterbilanz und Überschuldung[29], was § 30 Abs. 1 GmbHG betrifft – das Auszahlungsverbot des § 30 Abs. 1 GmbHG mit entsprechenden Haftungsfolgen des § 31 Abs. 1 GmbHG – nicht mit Nichtigkeitsfolgen – angesprochen wäre[30]. Die GmbH hätte dann Freistellungsansprüche gegen den Manager-Gesellschafter sowie zusätzliche Rückgewähransprüche gemäß § 43 a GmbHG, da der Geschäftsanteilskäufer beim MBO ja neben seiner Gesellschafterstellung zugleich Geschäftsführer war und bleibt.

Was die Sicherheitenbestellung an dem Vermögen der GmbH für einen Kredit betrifft, der der Finanzierung des Kaufpreises für den Geschäftsanteilserwerb des Managers im Rahmen eines MBO dient, bestehen diverse rechtliche Streitfragen, die hier nur angedeutet, nicht aber vertieft werden sollen: Dabei handelt es sich insbesondere um die Frage, ob die Bestellung einer Sicherheit bereits eine verbotene Auszahlung im Sinne des § 30 GmbHG darstellt wie auch darüber diskutiert wird, wie man wann zur Beantwortung dieser Frage sich mit welchen Wertansätzen befassen muß[31].

c) Zwischenergebnis

Auch hier läßt sich mithin feststellen, daß der GmbH-Geschäftsanteile kaufende Manager, der, statt den Kaufpreis selbst zu zahlen, diesen über die GmbH besichern, finanzieren oder bezahlen läßt, zwar nicht mit der stringenten Nichtigkeitsfolge wie oben beim Aktienkauf, rechnen muß, was auch den Kreditinstituten bei GmbH-Geschäftsanteilskäufen im Rahmen eines MBO rechtlich weitergehend absichert, aber der kaufende Manager ist auch hier vor Haftungsinanspruchnahmen keineswegs sicher und zudem insoweit oft von wenig transparenten Bewertungsfragen abhängig.

II. Indirekte Beteiligungen

Diese zuvor beschriebenen Unsicherheiten für den am MBO interessierten Manager, aber teils auch für dessen Finanzpartner, hat zu sogenannten

28 Unterbilanz = Reinvermögen (Aktiva minus Verbindlichkeiten) deckt nicht mehr das Stammkapital Überschuldung = Verbindlichkeiten übersteigen das Aktivvermögen

29 s. o. FN 24

30 *Kerber,* WM 1989, 473, 476 m. w. N. wobei noch zwischen Abschluß des Kreditvertrages und Auszahlung des Darlehens differenziert werden kann.

31 *Kerber,* WM 1989, 473, 477 ff. m. w. N. – a. A. *Rutke,* WM 1989, 805; *Lutter/ Wahlers,* AG 1989, 1, 13-15

indirekten MBO-Modellen geführt, indem der kaufende Manager[32] z. B. eine »GmbH-Holding« gründet, die ihrerseits den Kredit für den Kauf der Geschäftsanteile an der Zielgesellschaft aufnimmt, um alsdann mit der Zielgesellschaft verschmolzen zu werden. Insbesondere auch aus steuerlichen Gründen[33] werden diese indirekten Beteiligungen in Nuancen noch verfeinert, wie folgende Modelle zeigen[34], ohne damit eine abschließende Aufzählung vornehmen zu wollen:

1. Manager-GmbH erwirbt gesamtes Vermögen der Ziel-GmbH & Co. KG durch Vermögenskauf

Das Management gründet z. B. eine GmbH, die von einer Personenhandelsgesellschaft

– z.B. GmbH & Co. KG – das gesamte Vermögen erwirbt, so daß die bisherige GmbH & Co. KG (= Zielgesellschaft) vermögensmäßig quasi in der Manager-GmbH aufgeht und folglich der cash flow der früheren Zielgesellschaft zu dem der Manager-GmbH wird und zur Rückführung der Kreditverbindlichkeiten der Manager-GmbH eingesetzt werden kann[35].

2. Manager-GmbH erwirbt gesamtes Vermögen der Ziel-GmbH & Co. KG durch Anwachsung aus der Kommanditistenstellung

Ein vergleichbares Ergebnis wird mit dem »Instrument« der Anwachsung erreicht. Dazu ist erforderlich, daß die Manager-GmbH zunächst sämtliche Kommanditanteile der KG und sämtliche Geschäftsanteile der Komplementär-GmbH erwirbt. Die Komplementär-GmbH scheidet sodann aus der GmbH & Co. KG aus, mit der Folge der Anwachsung sämtlicher Aktiva und Passiva auf die Manager-GmbH als einzig verbliebenem Gesellschafter der erloschenen GmbH & Co. KG[36].

32 teils mit, teils ohne Finanzpartner

33 dazu Hinweise bei *Holzapfel, Pöllath,* Recht und Praxis des Unternehmenskaufes, 3. Aufl., S. 111 ff.

34 Die Ausgliederung von Unternehmens- bzw. Betriebsteilen (Spin Off) in Verbindung mit Mitarbeiterbeteiligungen ist ein eigenes Kapitel, das wegen seiner Komplexität hier ausgespart bleiben soll.

35 zu Einzelheiten siehe *Otto,* Handbuch des Kapitalanlagenrechts,1989, § 26, Rdn. 106 ff.

36 zu Einzelheiten siehe *Otto* (FN 35), Rdn. 111 ff.

3. Manager-GmbH erwirbt gesamtes Vermögen der Ziel-GmbH & Co. KG durch Anwachsung bei der Komplementär-GmbH

Vereinfacht dargestellt ist auch umgekehrt denkbar, daß die Manager-GmbH die Geschäftsanteile in der Komplementär-GmbH erwirbt. Die Komplementär-GmbH nimmt sodann entsprechende Kredite auf, um die ausscheidenden Kommanditisten der GmbH & Co. KG abzufinden, woraufhin das gesamte Vermögen der ursprünglichen GmbH & Co. KG bei der verbliebenen Komplementär-GmbH anwächst, die ja die Fremdmittel aufgenommen hatte[37] und an der die Manager-GmbH als Gesellschafter beteiligt ist.

4. Manager-GmbH erwirbt Kommanditanteile an KG

Denkbar ist auch der bloße Beteiligungserwerb von Kommanditanteilen, wenn es der Manager-GmbH nicht möglich sein sollte, alle Beteiligungen bzw. Anteile der GmbH & Co. KG zu erwerben[38]. Hier werden aber Abgrenzungsfragen zur reinen Führungskräftebeteiligung durch Kapitalbeteiligung deutlich.

5. Manager-GmbH und teilwertbedingte Abschreibung

Ist die Zielgesellschaft eine GmbH, dann wäre auch denkbar, die Zielgesellschaft, nachdem die Manager-GmbH die dortigen Geschäftsanteile erworben hat, auf die Manager-GmbH zu verschmelzen, um sich den cash flow und die stillen Reserven der Zielgesellschaft seitens der Manager-GmbH zu Nutze zu machen. Dabei können jedoch eine Reihe nicht erwünschter Nachteile entstehen[39], weshalb statt dessen folgendes Modell favorisiert wird[40], um zugleich zu einer Buchwertaufstockung der Einzelwirtschaftsgüter nach einem Anteilskauf zu kommen:

Die Manager-GmbH erwirbt die Geschäftsanteile in der Ziel-GmbH. In einem zweiten Schritt erwirbt die Manager-GmbH die Aktiva und Passiva der Ziel-GmbH. Die Ziel-GmbH schüttet den durch den Verkauf der Ak-

37 zu Einzelheiten siehe *Otto* (FN 35), Rdn. 114 ff.

38 zu Einzelheiten siehe *Otto* (FN 35), Rdn. 119 ff.

39 zu Einzelheiten siehe *Otto* (FN 35), Rdn. 128 ff.: z. B. die Gläubiger der Ziel-GmbH können gemäß § 26 KapErhG innerhalb von 6 Monaten Sicherheitsleistung verlangen. Die Manager-GmbH müßte gemäß § 27 Abs. 1 KapErhG die Buchwerte der Wirtschaftsgüter der Ziel-GmbH fortführen, was gerade nicht gewollt ist etc.

40 zu Einzelheiten siehe *Otto* (FN 35), Rdn. 133 ff. und *Holzapfel, Pöllath* (FN 33), Rdn. 244 ff.

tiva und Passiva erzielten Gewinne an die Manager-GmbH als ihrem einzigen Gesellschafter aus, woraufhin die Manager-GmbH eine Teilwertabschreibung bezüglich ihrer Beteiligung an der Ziel-GmbH tätigt. Sodann wird die vormalige Ziel-GmbH liquidiert.

6. Umwandlung auf doppelstöckige GmbH & Co. KG

Die Umwandlung eines Zielunternehmens in eine Manager-Gesellschaft als Personengesellschaft ist zwar gemäß § 1 Abs. 2 UmwG nicht möglich, wenn daran eine Kapitalgesellschaft beteiligt ist, dies soll aber dann nicht gelten, wenn eine Zielgesellschaft auf eine Manager-Gesellschaft als doppelstöckiger GmbH & Co. KG umgewandelt wird[41]. Also wäre denkbar, in folgenden Schritten vorzugehen:

Die Manager-GmbH wird Komplementärin einer KG II., die ihrerseits insgesamt Komplementärin der KG I. ist. Die doppelstöckige GmbH & Co. KG I. erwirbt die Anteile an der Zielgesellschaft. Sodann wird die Zielgesellschaft mit der Doppelstock GmbH & Co. KG I. verschmolzen. In einem nächsten Schritt scheiden die Kommanditisten der KG II. gegen Abfindung aus, mit der Folge der Anwachsung des Gesellschaftsvermögens der KG II. bei der Manager-GmbH, die zugleich zur alleinigen Komplementärin der KG I. wird, so daß aus einer Doppelstock-GmbH & Co. KG eine einfache GmbH & Co. KG als Manager-Gesellschaft geworden ist.

7. Zielunternehmen ist Aktiengesellschaft

Vorgenanntes zur GmbH als Zielgesellschaft gilt hier entsprechend, jedoch sind die im Aktienrecht strengeren Kapitalerhaltungsgrundsätze zu beachten[42].

III. Zwischenergebnis

Es zeigt sich, daß ein direkter MBO von Managern am Unternehmen unter Nutzung dessen cash flow und dessen Vermögenssubstanz als Mittel der Sicherheitenbestellung für (eigene) Kaufpreiszahlungsverpflichtun-

41 zu Einzelheiten siehe *Otto* (FN 35), Rdn. 151 ff. m. H. a. *Skibbe,* WM 1978, 890; *Widmann/Maier,* Umwandlungsrecht, Rdn. 54; *Felix, Stahl,* DStR 1986, Beihefter 3, S. 3; *Schilling* in: Hachenburg, GmbHG, 7. Aufl., § 77 Anh. Rdn. 7; *Zimmermann* in: Rohwedder, GmbHG,1985, § 77 Rdn. 168

42 zu Einzelheiten siehe *Otto* (FN 35), Rdn. 163 ff.

gen teils nicht (AG), teils nur unter erschwerten Bedingungen (GmbH) möglich ist.

Die u. a. auch deshalb gewählten MBO in Form mittelbarer Beteiligungen haben zur Folge, daß nach einem solchen MBO in der Regel das Zielunternehmen nicht mehr existiert, weil erloschen oder in der Manager-Gesellschaft aufgegangen.

C. Führungskräftebeteiligung

Während beim MBO Manager des bisherigen Unternehmens, in dem sie tätig waren, dasselbe quasi aufkaufen bzw. es in ein anderes Unternehmen überführen, so daß unter Umständen das bisherige Unternehmen (Ziel-Gesellschaft) nicht mehr weiter besteht, zielt die Führungskräftebeteiligung gerade umgekehrt auf die Beteiligung der Führungskräfte am weiter bestehenden »bisherigen« Unternehmen. Die Beteiligungsformen reichen von der Erfolgs- bis zur Kapitalbeteiligung[43]. Zu den verbreiteten Erfolgsbeteiligungskonzeptionen gehören solche auf Profit-Center- oder Tantieme-Basis[44], zu den verbreiteten Kapitalbeteiligungen die aus *Bild 2* ersichtlichen, aber auch solche, bei welchen Führungskräfte im/an einer Beteiligung-Gesellschaft beteiligt sind, die ihrerseits wieder am/im arbeitgebenden Unternehmen beteiligt ist.

Von der Arbeitnehmerbeteiligung unterscheidet sich die Führungskräftebeteiligung insbesondere durch ihre inhaltliche Ausgestaltung, die u. a. auch das Ziel nach mehr unternehmerischer Verantwortung der Führungskräfte anspricht – siehe *Bild 4* –.

D. Arbeitnehmerbeteiligung

Unter Arbeitnehmerbeteiligung wird eine Beteiligung der Arbeitnehmer am/im arbeitgebenden Unternehmen, aber auch die außerbetriebliche Beteiligung verstanden. Begrifflich wird bei der Arbeitnehmerbeteiligung zwischen direkter betrieblicher Beteiligung sowie mittelbarer betrieblicher Beteiligung einerseits und außerbetrieblicher Beteiligung von Arbeitnehmern andererseits unterschieden. Von direkter betrieblicher Beteiligung spricht man, wenn Arbeitnehmer am arbeitgebenden Unternehmen direkt beteiligt werden, während von mittelbarer betrieblicher Beteiligung die Rede ist, wenn Arbeitnehmer im/an einer Beteiligungsgesellschaft des arbeitgebenden Unternehmens beteiligt sind, die ihrerseits im/am arbeitge-

43 s. o. *Bild 2*

44 *Schneider* in: Guski/Schneider, Mitarbeiterbeteiligung (MAB), Fach 3150

benden Unternehmen beteiligt ist. Von außerbetrieblichen Beteiligungen spricht man dagegen, wenn Arbeitnehmer sich z. B. an fremden Unternehmensbeteiligungsgesellschaften bzw. Investmentfonds oder fremden Unternehmen beteiligen, z. B. durch Erwerb börsennotierter Aktien fremder Unternehmen[45].

Die betriebliche Arbeitnehmerbeteiligung unterscheidet sich folglich im Ansatz von der Führungskräftebeteiligung nicht. Ihre Unterschiede zur Führungskräftebeteiligung sind im wesentlichen

– in unterschiedlichen inhaltlichen Ausgestaltungen,

– vor allem in der steuerlichen Förderung der betrieblichen wie außerbetrieblichen Arbeitnehmerbeteiligung im 5. VermBG und § 19 a EStG[46]

– und der anstehenden Regelung künftig auch in Tarifverträgen[47]

begründet.

E. Kombinationen

I. Führungskräfte- bzw. Arbeitnehmerbeteiligungen sind zum Zeitpunkt des MBO bereits am/im Zielunternehmen vorhanden

Vernachlässigt man in Anbetracht der geschilderten rechtlichen Probleme den MBO in direkter Beteiligung[48] und wendet man sich in dieser Fallkonstellation dem MBO in indirekter Beteiligung zu[49], dann wird zu unterscheiden sein, ob Führungskräfte bzw. Arbeitnehmer *am* oder *im* Zielunternehmen beteiligt sind.

1. Mitarbeiterbeteiligung im Zielunternehmen

Sind Führungskräfte bzw. Arbeitnehmer im Zielunternehmen als Gesellschafter bzw. Anteilseigner beteiligt, dann werden MBO, die auf Kauf des

45 *Wagner,* KaRS 1989, 82, 83

46 Da die »Förderung« nach § 19 a EStG einkommensgrenzenunabhängig ist, ist sie auch bei der Führungskräftebeteiligung einsetzbar, wenngleich (noch) nicht so verbreitet.

47 bzgl. der Mittelaufbringung war dies bisher schon teilweise der Fall. Streitig ist, ob auch die Mittelverwendung – und dann z. B. auch unter Einbezug des § 19 a EStG – per Tarifvertrag regelbar ist; dazu siehe *Wagner,* in: Guski/Schneider, Mitarbeiterbeteiligung (MAB), Fach 6550 nebst Diskussionsvorschlag eines solchen »Tarifvertrages« in MAB, Fach 6910 mit zustimmender Anmerkung und weiteren Vorschlägen von *Loritz.* Ferner *Drechsler,* MAB, Fach 6550.

48 s. o. § 13 B. I.

49 s. o. § 13 B. II.

gesamten Zielunternehmens in einer der oben dargestellten Varianten gerichtet sind, nur zusammen und nicht gegen die Beteiligten durchgeführt werden können. Dies ist nicht nur eine rechtliche Notwendigkeit, sondern kann dazu führen, daß dieses Zusammenwirkenmüssen in der Kumulation einen weitaus größeren Motivationsschub bewirken kann, als jede dieser Gruppen für sich alleine ausweislich *Bild 4* mit der eigenen Beteiligung an Motivationen verbindet. Konstruktiv ist dies je nach Einzelfall auf unterschiedliche Weise zu bewältigen, sei es, daß man die in der Zielgesellschaft als Gesellschafter beteiligten Führungskräfte/Arbeitnehmer auch im/an der Manager-GmbH beteiligt oder jene in einer eigenen Gesellschaft zusammenfaßt, die ihrerseits Anteile an der Manager-GmbH halten soll[50].

Sind Führungskräfte bzw. Arbeitnehmer im Zielunternehmen nicht als Gesellschafter bzw. Anteilseigner, sondern im Wege einer Erfolgsbeteiligung beteiligt, dann hindert dies den Kauf des gesamten Zielunternehmens im Rahmen eines MBO in einer der oben dargestellten Varianten nicht. Es ist sicherlich von großem Interesse, einmal arbeitsrechtlich zu untersuchen, wie die verschiedenen Modell-Varianten des MBO sich arbeitsrechtlich auswirken[51], was hier allerdings aus Platzgründen unterbleiben muß. Ginge man aber davon aus, daß nicht nur die Anstellungsverhältnisse, sondern auch die Erfolgsbeteiligungen mit auf die neue Manager-GmbH übergingen[52], dann würden damit unterschiedliche Chancen und Risiken angesprochen[53]; denn z. B. bei einem MBO als Leveraged Buy Out absorbiert eine hohe Fremdmittelbelastung den cash flow und läßt nicht nur auf Dauer keine Gewinnausschüttung zu – was für Gewinnbeteiligungen nachteilhaft wäre –, sondern birgt auch das Risiko in sich, daß man sich übernommen hat.

Andererseits kann ein erfolgreich durchgestandener MBO so viel an Perspektiven und Resourcen freisetzen, daß Erfolgsbeteiligungen im Anschluß daran eine neue Qualität gewinnen. Allerdings: Das Partizipieren am Erfolg ist hier nicht eine Wohltat des Erfolges, vielmehr erhält Erfolg insoweit eine existenzielle Bedeutung, Erfolg haben zu müssen, um später

---

50 Im Detail sind dann konzeptionsmäßig auch im Hinblick auf diese Beteiligungen Finanzierungs- und steuerliche Aspekte zu berücksichtigen.

51 *Holzapfel, Pöllat* (FN 33), Rdn. 586 bejahen z. B. im Grundsatz auch insoweit § 613 a BGB

52 siehe Beispielsfälle unter § 13 B. II. Gesondert darzustellen wäre, wie sich das steuerliche Fördersystem bei Arbeitnehmerbeteiligungen im MBO darstellt.

53 siehe dazu die Gegenüberstellung bei *Wagner,* KaRS 1989, 82, 86 u. 87

am Erfolg zu partizipieren, weil sonst nicht nur der MBO, sondern auch das arbeitgebende Unternehmen notleidend wird[54].

Sind in beiden vorgenannten Fällen die Beteiligungen gewinnorientiert, dann sollte insbesondere bei einem MBO als Leveraged Buy Out in Anbetracht der damit erhöhten Verschuldung des Unternehmens überdacht werden, die finanzielle Teilhabe entweder statt vom Gewinn von anderen Faktoren wie Leistungs- oder Ertragsbeteiligung abhängig zu machen – siehe *Bild 2* – oder aber »Gewinn« *beteiligungsorientiert* neu zu definieren. Dies nicht nur deshalb, weil in Anbetracht erhöhter Verschuldung sonst kein Gewinn auszuschütten wäre, sondern weil ein MBO immer in einem gewissen Grade auch eine Umstrukturierung bewirkt bzw. zur Folge hat, was letztlich nur durch Übernahme von Verantwortung, unternehmerisches Handeln, höhere Motivation und Leistung – siehe *Bild 4* – zu Ertrag und Gewinn – siehe *Bild 2* – führen kann und es wenig sinnvoll wäre, auf dem Wege dorthin schon vorhanden gewesene materielle Beteiligungen quasi leerlaufen zu lassen.

2. Mitarbeiterbeteiligung am Zielunternehmen

Hierunter fallen z. B. stille Beteiligungen, Genußrechts- bzw. Genußscheinbeteiligungen, Darlehensbeteiligungen, aber auch Beteiligungen von Beteiligungsgesellschaften des arbeitgebenden Unternehmens, die sich z. B. still an diesem beteiligen. Wird der MBO auf indirektem Wege durchgeführt[55], dann hat dies für solche Beteiligungen folgende Konsequenzen:

Genannte Beteiligungen verleihen den Beteiligten Gläubigerstellungen zum Zielunternehmen, die auch durch den indirekten MBO[56] nicht untergehen[56]. Aber, soweit genannte Beteiligungen am Zielunternehmen (auch) gewinnorientiert sein sollten, kann der wirtschaftliche Wert dieser Beteiligungen in Mitleidenschaft gezogen werden, wenn für die Dauer der Verwendung des cash flow für die Kreditrückführungen zeitweise kaum ausschüttungsfähiger bzw. verteilungsfähiger Gewinn entstehen sollte.

---

54 Ebenfalls einer gesonderten Abhandlung vorbehalten bleiben soll die Frage, ob und inwieweit es berechtigt, sinnvoll bzw. u. U. sogar notwendig ist, über gesonderte Sicherungskonzeptionen für Arbeitnehmerbeteiligungen nachzudenken.

55 s. o. § 13 B. II.

56 bei Vermögensübernahme siehe § 419 BGB; bei Anteilskauf wird das Zielunternehmen in seinem rechtlichen Bestand nicht verändert, und auch bei der übertragenden Umwandlung oder der Verschmelzung gehen die Gläubigerrechte nicht unter.

In dieser Situation ist konzeptionell aus den gleichen Gründen wie zuvor schon dargelegt, zu reagieren. Denn Sinn und Zweck auch der Führungskräfte- bzw. Arbeitnehmerbeteiligung an Zielunternehmen war und ist ja, mehr Verantwortung zu übernehmen und eine ausgeprägtere Motivation zu entwickeln – siehe *Bild 4*. Also gilt es auch hier, da man für das Gelingen eines MBO auf diese positiven immateriellen Komponenten angewiesen ist, die Führungskräfte- bzw. Arbeitnehmerbeteiligungen an die neue Situation anzupassen bzw. in eine MBO-Konzeption mit einzubinden, indem man z. B. u. a. »Gewinn« *beteiligungsorientiert* neu definiert – damit die Gewinnbeteiligungskomponente nicht leerläuft – oder durch eine Leistungs- bzw. Ertragsbeteiligungskomponente ergänzt/ersetzt.

3. Zwischenergebnis

Führungskräfte- bzw. Arbeitnehmerbeteiligungen, die zum Zeitpunkt des MBO bereits am/im Zielunternehmen vorhanden sind, sollten wegen des dort vorhandenen Verantwortungs- und Motivationspotentials in eine MBO-Konzeption eingebunden werden. Dafür werden sie aber an die neue Situation angepaßt werden müssen, damit nicht aus Motivation Frust und Demotivation wird.

II. Führungskräfte- bzw. Arbeitnehmerbeteiligung in Verbindung mit einem MBO

War zum Zeitpunkt des MBO am Zielunternehmen noch keine Führungskräfte- bzw. Arbeitnehmerbeteiligung vorhanden, dann stellt sich die Frage, inwieweit es sinnvoll ist, sie im Zusammenhang mit einem MBO z. B. an der neuen Manager-GmbH[57] einzuführen.

Für das Gelingen eines MBO werden folgende Grundvoraussetzungen genannt[58], ohne daß deshalb schon gesagt werden kann, alleine deren Vorliegen garantiere einen positiven Ablauf eines MBO:

- Das Zielunternehmen soll einen deutlich positiven cash flow haben und darf nicht mit aufgestautem Investitionsbedarf belastet sein, da dieser cash flow nach einem MBO in indirekter Beteiligung z. B. in der Manager-Gesellschaft zur Kreditrückführung zu verwenden ist.
- Das Zielunternehmen sollte eigenkapitalstark sein
- Das Zielunternehmen sollte Besicherungsgrundlagen haben.

57 siehe Beispiele unter § 13 B. II.
58 *Otto* (FN 35), Rdn. 22-26

– Es sollte ein hoher Grad an liquider Verfügbarkeit der Umsatzerlöse gegeben sein.

– Die Branche, in der das Unternehmen sich bewegt, sollte einen gleichmäßigen und beständigen cash flow ermöglichen.

Hinzukommen muß aber eine absolute Motivation der den MBO durchführenden Manager, die in dieser Zeit zudem auf die Motivation der Führungskräfte und Arbeitnehmer zusätzlich angewiesen sind, um die neuen Anforderungen zu bewältigen.

Würde man mithin Motivation als erstrebenswertes Ziel für alle Mitarbeiter eines Unternehmens in den Vordergrund rücken – *Bild 4* –, dann wäre es geradezu geboten, in ein MBO-Konzept die Beteiligung von Führungskräften und Arbeitnehmern einzubinden. Die Frage ist nur, zu welchem Zeitpunkt und in welcher Weise? Auch gilt es zu bedenken, daß im Unterschied zum MBO die Führungskräftebeteiligung aus Führungskräften vom Status her keine Unternehmer machen sollen, sondern die inneren Einstellungen geprägt werden sollen, *wie* Unternehmer zu denken und zu handeln – *Bild 4* –, während beteiligte Arbeitnehmer nicht zu Unternehmern gemacht werden sollen, sondern dort das Verständnis für unternehmerisches Handeln geweckt werden soll. Nimmt man hinzu, daß Mitarbeiter*kapital*beteiligungen im Unternehmen möglichst dann nicht eingeführt werden sollen, wenn die Beteiligungsbeträge nicht attraktiv gestaltet werden können (weil z. B. die Kreditrückführung Vorrang hat) oder zunächst einmal das Gelingen des MBO abgewartet werden muß, dann ist das zeitgleiche Verknüpfen von MBO, Führungskräftebeteiligung und Arbeitnehmerbeteiligung *als Kapitalbeteiligung* in dieser Fallkonstellation im Regelfall nicht zu empfehlen.

Wie ist aber dann zu ermöglichen, das für das Gelingen eines MBO so dringend benötigte Motivationspotential von Führungskräften und Arbeitnehmern mit zu erschließen?

Ein Weg ist die zeitliche Verschiebung von MBO einerseits und Führungskräftebeteiligung bzw. Arbeitnehmerbeteiligung *als Kapitalbeteiligung* andererseits, indem z. B. im Rahmen eines MBO Führungskräften bzw. Arbeitnehmern Optionen auf Mitarbeiter*kapital*beteiligungen für den Zeitpunkt eingeräumt werden, zu dem die Finanzierung des MBO im wesentlichen zurückgeführt ist. Eine andere Möglichkeit ist, begleitend zum MBO Erfolgsbeteiligungen einzuführen – *Bild 2* –, denen sich später Kapitalbeteiligungen anschließen.

Mit dem Andeuten dieser konzeptionellen Möglichkeiten soll nicht gesagt werden, Mitarbeiter seien nur motivierbar, wenn sie Erfolgs- oder Kapitalbeteiligungen erhielten[59], aber die materielle Teilhabe an dem Mitarbeiteten gehört dazu, wobei es sich jedoch empfiehlt, gerade in der Phase der Durchführung eines MBO verstärkt auch Wert auf die immaterielle Teilhabe der Mitarheiter zu legen – *Bild 3*.

§ 14 Fazit

Management Buy Out, Führungskräfte- und Arbeitnehmerbeteiligungen sind unterschiedliche Facetten der Mitarbeiterbeteiligung und daher sinnvoll miteinander kombinierbar. Die Schwierigkeiten liegen im Detail der Konzeption, der Abwicklung und der Harmonisierung unterschiedlicher Rechtsgebiete, indem u. a. zukunftsorientiertes kooperatives Miteinander (Gesellschaftsrecht) auf herkömmliche Über-/Unterordnungsstrukturen mit darauf aufbauenden Schutzsystemen (Arbeitsrecht) stoßen und neue Fragen und Antworten provozieren[60].

---

59 dann würden sich nämlich immaterielle Mitarbeiterbeteiligungen, Fragen der Unternehmenskultur usw. selbst erledigen, was aber wie die Praxis zeigt, gerade nicht der Fall ist

60 zur Grundlagenforschung in diesem Bereich siehe *Loritz,* Die Mitarbeit Unternehmensbeteiligter, 1984 und *Wagner,* Die Massenkommanditgesellschaft als Mittel der Vermögensbeteiligung der Arbeitnehmer, 1985

4. Kapitel: MBO und Mitarbeiterbeteiligung – Ausgestaltungen

§ 15 Einleitung

Anläßlich des 2. MBO-Kongresses 1989 war Ziel meines Vortrages die Darstellung dessen, was unter MBO und Mitarbeiterbeteiligung (MAB) zu verstehen ist, welche Auswirkungen beide Modellformen füreinander haben (können) und unter welchen Voraussetzungen sich Buy Out und MAB positiv ergänzen können[1]. Den Fachleuten des MBO einerseits sowie der MAB andererseits sollten die jeweils anderen Gestaltungsformen und -möglichkeiten vorgestellt werden und ein phantasieanregender Ausblick auf US-amerikanische Employee Stock Ownership Plans (ESOP) fehlte ebenso wenig wie das Aufzeigen von Entwicklungen in Europa.

Anläßlich des 3. MBO-Kongresses 1990 wurden meinerseits die unter dem Dach der materiellen Mitarbeiterkapitalbeteiligungen zusammengefaßten Konzeptionsformen des MBO, der Führungskräftebeteiligung und der Arbeitnehmerbeteiligung nebst ihren Wechselwirkungen dargestellt, verbunden mit warnenden Hinweisen auf Gefahren bei direkten MBO-Beteiligungsmodellen[2].

Nachdem Begriffe, Erscheinungsformen und Kombinationsformen solchermaßen vertraut geworden waren, zielte mein Beitrag anläßlich des 4. MBO-Kongresses 1991 auf die Verdeutlichung der Frage, ob und wann MBO und Mitarbeiterbeteiligung in Ost und West eine zukünftige gemeinsame Finanzierungsform der Unternehmensfortführung sein könne[3].

Nunmehr soll es handfester werden: Wie sollen MBO und MAB in der Praxis gehandhabt werden, nachdem sie quasi »installiert« wurden? Nach Vision, Konzeption,»Installation« als *äußerer Rahmen* eines Modells nunmehr also die Handhabung, mithin also die *innere Ausgestaltung* des Modells. Das rechtliche Konstrukt muß mit Leben erfüllt werden.

1 *Wagner,* Tagungsbroschüre 2. MBO-Kongress, S. 126 ff.; s. o. §§ 5-9
2 *Wagner,* Tagungsbroschüre 3. MBO-Kongress, S. 139 ff.; s. o. §§ 10-14
3 *Wagner,* Tagungsbroschüre 4. MBO-Kongress, S. 67 ff.; s. u. §§ 19-21

§ 16 Grundlagen

A. Motive

Die Handhabung von MBO und MAB wird wesentlich von der Motivation dessen bestimmt, warum diese beiden Modelle »installiert« bzw. kombiniert wurden.

I. In Westdeutschland

Der *MBO* wird bevorzugt als Gestaltungsmittel der Sicherung der Kontinuität von Familienunternehmen eingesetzt[4].

Die *Führungskräftebeteiligung* ist ein probates Mittel, sich Führungskräfte zu sichern bzw. für neue Führungskräfte als Unternehmen attraktiv zu sein[5].

Die *Arbeitnehmerbeteiligung* ist gerade im mittelständischen Bereich ein geeignetes Instrument der Förderung von Qualifikation und Motivation von Arbeitnehmern[6].

Also werden aus der jeweiligen Motivationslage für ein Beteiligungsmodell unterschiedliche Fragen der Handhabung desselben zu klären sein.

II. In Ostdeutschland

Der *MBO* wird als ein Mittel der Privatisierung durch Anteilsverkauf an Führungskräfte gesehen.

Die *Führungskräftebeteiligung* ist begrifflich dort angesiedelt, wo die Anteile mehrheitlich von einem fremden Investor erworben werden, Führungskräfte aber nur Minderheitsbeteiligungen halten[7]. Die Handhabung dieser Beteiligungsform wird wesentlich von den damit verbundenen Motiven der Investoren bestimmt, entweder beim Erwerb der Geschäftsanteile von der Treuhandanstalt damit ein gewisses Prae zu verbinden oder sich das innerbetriebliche Know-How der Führungskräfte und die damit verbundene Hebelwirkung zu den sonstigen Arbeitnehmern zu sichern.

4 *Wagner,* Tagungsbroschüre 4. MBO-Kongress, S. 67, 69-72

5 *Wagner,* Tagungsbroschüre 4. MBO-Kongress, S. 67, 75 ff.

6 *Wagner,* Tagungsbroschüre 4. MBO-Kongress, S. 67, 75 ff.

7 Insoweit werden *Führungskräftebeteiligungen in Ostdeutschland* oftmals unzutreffend ebenfalls dem Begriff MBO untergeordnet, ohne es zu sein

Die *Arbeitnehmerbeteiligung* wird z. Zt. zum Teil als Liquiditätsunterstützung für das Unternehmen eingesetzt, teilweise aber auch, um dem emotionalen Verlangen des Beteiligtseins am »eigenen« früheren Volkseigentum zu entsprechen.

III. Fazit

Es zeigt sich folglich, daß die Motive für Beteiligungen in Ost und West – von Einzelfällen abgesehen – gänzlich unterschiedliche sind. Ausgangspunkt ist dabei

- im *Westen* Bestandsicherung und Meidung unnötiger Risiken,
- im *Osten* Chancensicherung und Eingehen nötiger Risiken[8].

Dies wird mithin auch bei der Handhabung der Modellkonzeptionsformen zu berücksichtigen sein.

B. Konzeptionsansatz

Die Handhabung wird ferner wesentlich davon mitbestimmt, ob es sich um materielle Beteiligungen handelt, die mit immateriellen Beteiligungsformen unterlegt sind oder nicht und ob es sich um materielle Kapitalbeteiligungen als gesellschaftsrechtliche Beteiligungen (z. B. Aktien- oder GmhH-Beteiligungen, ggf. auch stille Beteiligungen) oder um Kombinationen gesellschaftsrechtlicher Beteiligungen mit anderen Kapitalbeteiligungen (z. B. Genußschein, Genußrecht, Darlehen etc.) handelt. Schließlich wird die Handhabung von Modellen, insbesondere also Kombinationsmodellen, unterschiedlich sein, ob es sich insgesamt um sogenannte unmittelbare betriebliche Modelle handelt, oder in Kombination mit mittelbaren betrieblichen (z.B. mittels Mitarbeiterbeteiligungsgesellschaften) oder gar außerbetrieblichen (Investoren, Kapitalbeteiligungsgesellschaften, Venture Fonds etc).

C. Voraussetzungen

Je nach Modell ist sehr viel Sorgfalt auf die (gesellschaft-)vertragliche Ausgestaltung des Modells zu legen. Dies ist jedoch nicht ausreichend. insbesondere dann nicht, wenn MBO und MAB-Modelle miteinander in der einen oder anderen Form kombiniert werden. Hier gilt es vertraglich auch folgendes zu berücksichtigen:

8 *Wagner,* Tagungsbroschüre 4. MBO-Kongress, S. 67, 69

I. Modellanpassung

Es empfiehlt sich, bei der Verknüpfung von MBO und MAB nicht nur die jeweiligen Bereiche sauber zu strukturieren und zu formulieren, sondern auch die Abhängigkeiten zueinander zu beschreiben, um damit Spielregeln festzulegen und Regelungskonflikte zu minimieren:

Beispiel 1:
Ein Unternehmen beschreibt bei Einführung einer Mitarbeiterbeteiligung, die sich aus einer Mindestverzinsung zuzüglich einer Gewinnbeteiligung zusammensetzt, wie die Unternehmensentwicklung der letzten Jahre verlaufen sei, so daß bei einem nur annähernd vergleichbaren Verlauf für die Zukunft eine Gesamtverzinsung aus Mindestverzinsung zzgl. Gewinnbeteiligung von X-% zu erwarten sei.

Aber nach Einführung der Mitarbeiterbeteiligung verkaufen die Anteilseigner ihre Geschäftsanteile an das Management, das nunmehr den Management Buy Out als Leveraged Buy Out durchführt, mit der Folge, daß der cash flow des Unternehmens für den Kapitaldienst verwandt wird. Gewinn verbleibt nicht mehr und Mitarbeiter erhalten im Rahmen ihrer Mitarbeiterbeteiligung zwar ihre Mindestverzinsung, trotz weiterhin positiver Unternehmensentwicklung aber fallen sie mit ihrer Gewinnbeteiligung aus.[9]

Oft empfiehlt es sich, einen sogenannten Partnerschaftsausschuß einzuführen, der mit Vertretern des Managements, des Betriebsrates, der Kapitaleigner und der beteiligten Mitarbeiter besetzt ist. Hier gilt es aber nicht nur dessen Aufgaben und Befugnisse zu regeln, sondern auch, wo er rechtlich angesiedelt ist: als Organ des Unternehmens, als Organ einer evtl. Beteiligungsgesellschaft oder außerhalb derselben, z. B. in der Art eines Pool-Vertrages?

Die Beispiele ließen sich vermehren, zeigen aber, daß die Kombination von MBO und MAB auch wechselseitige Abhängigkeiten erzeugen, die ebenso geregelt werden sollten, wie die jeweiligen Modelle jeweils für sich gesehen selbst.

II. Beteiligung und Individualarbeitsrecht

Für die Handhabung von Beteiligungsmodellen ist zu berücksichtigen, daß im Rahmen der Mitarbeiterbeteiligung Anstellungs- bzw. Arbeitsvertrag und Beteiligung nebeneinander laufen. Auch bezüglich daraus folgender wechselseitiger Abhängigkeiten ist es sinnvoll, Regelungen vorzusehen:

9 *Wagner,* Sicherungsbedürftigkeit von Mitarbeiterbeteiligungen? Göttingen 1990, S. 15, 16; *Wagner,* KaRS 1989, 82, 89; *Wagner* in: Guski/Schneider, Mitarbeiterbeteiligung (MAB), Fach 1500, Rdn. 621

Beispiel 2:
Der beteiligte Mitarbeiter kündigt sein Anstellungsverhältnis bzw. es wird ihm gekündigt. Soll dehalb das Beteiligungsverhältnis ebenfalls enden, in ein anderes umgewandelt werden, aber weiter fortbestehen oder aber unverändert fortbestehen? Was bedeutet dies für eine evtl. Fälligkeit, Verzinsung, Absicherung etc. eines Aus- bzw. Rückzahlungsanspruches?

In welchem Verhältnis sollen das Weisungsrecht des Arbeitgebers zum Mitspracherecht eines u. U. gesellschaftsrechtlich beteiligten Arbeitnehmers stehen?

Auch diese Beispiele ließen sich vermehren.

III. Beteiligung und Betriebsverfassungsrecht

Das Betriebsverfassungsrecht kennt den kapitalbeteiligten Arbeitnehmer nicht. Folglich können Regelungskonflikte entstehen, über die man sich bereits bei »Installation« eines Mitarbeiterbeteiligungsmodells Gedanken machen muß. *Loritz*[10] beschreibt solche beispielhaft wie folgt:

(1) Mitarbeitende Gesellschafter und sonstige Unternehmensbeteiligte können bei schwacher Ausgestaltung ihrer (mit)unternehmerischen Rechtsposition selbst an der Repräsentation durch den Betriebsrat interessiert sein, um ihre Rechte besser wahren zu können.

(2) Sind sie selbst in der Lage, ihre Rechte durchzusetzen, so richtet sich ihr Interesse darauf, möglichst frei von jeder Mitsprache des Betriebsrats und jeder sonstigen betriebsverfassungsrechtlichen Bindung die Rechtsverhältnisse mit den übrigen Gesellschaftern gestalten zu können.

(3) Die nichtbeteiligten Arbeitnehmer sind einerseits daran interessiert, daß der Mitsprache des Betriebsrates nicht all zu breite Bereiche entzogen werden.

(4) Andererseits kann es ihren Interessen widersprechen, wenn der Betriebsrat vorrangig zu einer Vertretung der Arbeitnehmer-Gesellschafter würde und die Wünsche der nichtbeteiligten Belegschaftsmitglieder hinten anstellte.

(5) Die Arbeitgeber, also die Gesellschafter, wollen mit mitarbeitenden Gesellschaftern möglichst unabhängig von betriebsverfassungsrechtlichen Zwängen vertragliche Vereinbarungen schließen.

Der Lösungsansatz dieser Zielkonflikte ist vorgezeichnet:

(1) Gibt es in einem Betrieb unternehmensbeteiligte und nichtbeteiligte Arbeitnehmer, so kann der Status der Beteiligten so starke unternehmerische Züge aufweisen, daß der Betriebsrat als gemeinsamer Repräsentant beider Gruppen nicht mehr geeignet erscheint.

(2) Haben alle oder nahezu alle Arbeitnehmer zugleich unternehmerische Rechte wie derzeit nur in den wenigen Modellen der Arbeitnehmerselbstverwaltung

10 *Loritz,* Die Mitarbeit Unternehmensbeteiligter, Konstanz 1984, S. 268

und in sogenannten »partnerschaftlichen« Unternehmensverfassungen, so ist die Geltung der Betriebsverfassung als Instrumentarium des innerbetrieblichen Interessenausgleichs gänzlich fraglich.

IV. Beteiligung und Tarifrecht

Zur Zeit ist in der Diskussion, ob und inwieweit hei MAB-Modellen tariflicher Investivlohn ein geeignetes Gestaltungsmittel wäre, tarifvertragliche Vereinbarungen mit Mitarbeiterbeteiligungen zu kombinieren und zwar nicht nur auf der Mittelaufbringungs- sondern auch auf der Mittelverwendungsseite. Dafür wären vorsorglich ebenfalls die entsprechenden Gestaltungsbausteine modellimmanent vorzusehen.

Lange vor dem derzeit propagierten DAG-Modell des »8 + 2%« haben *Wagner/Loritz*[11] bereits im Jahre 1986 folgenden Vorschlag unterbreitet und inzwischen verfeinert:

KAB/AGP hatten im Jahre 1986 den Entwurf eines Tarifvertrages der Öffentlichkeit vorgestellt, dessen Ziel es nicht in erster Linie war, die Mittelaufbringungsseite zu regeln (dies ist ja mehr oder weniger problemlos möglich), sondern den Versuch beinhaltete, Beteiligungen und damit § 19 a EStG tarifvertraglich einzubinden. Gegen jenen Entwurf wurde im wesentlichen eingewandt, ein solcher Tarifvertrag könne ja bezüglich der Vergabe von Beteiligungen erstreikbar sein, was man ungeachtet der verfassungsrechtlichen Problematik nicht akzeptieren werde. Dies war für *Wagner/Loritz* Veranlassung, unter Einbeziehung dieser Kritik einen eigenen Entwurf vorzustellen. Dabei ging man davon aus, daß Arbeitgeberverband einerseits und Gewerkschaften andererseits eigentlich eine Doppelfunktion haben: sie können Tarifvertragsparteien sein (soweit sie Tarifverträge schließen), sie müssen es aber nicht (soweit sie keine Tarifverträge schließen). Im ersteren Falle ist die Bezeichnung »Tarifvertragspartei«zutreffend, im letzteren Falle handelt es sich um »Verbände«. Arbeitgeberverband und Gewerkschaft können die gemeinsam interessierende Frage im Interesse ihrer Mitglieder dort per Tarifvertrag regeln, wo es sich um einen tarifvertraglich regelbaren Gegenstand handelt, sie sind aber auf das Instrument des Tarifvertrages als ausschließliches Gestaltungsmittel *nicht* fixiert. Wie das Beispiel des Vertragsschlusses zwischen Gewerkschaft, Arbeitgeberverband, Treuhandanstalt und Land zum Komplex der Qualifizierungsgesellschaft zeigt, können auch andere Verträge als Tarifverträge geschlossen werden, so daß in einem solchen Falle Arbeitgeberverband und Gewerkschaft nicht Tarifvertragsparteien, son-

11 *Wagner/Loritz* in: Guski/Schneider, Mitarbeiterbeteiligung (MAB), Fach 6550, Rdn. 53-63 und 6910

dern als Verbände ganz normale Vertragsparteien sind. Also ist es denkbar, daß Gewerkschaften und Arbeitgeberverbände Verträge miteinander abschließen, die nicht Tarifverträge sind, (z.B. auch normale schuldrechtliche Verträge) und bei denen Befürchtungen im Hinblick auf Streik oder ähnliches keine Rolle spielen, die allerdings auch nicht normativ wirken.

Von diesem Ansatz ausgehend schlugen *Wagner/Loritz* vor, Arbeitgeberverbände und Gewerkschaften könnten als *Tarifvertragsparteien* einen ganz normalen Tarifvertrag z.B. über eine Tariflohnerhöhung abschließen. In diesem könnte z. B. geregelt sein, daß die Tariflohnerhöhung 9% beträgt. Gleichzeitig könnte aber in diesem Tarifvertrag auch geregelt sein, daß Arbeitnehmer, welche Anspruch auf Vergütung zum Zwecke der Investition in das arbeitgebende Unternehmen haben, nach ihrer eigenen Wahl statt diesem tarifvertraglich begründeten 9%-igen Anspruch nur z. B. 7% sollen erhalten können. Damit hätte man im Tarifvertrag gespalten eine Tariflohnerhöhung einmal von 9% und alternativ dazu in Höhe von 7% geregelt und es würde der Wahl des einzelnen Arbeitnehmers überlassen bleiben, ob er sich für die 9%-ige Tariflohnerhöhung (für Konsum) entscheidet oder für die 7%-ige (wenn er auf anderem Wege Gelder für Zwecke der Investition in das arbeitgebende Unternehmen erhält). Würde der Arbeitnehmer diese zweite Variante wählen, hätte er im Prinzip tarifvertraglich gegenüber der ersten Variante auf 2% Tariflohnerhöhung verzichtet (rechtstechnisch würden ihm 2% weniger zugestanden).

Nun muß aber, da im Tarifvertrag über die Gehaltsfrage – wie zuvor ausgeführt – die Zuwendung für Beteiligungen (Variante 2) nicht geregelt ist, in einem anderen Vertrag geregelt werden, wie und unter welchen Voraussetzungen eine Vergütung an den Arbeitnehmer fließt, die dieser wiederum mittels Mitarbeiter*beteiligung* in das arbeitgebende Unternehmen *investiert.* Mit diesem zweiten Vertrag befaßten sich *Wagner/Loritz* mit ihrem Vorschlag, indem Arbeitgeberverband und Gewerkschaft nicht als Tarifvertragsparteien (weil insoweit ja kein Tarifvertrag geschlossen wird) sondern als Verbände in einem schuldrechtlichen Vertrag zugunsten Dritter (nämlich der begünstigten Arbeitnehmer) daraufhin einigen können, wie denn die Abwicklung der Mitarbeiterbeteiligung inhaltlich und qualitativ aussehen soll, wenn einerseits das arbeitgebende Unternehmen eine Mitarbeiterbeteiligung zur Verfügung stellt und andererseits der Arbeitnehmer sich für die zuvor geschilderte zweite Variante entscheidet. Es würde dann insoweit sich um einen schuldrechtlichen Vertrag zugunsten Dritter quasi als *Regelungsvertrag* (nicht Tarifvertrag) handeln, in welchem Arbeitgeberverband und Gewerkschaften als Verbände (nicht als Tarifvertragsparteien) inhaltlich und qualitativ den Bereich für die Investitionen und Beteiligungen regeln würde, der aus genannten Gründen nicht Gegenstand des normalen Gehalts-Tarifvertrages wurde, denn nach dem Verständnis von *Wagner/Loritz* gehört die Regelung von Beteiligungen nicht in den arbeitsrechtlichen Bereich und in den Bereich von Tarifverträgen, sondern kann nur außerhalb derselben geregelt werden. Bei diesem schuldrechtlichen Vertrag der Verbände zugunsten Dritter (der Arbeitnehmer) – dem sogenannten *Regelungsvertrag* – wäre der Inhalt desselben (da kein Tarifvertrag) nicht erstreikbar wie auch derselbe *nicht* normative Wirkungen zu Gunsten der Mitglieder von Arbeitgeberverbänden und Gewerkschaften erzeugen würde. Und weil dem so ist, müßte der Arbeitgeberverband bei diesem Vertrag aufgrund ihm von seinen Mitgliedern zu erteilender rechtsgeschäftlicher Vollmacht handeln, um Beteiligungsunternehmen vertreten und verpflichten zu dürfen, während die Arbeitnehmer durch den echten Vertrag der Verbände zugunsten Dritter (nämlich der berechtigten Arbeitnehmer) forderungsberechtigt würden.

Damit wären auf seiten der Arbeitgeber die Grundsätze der Wahlfreiheit nicht tangiert und auf seiten der Arbeitnehmer die Grundsätze der Freiwilligkeit bezüglich der Inanspruchnahme einer Beteiligung, der Inanspruchnahme einer Investition aus eigenem Geld und bezüglich der Wahlfreiheit der Anlage nicht tangiert und das sonst vorhandene Problem der Erstreikbarkeit von Beteiligungen würde sich nicht stellen.

In der Praxis würde dies dann so aussehen, daß ein Arbeitnehmer, der sich bezüglich des Gehalts-Tarifvertrages für die Variante 2 (z.B. 7%) entscheidet, dann als *tarifvertragliche Gehalts*erhöhung auch nur 7% (statt 9%) erhielte, jedoch aufgrund des Regelungsvertrages dann, wenn der Arbeitgeber zuvor ein solches Mitarbeiterbeteiligungsmodell angeboten hätte, zusätzlich 2% zur Reinvestition via Mitarbeiterbeteiligung nebst einem weiteren 1% bzw. weiterer 2% als Bonus. Die Folge wäre, daß die derzeitige Tariflohndiskussion entspannt werden könnte, denn der investitionswillige Mitarbeiter würde bei einer solchen Konzeption im Rahmen eines Mitarbeiterbeteiligungsmodells nicht 9% Gehaltserhöhung konsumieren, sondern 2% davon in das arbeitgebende Unternehmen investieren, sofern auch das arbeitgebende Unternehmen 1% bzw. 2% Bonus zusätzlich im Rahmen der Mitarbeiterbeteiligung zur Reinvestition in das arbeitgebende Unternehmen zur Verfügung stellt, so daß in dieser Größenordnung über die Sperrfrist einer Beteiligung kein Liquiditätsentzug beim arbeitgebenden Unternehmen vorhanden wäre.

Daß und warum diese Trennung von *Tarifvertrag* über Gehaltserhöhung einerseits gegenüber dem *Regelungsvertrag* über Investitionen und Beteiligungen andererseits im Rahmen von Mitarbeiterbeteiligungen *Wagner/Loritz* wichtig erschien, war zum einen das beschriebene psychologische

Problem der Unternehmer, nicht in Form von Mitarbeiterbeteiligungen mit neuen Streikeinflußmöglichkeiten der Gewerkschaften konfrontiert zu werden. Zum anderen aber auch deshalb, weil man Mittelaufbringung und Mittelverwendung oftmals nicht sauber trennen kann, wie beispielsweise § 19 a Abs. 7 EStG zeigt. Aus Sicht von *Wagner/Loritz* wurde es als verfassungsrechtlich problematisch angesehen, daß in einem Steuergesetz in dessen Absatz 7 eine Vorschrift der Tarifvertragsfähigkeit der Mittelverwendungsseite (dort Arbeitnehmerdarlehen mit Ausweichmöglichkeiten) angesprochen wird, obwohl eigentlich nur die Mittelaufbringungsseite verfassungsrechtlich unbedenklich ist. Diese verfassungsrechtlichen Zweifel an der Haltbarkeit des § 19 a Abs. 7 EStG münden – auf einen kurzen Nenner gebracht – darin, daß ja immerhin mit einem Arbeitnehmerdarlehen die Pflicht zur Aufbringung einer Bürgschaft durch das arbeitgebende Unternehmen verbunden ist, eine Bürgschaft also, die auf den Kreditrahmen des Unternehmens angerechnet wird und ob man ein Unternehmen via Tarifvertrag zwingen kann, eine Mitarbeiterbeteiligung als Arbeitnehmerdarlehen mittels einer vom Arbeitnehmer aufzubringenden Bürgschaft zur Verfügung zu stellen, wurde als zweifelhaft erachtet, zumal solches nicht in den Regelungsbereich eines Steuergesetzes hineingehört. Auch die in § 19 a Abs. 7 EStG genannten Ausweichmöglichkeiten ändern an dieser Problematik nichts, da sie als Einbruchstelle einer tarifvertraglichen Regelbarkeit der Mittelverwendungsseite mit den zuvor angesprochenen Problemen angesehen wird.

Um solchen Diskussionen bereits im Ansatz aus dem Wege zu gehen, da sie für die Praxis nicht zuträglich sind, haben *Wagner/Loritz* aus genannten Gründen eine Trennung zwischen Tarifvertrag auf der einen Seite (betreffend die Gehaltsfrage) und einen Regelungsvertrag auf der anderen Seite (betreffend Beteiligungsseite) für den sinnvolleren Weg angesehen. In beiden Vertragsbereichen sind Arbeitgeberverbände und Gewerkschaften angesprochen, im Tarifvertragsbereich als Tarifvertragsparteien, im Regelungsvertragsbereich dagegen als Verbände.

Diese zur Zeit aktuelle rechtspolitische Diskussion wird in dem Maße Praxisbezug erhalten, indem insbesondere in den neuen Bundesländern Tariflohnerhöhungen einerseits eine Anpassung der Gehaltsstruktur an westliche Verhältnisse ermöglichen soll, andererseits aber ein zu großer Liquiditätsentzug der Unternehmen diesen in Anbetracht der noch nicht ausreichenden Rentabilität Schaden könnte. Der Kompromiß könnte in dem hier vorgestellten *Regelungsmodell* gesehen werden. Dies würde allerdings zukunftsorientiert voraussetzen, daß man sich bei einem Beteiligungsmodell in einem Unternehmen auch mit solchen künftigen vertraglichen Regelungsbereichen beschäftigt.

Das Thema des betrieblich ausgerichteten Investivlohns wäre so gesehen mithin nicht nur ein tarifpolitisches, sondern zugleich ein interessanter Gestaltungsbaustein für MBO/MAB-Modelle.

§ 17 Innere Ausgestaltung

Getrennt von der *rechtlichen* – weil vertraglichen – »Installation« eines MBO nebst MAB-Modells ist die *tatsächliche* Umsetzung und damit auch die *innere Ausgestaltung eines* solchen Modells zu sehen. Während beim MBO und der Führungskräftebeteiligung vorgegeben ist, welche Personen *konkret* diese Beteiligungsform verwirklichen, ist dies bei einem MAB-Modell als Arbeitnehmerbeteiligung in der Regel nicht der Fall; hier wird der Entschluß für eine Arbeitnehmerbeteiligung *als solche* gefaßt, wohl wissend und einkalkulierend, daß nicht alle Arbeitnehmer davon Gebrauch machen werden. Die Folge sind beteiligte und nichtbeteiligte Arbeitnehmer. Da Arbeitnehmerbeteiligung erstrebenswerterweise nicht nur eine finanzielle Beteiligungsform ist, sondern auch eine partnerschaftlich orientierte sein sollte, müssen insoweit auch *immaterielle* Komponenten hinzukommen, die dann aber wieder nicht auf beteiligte Mitarbeiter begrenzt werden können. Die Folge wird in der Regel sein, daß die neben den materiell beteiligten Arbeitnehmern nichtbeteiligten Mitarbeiter immateriell mit beteiligt sein werden, so daß bei einem guten *Kombi-Modell MBO/MAB* eine geschlossene Zahl der Manager und Führungskräfte sowie ein bestimmter Prozentsatz der Arbeitnehmer *materiell* beteiligt sein wird, dagegen vom Management bis zum letzten Arbeitnehmer *alle immateriell* beteiligt sein sollten.

Dies wirkt sich wiederum handfest auf die *Unternehmenskultur* aus, die bei einem partnerschaftlich ausgerichteten Unternehmen anders strukturiert ist als bei einem nichtpartnerschaftlich orientierten. Auch die *Unternehmensverfassung* muß Besonderheiten berücksichtigen.

A. Partnerschaft

I. Immaterielle Voraussetzungen

Es ist ein gravierender Irrtum, zu glauben, die Mitarbeiterbeteiligung erfordere lediglich konzeptionell das Beachten einiger rechtlicher Rahmenbedingungen und eines Beteiligungsvertrages und das Modell sei verwirklicht. Ein solches Vorgehen würde nur die rechtliche und finanzielle Seite sehen, man dürfte aber nicht überrascht sein, wenn jegliche immateriellen Komponenten, die man damit vielleicht anstreben würde, nicht eintreten würden.

Also gilt es nach der *rechtlichen* Umsetzung eines zum MBO begleitenden MAB-Modells, im Hinblick auf ein partnerschaftlich ausgerichtetes Beteiligungsmodell die *Voraussetzungen* für eine *innere* Ausgestaltung des Modells, also *insoweit* einen status quo, zu ermitteln:

- Inwieweit *kann* man kooperativ zusammenarbeiten (= *Kooperationsfähigkeit*)
- Inwieweit ist Kooperation *gewollt* (= *Kooperationsbereitschaft*).

Es ist mithin zunächst eine Zieldefinition dessen vorzunehmen, was als Kooperation wünschens- und erstrebenswert ist, um daran dann das derzeitige Kooperationsdefizit der Mitarbeiter festzustellen.

Juntermanns/Klötzl[12] haben dazu ein geeignetes und griffiges Diagnose-System erarbeitet, das von folgenden Überlegungen ausgeht:

Die Frage der Feststellung der vorhandenen *Fähigkeiten* und *Bereitschaften,* gemessen an dem avisierten Ziel, spricht das Verhalten der Mitarbeiter

- untereinander,
- in der Arbeitsgruppe,
- in dem Unternehmen

an.

Zunächst wird dabei gefragt, welche *Kooperationsfähigkeit* – bezogen auf die genannten drei Ebenen – vorhanden ist.

12 *Juntermanns/Klötzl* in: Guski/Schneider, Mitarbeiterbeteiligung (MAB), Fach 9100

Tabelle 1: PAE-Diagnostik: Kooperations-Fähigkeit[13]

Symptome	Fragestellungen (Ursachen)
Organisationsstruktur	Welche Form der Aufbau-Organisation liegt vor? Zahl der Hierarchieebenen? Größe der Leitungsspanne? Qualität der Unterstellungsverhältnisse (Mehrfach-Unterstellungen)? Beschäftigungsstruktur? Liegt ein Organigramm vor? Vorhandensein und Bedeutung einer Personalabteilung? Wie sind die formellen Kommunikationsbeziehungen geregelt?
Personal-Systeme	Wird ein materielles Beteiligungs-Modell (Erfolgs-Beteiligung, Kapitalbeteiligung) praktiziert? Welche sonstigen Personal-Systeme sind vorhanden: Stellenbeschreibungen, Funktionendiagramme, Führungsgrundsätze, Leistungsbeurteilung usw.? Sind die Personal-Systeme auf aktuellem Stand?
Formalisierung	Sind Aufgaben, Befugnisse und Verantwortungen festgelegt? Wie groß ist der Freiheitsspielraum des einzelnen Mitarbeiters? Art und Umfang der Kontrolle? Vorhandensein von Richtlinien und Formularen? Muß vieles schriftlich gemacht werden? Welche Planungen werden regelmäßig durchgeführt?
Zentralisierung	Delegation von Entscheidungsbefugnissen? Welche Mitwirkungs- und Mitbestimmungsmöglichkeiten sind vorhanden? Existieren die Mitbestimmungsgremien nach Betriebsverfassungs- und Mitbestimmungsgesetz?
Arbeitsbedingungen	Interessantheit der Arbeitsinhalte? Bestehen Aufstiegsmöglichkeiten? Ergonomische Arbeitsbedingungen? Wie ist die Arbeitszeit geregelt? Existiert eine transparente Entgelt-Politik? Wie ist das Niveau der Löhne und Gehälter im Vergleich zur Region, Branche, Konkurrenz? Welche Sozialleistungen werden angeboten?
Organisationskultur	Geschichte und Tradition des Unternehmens? Welche Grund-Philosophien, Normen und Wertvorstellungen existieren? Welche Rituale und Symbole werden verwandt? Ist ein bestimmter Führungsstil erwünscht?

Sodann ist die *Kooperationsbereitschaft* – bezogen auf die genannten drei Ebenen – festzustellen:

13 *Juntermanns/Klötzl* (FN 12), S. 8

Tabelle 2: PAE-Diagnostik: Kooperations-Bereitschaft[14]

Symptome	Fragestellungen (Ursachen)
Organisationsklima	Wie ist das Verhältnis der Mitarbeiter untereinander? Wie ist das Verhältnis zwischen Vorgesetzten und Mitarbeitern? Welche Beziehungen bestehen zwischen den Führungskräften? Existieren Spannungen, schwer lösbare Konflikte? Werden die Mitarbeiter in ihrer Entwicklung gefördert? Welche Rolle spielt der Betriebsrat? Wie ist die Arbeitszufriedenheit?
Führung	Wie werden Anerkennung und Kritik praktiziert? Ist das Führungsverhalten homogen oder heterogen? Wie werden die Mitarbeiter motiviert? Werden die Mitarbeiter in die Entscheidungsfindung einbezogen? Wie werden Konflikte behandelt? Besteht eine Diskrepanz zwischen formellen und informellen Führern?
Kommunikation	Wie ist der Umgangston? Wird der »Dienstweg« eingehalten? Wird viel mit schriftlichen Vermerken gearbeitet oder dominieren Gespräche? Verhältnis formeller und informeller Kommunikation? Wie laufen Besprechungen ab? Werden Leistungsbeurteilungsgespräche geführt und wie erfolgreich sind diese? Besteht das Prinzip der »offenen Tür« oder gibt es Rücksprachen nur nach Vereinbarung?
Motivation	Sind die Mitarbeiter nur unter Druck bereit, Leistung zu erbringen oder engagieren sie sich freiwillig? Ist es schwierig, Überstunden durchzusetzen? Üben die Führungskräfte eine Vorbildfunktion aus? Liegen die Kennziffern für Fehlzeiten und Fluktuation unter oder über regionalen bzw. Branchen-Durchschnittswerten? Kommen viele Anregungen und Verbesserungsvorschläge von den Mitarbeitern? Werden Forderungen aus der Belegschaft oder vom Betriebsrat häufig abgeblockt?
Indentifikation	Besteht ein »Wir-Gefühl«? Wie ist das Image des Unternehmens? Sind die Mitarbeiter stolz auf »ihr« Unternehmen? Wie hoch ist der Anteil der Mitarbeiter mit langjähriger Betriebszugehörigkeit? Besteht ein Vertrauensverhältnis zwischen Mitarbeitern und Führungskräften? Bestehen ausgeprägte Gruppenbildungen? Wie kostenbewußt sind die Mitarbeiter?

14 *Juntermanns/Klötzl* (FN 12), S. 9

Der Diagnose schließt sich eine Bewertung des Festgestellten an, um dann abzuklären, ob und inwieweit mit welchen Maßnahmen das Kooperations-Defizit der Mitarbeiter beseitigt werden kann oder ggf. eine Zielkorrektur erfolgen muß.

Abbildung 2: Ebenen des PAE-Prozesses[15]

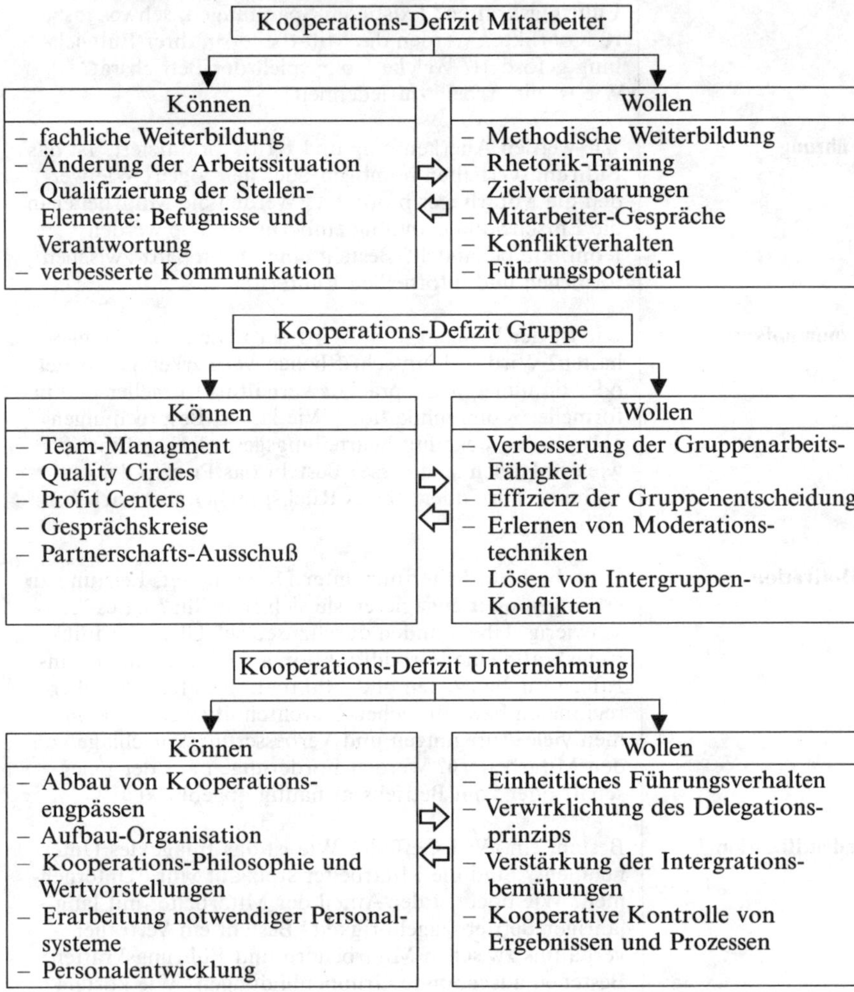

15 *Juntermanns/Klötzl* (FN 12), S. 11

Tabelle 3: Partnerschafts-Entwicklungsprozeß[16]

Phase	**Ziele**	**Inhalte**
Kontakt	Gegenseitige Orientierung, Vorentscheidung über eine Zusammenarbeit	– erstes Kontaktgespräch – Diskussion der Problemfelder – mündliche Bestandsaufnahme
Vereinbarung	Abschluß eines PAE-Kontraktes auf der Basis gemeinsamer Wertvorstellungen	– gemeinsames PAE-Konzept – Auswahl des Bestandsaufnahme-Instrumentariums – Festlegung der PAE-Verantwortlichen (Projekt-Gruppe »PAE«) – Zeitplanung – Festlegung der Wertvorstellungen
Bestandsaufnahme	Ermittlung des IST-Zustandes	– Anwendung geeigneter Methoden, z. B. • Dokumenten-Analyse • Überprüfung des personalpolitischen Instrumentariums • Interviews mit Schlüsselpersonen • Führungskräfte-Befragung • Betriebsklima-Analyse • Mitarbeiter-Befragung
Daten-Feedback	Information über IST-Zustand SOLL/IST-Vergleich Diagnose	– Präsentation der Ergebnisse der Bestandsaufnahme – Ermittlung des Kooperations-Niveaus und des Kooperations-Defizits – Ableitung von Konsequenzen – Aktionsvorschläge
Realisierung	Einleitung von Veränderungsprozessen, Erhöhung der Kooperationsbereitschaft und Kooperationsfähigkeit	– Auswahl notwendiger Aktivitäten nach Prioritäten und Zeitvorstellungen – Auswahl der Projekt-Experten • innerbetrieblich: z. B. Trainer, Berater • extern: z. B. Trainer, Berater – Durchführung der Aktivitäten
Erfolgskontrolle	Bewertung von Ergebnissen und Prozessen	– Bewertung der durchgeführten Aktivitäten auf Effizienz bzw. Ineffizienz – Prozeß-Kontrolle – »Warming up«-Aktionen – Entscheidung über weiterführende Maßnahmen

16 *Juntermanns/Klötzl* (FN 12), S. 12

Die einzuleitenden Maßnahmen haben eine *partnerschaftliche Unternehmensentwicklung* zum Ziel. Darin ist dann die *innere Ausgestaltung* eines MBO/MAB-Modells zu sehen.

Elemente einer partnerschaftlichen Unternehmensentwicklung sind u. a.:[17]

(1) Aufbau einer *Unternehmenskultur,* die eine offene betriebliche Kommunikation ermöglicht und die Bereitschaft der Mitarbeiter fördert, Verantwortung zu tragen und innovativ mitzuarbeiten.

(2) *»Partnerschaft«* umfaßt nicht nur die der Mitarbeiter untereinander, sondern auch die von Mitarbeitern, Management und Kapitaleignern, also von Mitarbeitern unterschiedlicher Stufen des Unternehmens. Dazu ist in Anbetracht der unterschiedlichen Ebenen ein Kommunikations- und Informationsfluß erforderlich, der die Hintergründe für Entscheidungen und Zusammenhänge aufzeigt.

Die Bereitschaft der Mitarbeiter zum Tragen von Verantwortung sind allerdings die Abgabe von Verantwortung und setzt damit eine Partizipation an Entscheidungsprozessen (= Macht) voraus[18]. Die Übernahmebereitschaft von Verantwortung setzt aber wiederum einerseits *Motivation* frei und fördert andererseits in verstärktem Maße die Bereitschaft zur *Qualifikation.*

Solches ist bei beteiligten Mitarbeitern ausgeprägter als bei nicht Beteiligten; Nutznießer einer solchen Entwicklung sind Beteiligungsunternehmen.

(3) Vorgenanntes und organisatorische Strukturen beeinflussen sich wechselseitig, so daß bei Beteiligungsunternehmen in der Regel offenere Kommunikations- und Informationsstrukturen anzutreffen sind, als bei Unternehmen, in welchen keine MAB's praktiziert werden.

Dazu werden betriebliche *Personalentwicklungsprozesse* (PE) und *Organisationsentwicklungsprozesse* (OE) durchgeführt. *PE* hat die Aufgabe, den Mitarbeitern Qualifikation zu vermitteln, die zur optimalen Wahrnehmung ihrer jetzigen und künftigen Aufgaben erforderlich sind. *OE* bezweckt, gleichzeitig die Leistungsfähigkeit der Organisation und die Qualität des Arheitslebens zu verbessern, indem die Menschen durch

17 *Lezius/Beyer,* Menschen machen Wirtschaft, 1989, S. 21 ff.
18 *Lezius/Beyer* (FN 17) S. 23, 24

ständige Lernerfahrungen ihr Verhalten ändern und organisatorische Strukturen und Spielregeln in Bewegung bleiben.

PE zielt mithin auf den Entwicklungsprozeß der mitarbeitenden Menschen, *OE* auf die effektive und humaner zu gestaltende Organisation[19].

Die Bereitschaft, solche Entwicklungen mitzugehen, ist bei beteiligten Mitarbeitern bzw. Beteiligungsunternehmen größer als bei nicht Beteiligten.

(4) Die Übernahme von mehr Verantwortung sowie die Investition eigenen Kapitals führt bei beteiligten Mitarbeitern auch zur Teilhabe an Unternehmensentscheidungen, denn wer auf diese Weise selbst kapitalmäßig am Risiko des Unternehmens beteiligt ist und durch eigene verstärkte Mitverantwortung zum Gelingen des Unternehmens beiträgt, wird mit einem anderen Grundverständnis Entscheidungen mit begleiten, als Arbeitnehmer, die lediglich ihren »Job« verrichten.

Es wird mithin deutlich, daß diese immateriellen Komponenten Beteiligungsunternehmen relevante *zusätzliche* Impulse gegenüber anderen Unternehmen verschaffen können.

Defizite sind ggf. durch Schulungsmaßnahmen zu überbrücken.

Fazit

In folgender Reihenfolge sollte an die *innere Ausgestaltung* eines MBO/MAB-Modells zwecks Gestaltung einer *partnerschaftlichen Unternehmensentwicklung* herangegangen werden:

- ☐ Zunächst Zielvorstellung dessen formulieren, wie diese innere Ausgestaltung einmal aussehen soll.
- ☐ Feststellung des status quo einer *jetzigen* Kooperationsfähigkeit und Kooperationsbereitschaft bezüglich der Ebenen der Arbeitnehmer untereinander, in Arbeitsgruppen und im Unternehmen.
- ☐ Bewertung und Analyse, mit welchen Maßnahmen wann und wo Kooperationsdefizite aufgearbeitet werden müssen (Maßnahmekatalog).
- ☐ Umsetzung durch einzuleitende Personalentwicklungs- und Organisationsentwicklungsprozesse *(PE* und *OE)*.

19 *Lezius/Beyer* (FN 17) S. 25

II. Auswirkung auf die Unternehmensverfassung[20]

Durch die Mitarbeiter*kapital*beteiligung i.w.S. stellen Mitarbeiter ihrem Unternehmen Arbeitskraft = *Humankapital und Geldkapital* zur Verfügung[21]. Dies hat relevante Auswirkungen:

Da Mitarbeiterbeteiligungen sowohl gesellschaftsrechtlich orientiert sind wie auch das Anstellungsverhältnis betreffen, werden die Grenzbereiche des Gesellschafts- und Arbeitsrechts berührt und mithin folgende Probleme diskutiert:

– Soll das Beteiligungsverhältnis von der Dauer des Anstellungsverhältnisses abhängig sein?[22]

– Könnte ein *beteiligter* Arbeitnehmer einen gewissen Bonus für sich verbuchen, wenn es einmal zu betriebsbedingten Kündigungen kommen sollte?[23]

– Unterschiedliche Auffassung bestehen, inwieweit bei gesellschaftsrechtlich beteiligten Arbeitnehmern arbeitsrechtliche Vorschriften verzichtbar sind[24]?

– Da Arbeitnehmern und Unternehmern nicht gegen ihren Willen gesellschafterliche Beteiligungen aufgezwungen werden können, eignen sich Tarifverträge und Betriebsvereinbarungen lediglich zur Regelung der Aufbringung der finanziellen Mittel für Beteiligungen, nicht aber zur Regelung der Beteiligungen selbst[25].

– Gesellschafterliche Beteiligungen der Arbeitnehmer und daraus resultierende Rechte erfordern es nicht (mehr), beteiligten Arbeitnehmern zusätzlich und kumulativ die betriebsverfassungsrechtliche Mitbestimmung in vollem Umfange zuzugestehen[26].

---

20 zur historischen Herleitung siehe *Wagner* in: Guski/Schneider, Mitarbeiterbeteiligung, Fach 6270, Rdn. 1-10; ferner *Wagner*, DWI 1990, 139, 40

21 zu der damit verbundenen doppelten Risikofrage siehe *Wagner* (FN 9)

22 *Wagner*, Die Massenkommanditgesellschaft als Mittel der Vermögensbeteiligung von Arbeitnehmern, S. 217 ff., S. 246 ff.

23 *Wagner* (FN 22), S. 258

24 *Wagner* (FN 22), S. 107 ff.

25 *Wagner* (FN 20), Fach 6550 und Fach 6910

26 *Beuthien*, Arbeitnehmer oder Arbeitsteilhaber, zur Zukunft des Arbeitsrechts in der Wirtschaftsordnung, 1987, S. 31

– Fragen der Überparität der unternehmensrechtlichen Mitbestimmung stellen sich m. E. nicht, da gesellschaftsrechtlich beteiligte Arbeitnehmer mitbestimmungsrechtlich weder alleine der Anteilseigner- noch der Arbeitnehmerseite zuzuordnen sind und folglich nach der derzeitigen Gesetzeslage im Aufsichtsrat eines mitbestimmten Unternehmens eigentlich überhaupt nicht vertreten sein können. Der Ausgleich wäre für diesen Personenkreis durch einen Partnerschaftsausschuß als Organ gesellschaftsrechtlich beteiligter Arbeitnehmer in der Gesellschaft herzustellen[27].

– Das Bundesarbeitsgericht geht nach wie vor von einem konfliktorientierten Tarifsystem aus und fordert folglich für die Tariffähigkeit von Arbeitgeberverbänden und Gewerkschaften das Einhalten des Postulats der Gegnerreinheit. Das Bundesverfassungsgericht hat jedoch in seinem Mitbestimmungsurteil ausgeführt, das derzeitige konfliktorientierte Tarifsystem sei nicht grundgesetzlich garantiert, es könne auch ein Tarifsystem vorstellbar sein, das quasi als zweiter Weg von Kooperation statt Konfrontation bestimmt sei[28]. Vor diesem Hintergrund ergibt aber das Postulat der Gegnerreinheit wie es vom Bundesarbeitsgericht noch gefordert wird, keinen Sinn (mehr), ohne deshalb vertieft diskutieren zu müssen, ob und inwieweit beteiligte Arbeitnehmer dieses Postulat in Frage stellen können[29].

Immaterielle Mitarbeiterbeteiligung ist unteilbar.

B. Controlling

»Controlling« bedeutet steuern oder regeln[30], nicht aber in erster Linie Kontrolle. Controlling ist ein Steuerungsinstrument des Managements für eine zielorientierte Unternehmensführung. Gängig ist Controlling, wenn es darum geht, im Hinblick auf die Ziele *des* Unternehmens (also extern) zu steuern. MBO/MAB-Modelle weisen aber vielzählige Besonderheiten auf, so daß es sich hier empfiehlt, auch im Hinblick auf die Ziele *im* Unternehmen (modellimmanente interne Zielsetzungen) zu steuern. Hierzu Vorschläge:

27 *Wagner* (FN 20), Fach 6270, Rdn. 76-79
28 BVerfG NJW 1979, 699, 709
29 *Wagner* (FN 20), Fach 6550, Rdn. 5, 8, 18
30 *Michel,* Know-How der Unternehmensplanung, 1986, S. 222

I. Verschiedene Arten des Controlling

Gerade dann, wenn der MBO zulässigerweise[31] dazu führen würde, daß der cash flow des Unternehmens auch zur Bedienung der Annuitäten aus der Kaufpreisfinanzierung herhalten soll, dient das Controlling nicht nur der zielorientierten Unternehmensführung, sondern insoweit zugleich auch der Kontrolle der Prognosedaten für die Coinvestoren und Finanzpartner bezüglich der verläßlich Rückführung der MBO-Finanzierung. Daran angekoppelt werden können auch Informationen, die für die *finanziellen* Erwartungen kapitalbeteiligter Mitarbeiter von Interesse sind. Zum unternehmensbezogenen Controlling zählen u.a.:

- Operatives Controlling
  - Managementorientiertes Rechnungswesen.
  - Unternehmensplanung und Budgetierung.
  - Informations- und Berichtswesen.
  - Grenzplankostenrechnung.
- Strategisches Controlling.
- Finanz-Controlling.
- Marketing-Controlling.
- Beschaffungs- und Material-Controlling.
- Personal-Controlling.
- EDV-Controlling.

II. Beteiligungs-Controlling

Es wurde oben[32] dargestellt, daß zusätzlich zum rechtlichen Konstrukt eines MBO/ MAB-Modells gehört, es inhaltlich mit Leben zu erfüllen. In Anbetracht eines über eine längere Dauer sich hinziehenden und umzusetzenden Maßnahmekatalogs der *immateriellen* MAB bietet es sich an, ein Beteiligungs-Controlling einzuführen, dessen Ziel es ist, die Steuerung dieses *internen* Komplexes sicherzustellen und es nicht dem Zufall zu überlassen, wann welche Maßnahmen mit welchen Zeitabläufen wie umgesetzt werden.

Dies ist sinnvollerweise im Bereich der Verantwortlichen für Personal- und Organisationsentwicklung anzusiedeln.

---

31 mittels indirekten Beteiligungsmodellen. Dazu *Otto* in: Handbuch des Kapitalanlagerechts, 1990, § 26 Rdn. 135; *Holzapfel/Pöllath,* Recht und Praxis des Unternehmenskaufes, 5. Aufl., Rdn. 244 ff.

32 s. o. § 17 vor A.

III. Sicherheits-Controlling

MBO/MAB-Modelle sind bezüglich ihrer Konzeptionsform (MBO) wie auch im Hinblick auf den Personenkreis (MAB) in Sachen Risiko/Sicherungsbedürftigkeit in besonderer Weise gestaltungsbedürftig. Auch dieser Komplex sollte vertraglich in einem MBO/MAB-Modell geregelt werden, wobei lediglich der *Umfang* dessen, was absicherbar ist, aus unterschiedlichen Gründen differieren kann. Ist es aber vertraglich geregelt, sollte kontinuierlich auch kontrolliert und ggf. gegengesteuert werden, ob/wenn die Vorgaben in definierte Risikozonen geraten. Hierzu können gehören[33]:

1. Transparenz

Den Beteiligten eines MBO/MAB-Modells sollte im Modellbeschrieb beispielhaft umschrieben werden, welche Risiken eintreten können: zum einen, um im Vorfeld eines eigenen Beteiligungsentschlusses Chancen und Risiken abwägen zu können, zum anderen, um sich bewußt zu werden, welche Risiken nicht absicherbar sind, welche nur minimierbar sind und welche sicherbar sind.

2. Vertragliche Risikominimierung

Sodann ist zu klären, in welchen Verträgen welche Risiken wie minimiert und ggf. für wen *vertraglich* ausgeschlossen werden können[34].

3. Gesetzliche Risikominimierung bzw. ggf. solche durch Rechtsprechung

Soweit gesetzliche nicht disponible Schutzvorschriften bzw. nicht disponible Haftungs-Rechtsprechung vorhanden ist, sollte auf diese hingewiesen werden.

In diesem Bereich könnte insbesondere bei Beteiligungsmodellen in den neuen Bundesländern die Frage angesprochen werden, wie man mit Gegebenheiten u. a. aufgrund Verträgen mit der Treuhandanstalt umgehen soll, was sich für einzuleitende Maßnahmen wie auswirkt und wie die rechtliche Beurteilung im Rahmen der Bilanz sich auswirkt.

33 hierzu *Wagner* (FN 19)

34 z. B beim MBO Meidung strafrechtlicher Risiken bei direkten Beteiligungsmodellen oder bei MAB Meidung von Haft- und Verlustausgleich, Nachschußpflicht etc.

Beispiel 1:
Inwieweit sind **Nachbewertungsklauseln** in Anteilserwerbsverträgen von der Treuhandanstalt im Rahmen eines MBO im Hinblick auf § 9 Abs. 1 AGBG unwirksam?[35]

Beispiel 2:
Inwieweit sind fremdfinanzierte Anteilskaufverträge mit der Treuhandanstalt unter Berücksichtigung des seit Anfang 1991 geltenden **Verbraucherkreditgesetzes** (noch) nicht wirksam?[36]

Beispiel 3:
Inwieweit sind **Mehrerlösabfindungsklauseln** in Anteilserwerbsverträgen mit der Treuhandanstalt als Verträge zu Lasten Dritter unwirksam?

Beispiel 4:
Sind **Altkredite** aus DDR-Zeiten nicht eher Staatsschulden und deshalb nicht als Passiva den Unternehmen zuzurechnen?[37]

Beispiel 5:
Inwieweit steht die Treuhandanstalt als ehemalige Konzernmutter, wenn sie eine solche wäre, in der **Konzernhaftung** gegenüber der Gesellschaft und deren Gläubiger?

Beispiel 6:
Welches wären die Konsequenzen der Einordnung von der Treuhandanstalt gegebener **Liquiditätskredite** als eigenkapitalersetzende Gesellschafterdarlehen?

Beispiel 7:
Sind die von der Treuhandanstalt veranlaßten **stillen Liquidationen** mit dem Insolvenzrecht in Einklang zu bringen und welche haftungsrechtlichen Konsequenzen können sich damit verbinden.

Diese verlängerbaren Beispiele mögen genügen, um aufzuzeigen, wie wichtig es ist, sich bewußt zu werden, ob damit für den Beteiligungswilligen bzw. das Unternehmen, an dem er sich beteiligt, besondere zusätzliche Risiken oder sogar Chancen verbunden sind.

4. Insolvenzrisiken

Auch die Auswirkungen der Insolvenz sollten beschrieben werden.

5. Fazit

Wird in Anbetracht dieser Transparenz eine Beteiligung angeboten, wird zugleich anschaulich, welches Maß an Chancen dem gegenübersteht, um

35 das AGBG gilt wegen § 23 Abs. 1 AGBG nicht für Verträge auf dem Gebiet des Gesellschaftsrechts, nach Müncher Kommentar/*Kötz*, BGB, 2. Aufl., § 23 Rdn. 6 sehr wohl aber bei der Veräußerung von Geschäftsanteilen

36 §§ 9 Abs. 2 Satz 1, Abs. 1, 7 VerbrKrG

37 Handelsblatt vom 18. 11. 1991, S. 5

dann eine Entscheidung für oder gegen eine eigene Beteiligung oder eine Beteiligungsmodell-Installation zu treffen.

Es bietet sich ferner an, Gefahrenpunkte zu beschreiben, die kontinuierlich zu überwachen sind, um als zu definierende Frühwarnindikatoren für ggf. zu treffende Gegensteuerungsmaßnahmen zu dienen.

§ 18 Zusammenfassung

(1) Die Ausgestaltung eines MBO/MAB-Modells wird wesentlich davon bestimmt, aus welchen Motiven ein Modell konzipiert wird. Ausgangspunkt ist

– im *Westen* Bestandsicherung und Meidung unnötiger Risiken,

– im *Osten* Chancensicherung und Eingehen nötiger Risiken.

(2) Die Ausgestaltung ist unterschiedlich je nach dem, ob der MBO mit

– einer materiellen unmittelbaren betrieblichen Beteiligung mit oder ohne immaterieller MAB;

– einer materiellen mittelbaren betrieblichen Beteiligung mit oder ohne immaterieller MAB;

– einer Kombination von materieller unmittelbarer bzw. mittelbarer betrieblicher MAB in Verbindung mit außerbetrieblicher Beteiligung mit oder ohne immaterieller MAB

verknüpft wird.

(3) MBO und MAB müssen beteiligungsrechtlich aufeinander und zudem mit dem Arbeitsrecht abgestimmt werden. Dies berührt u. a. die Bereiche

– des Anpassens der unterschiedlichen Beteiligungsmodelle zueinander;

– das Verhältnis der Beteiligungen zum individualarbeitsrechtlichen Bereich;

– des Anpassens der Bereiche Beteiligungsrecht, Betriebsverfassungsrecht und der immateriellen Gestaltungskomponenten;

– von Beteiligungsverhältnis, Tarifrecht und Arbeits-/Anstellungsvertrag (z. B. beim Investivlohn).

(4) Die Beachtung der rechtlichen Notwendigkeiten für ein MBO/MAB-Modell liefert nur den *äußeren Rahmen,* den es zu beachten gilt, wenn ein solches materielles Beteiligungsmodell eingeführt werden soll. Hinzu-

treten muß die *innere Ausgestaltung* des Modells in Form einer immateriellen Mitarbeiterbeteiligung. Dazu gehören u. a.:

– Beschreibung der Zielvorstellungen der Modellgestaltung,

– Diagnose der derzeitigen Kooperationsfähigkeit und Kooperationsbereitschaft,

– Bewertung und Analyse erforderlicher Maßnahmen zur Steigerung von Kooperationsfähigkeit und Kooperationsbereitschaft der Arbeitnehmer untereinander, in Arbeitsgruppen und im Unternehmen,

– Maßnahmekatalog,

– Umsetzung der immateriellen Beteiligungskomponenten.

(5) Die Unternehmensverfassung sollte auf die Besonderheiten eines MBO/MAB-Modells ausgerichtet werden.

(6) Controlling als Steuerungsinstrument sollte nicht nur die *externen* Ziele *des* Unternehmens im Auge haben, sondern auch die *internen* Zielsetzungen im Unternehmen.

Dazu sollte u. a. auch gehören:

– Beteiligungs-Controlling und

– Sicherheits-Controlling.

5. Kapitel: MBO und Mitarbeiterbeteiligung – zukünftige gemeinsame Finanzierungsformen der Unternehmensfortführung?

§ 19 Einleitung

Die thematische Gegenüberstellung von *MBO* und Mitarbeiterbeteiligung *(MAB)* suggerieren, es handele sich dabei um unterschiedliches, das z. B. im Rahmen der Finanzierungsformen zusammengeführt werden könne (»gemeinsam«). Dies ist teils zutreffend, teils aber auch nicht.

Das Thema will folglich die Frage beschreiben, inwieweit *MBO, Führungskräftebeteiligungen* und *Arbeitnehmerbeteiligungen* als gemeinsame Finanzierungsformen für die Unternehmensfortführung eingesetzt werden können.

Um das Thema nicht zu abstrakt werden zu lassen, soll es an zwei Beispielen aktueller Anlässe für Unternehmensfortführung behandelt werden, die in West- und Ostdeutschland eine unterschiedliche Gewichtung haben:

In *Westdeutschland* beschäftigt man sich z. Zt. u. a. gerade im mittelständischen Bereich mit der Sicherung der Unternehmensfortführung von Familienunternehmen. Neben der Frage, ob diese am ehesten oder am besten dadurch gewährleistet werden könne, daß das Familienunternehmen an die Börse gebracht werde[1], wird auch diskutiert, ob und wann der MBO eine Alternative zur Sicherung der Kontinuität von Familienunternehmen sein kann[2]. Dieser Komplex soll nachfolgend insoweit vertieft werden, als darzustellen ist, wo und wie ein solcher MBO mit Führungskräfte- bzw. Arbeitnehmerbeteiligungen als Finanzierungsformen verknüpft werden kann und wo man davon besser Abstand nehmen sollte.

In *Ostdeutschland* gilt es z. Zt. andere Probleme der Unternehmensfortführung zu bewältigen. Dazu gehört u. a. die Frage, ob und inwieweit gerade die Mitarbeiter eines Unternehmens dieses von der Treuhandanstalt erwerben können, um es statt fremder **Investoren** fortzuführen. Während in Westdeutschland in aller Regel die Sicherung der Unternehmenskontinuität

1 *Schürmann/Körfgen,* Familienunternehmen auf dem Weg zur Börse, 2. Aufl., 1987
2 *Wagner* in: Guski/Schneider, Mitarbeiterbeteiligung (MAB), Fach 1500, Rdn. 668

gutgehender Unternehmen im Vordergrund steht, so daß die Finanzierung des Beteiligungserwerbs Priorität hat, geht es in Ostdeutschland um die Sicherung der Unternehmenskontinuität von Unternehmen, von denen man in einer oft unklaren Situation nicht weiß, wie es weitergehen wird; nicht geschaffene Werte sollen in der Regel gesichert werden, sondern *Chancen,* denen gegenüber es Risiken abzuwägen gilt[3]. Dieser Komplex soll nachfolgend insoweit vertieft werden, darzustellen, wo und wie vor dieser gänzlich anderen Situation verschiedene Formen der Mitarbeiterbeteiligung miteinander verknüpft werden können und wo besser nicht.

Damit gilt es zudem aber auch, einen bisher gängigen Grundsatz zu überdenken, der da lautete: MBO einerseits sowie Führungskräfte-/Arbeitnehmerbeteiligungen andererseits sollten möglichst nur bei gutgehenden Unternehmen eingeführt werden. Dahinter steht der Gedanke, nicht *unnötige Risiken* einzugehen.

Widerspricht dem nicht grundlegend die Situation in Ostdeutschland, wenn dort MBO und Führungskräfte-/Arbeitnehmerbeteiligungen bei Unternehmen avisiert werden, bei denen Risiken vorhanden sind? Der Unterschied ist im Ansatz bereits darin zu sehen, daß man dort das Eingehen von Beteiligungen nicht als *unnötiges* Risiko sieht, gilt es doch nicht etwas zu verlieren, sondern zu erwerben. Und so geht man emotional ein *nötiges Risiko* ein, um eine *Chance* zu wahren/erwerben.

West und Ost unterscheiden sich folglich für die Frage des Einsatzes von MBO, Führungskräfte- und Arbeitnehmerbeteiligung zum Zwecke der Unternehmensfortführung grundlegend:

Im *Westen* Bestandsicherung und Meidung unnötiger Risiken.

Im *Osten* Chancensicherung und Eingehen nötiger Risiken.

Es wird zu zeigen sein, daß diese unterschiedlichen Situationen auch unterschiedliche Antworten auf Finanzierungsformen zur Unternehmensfortführung in West und Ost zulassen.

§ 20 Beurteilung des Themas für Westdeutschland an Hand des Beispiels der Sicherung der Kontinuität von Familien-Unternehmen

Insbesondere Familienunternehmen haben sich neben der Positionierung im Markt drei großen Aufgaben zu stellen:

3 *Wagner,* DNU Heft 1/1991; *ders.,* Sicherungsbedürftigkeit von Mitarbeiterbeteiligungen?, Göttingen 1990

- Der Chefnachfolge im Führungs-/Managementbereich (= *Unternehmenskontinuität*);
- der Sicherung qualifizierter Führungskräfte (= *Qualifikation*);
- der Motivation im Unternehmen (= *Motivation*).

A. Unternehmenskontinuität

Albach/Freund[4] haben in einer von der Bertelsmann Stiftung geförderten empirischen Untersuchung vornehmlich im mittelständischen Bereich – und damit auch bei Familienunternehmen – zu ergründen versucht, inwieweit die Kontinuität der unternehmerischen Funktionen noch gegeben ist. Dazu wurden empirische Daten zu denen in Unternehmen vorhandenen Regelungen der Sicherung der Kontinuität ermittelt und zwar solche in personeller, finanzieller, strategischer und organisatorischer Hinsicht[5].

I. Der Befund

Familienunternehmen werden in der Mehrzahl der Fälle vom Familienoberhaupt geleitet. Dort ist die Aufgabendelegation schwächer entwikkelt, als bei Nichtfamilienunternehmen, so daß bei unvorhergesehenem Ausscheiden der Führungsperson dem Unternehmen eine Kontinuitätskrise droht[6].

Bei Familienunternehmen, mehr als bei Nichtfamilienunternehmen, sind nahezu alle Einzelkomponenten der komplexen Führungsaufgaben in der Geschäftsführung angesiedelt, eine breitere Delegation von Verantwortung also unterentwickelt. Dies führt zu mehreren Gefahren: Verantwortungsbewußtsein und Motivation außerhalb der Geschäftsleitungsebene bleiben unterentwickelt, so daß beim Ausscheiden der Führungsperson kein nahtloser Übergang gewährleistet ist.

Der Ausbildungsstand der Geschäftsführung ist bei Familienunternehmen bezüglich Akademikern oder promovierten Führungskräften deutlich geringer als bei Nichtfamilienunternehmen[7], was einhergeht mit einem außerordentlich hohen Prozentsatz, in denen sich kein Familienmitglied bereit findet, die unternehmerische Verantwortung an Stelle des

4 *Albach/Freund,* Generationswechsel und Unternehmenskontinuität – Chancen, Risiken, Maßnahmen, Gütersloh 1989

5 *Albach/Freund* (FN 4), S. 19/20

6 *Albach/Freund* (FN 4), S. 36

7 *Albach/Freund* (FN 4), S. 41

Vorgängers zu übernehmen[8]. Die Kumulation beider Komponenten führt dazu, daß die Neubesetzung von Geschäftsführungspositionen hinausgeschoben wird und neues Know-How nur schwer den Weg in die Geschäftsführungsebene findet.

Während Führungskräfte in Nichtfamilienunternehmen ihre Führungserfahrung sammeln, *bevor* sie in die Geschäftsleitung aufrücken, erlangen Führungskräfte bei Familienunternehmen ihre Führungserfahrung oft erst, wenn sie bereits Geschäftsführungsverantwortung tragen. Treffen aber Bewährungsprobe und Führungsverantwortung aufeinander, dann führt dies zu einer besonderen Risikoanfälligkeit[9].

Die Stärke der Familienunternehmen liegt in der Einheit von Eigentum und Leitung. Bedenkt man aber, daß nur rund 50% der Mitglieder der Eigentumsfamilie in Geschäftsführungspositionen nachdrücken, dann ist ein verstärktes Auseinandertriften von Eigentum und Leitung festzustellen[10].

Es zeigt sich also, daß bei vielen Familienunternehmen Geschäftsführungsverantwortung für den Nachfolgefall nicht kontinuierlich – aus der Eigentümerfamilie – aufgebaut wird, was zur Folge hat, daß bei unerwartetem Ausscheiden des bisherigen Geschäftsführers es Probleme gibt, in kurzer Zeit einen qualifizierten Fremdmanager zu gewinnen[11]. Die Folgen können bis zur Aufgabe des Betriebes reichen. Dies ist dort anders, wo sich aus der Eigentümerfamilie selbst keine Nachfolger anbieten und man ohnehin auf Fremdmanager angewiesen ist.

II. Auswirkung auf die Kontinuität

Albach/Freund[12] weisen zutreffend darauf hin, daß die Sicherung der Kontinuität in der Unternehmensführung der »Erhaltung strategischen Erfolgspotentials« sowie der Wahrung der finanziellen Stabilität eines Unternehmens« dient. Hinzu kommt, daß die Einheit von Eigentum und Leitung einen wesentlichen Bestandteil der Motivation zum Erhalt des Unternehmens darstellt, so daß dort, wo Eigentum und Leitung nicht durch Geschäftsführungsnachfolge aus der Eigentümerfamilie möglich ist, Eigentum und Leitung durch Beteiligung der Geschäftsführer am Unternehmen hergestellt werden könnte. Aber dieser umgekehrte Weg zur

8 *Albach/Freund* (FN 4), S. 43
9 *Albach/Freund* (FN 4), S. 46
10 *Albach/Freund* (FN 4), S. 46, 48
11 *Albach/Freund* (FN 4), S. 55
12 *Albach/Freund* (FN 4), S. 93

Einheit konnte bei Familienunternehmen nur in 6% der befragten Fälle festgestellt werden[13].

Dort, wo fremde Geschäftsführer an Stelle der nicht aus der Eigentümerfamilie zu besetzenden Positionen treten, besteht ein höheres Risiko der Fluktuation, als bei beteiligten Geschäftsführern. Beim Ausscheiden von Geschäftsführungsmitgliedern werden aber die strategische Kontinuität des Unternehmens berührt, zumindest für die Zeit der Vakanz, abgesehen davon, daß der Ausscheidende oft bei der Konkurrenz landet.

Zu häufige Neubesetzungen bergen das Risiko der Unterbrechung der Führungskontinuität in sich, zu geringe Neubesetzungen verhindern oft den erforderlich werdenden Anpassungsprozeß[14]. Die geringe Neubesetzungshäufigkeit von Geschäftsführungspositionen in Familienunternehmen[15] kann daher nicht nur zu Problemen bei notwendig werdenden Anpassungsprozessen führen, sondern hat häufig auch zur Folge, daß Familienunternehmen nicht über genügend hochmotivierte Führungskräfte verfügen[16].

Dort wo fremde Führungskräfte in die Geschäftsführung von Familienunternehmen einrücken, verlieren Familienunternehmen relativ häufig diese Geschäftsleitungsmitglieder wieder an andere Unternehmen[17]. Der Grund mag darin liegen, daß solche ausscheidenden Führungskräfte in Familienunternehmen für die Position eines Vorsitzenden der Geschäftsführung in der Regel nicht in Frage kommen.

Die bei Familienunternehmen vorhandene Einheit von Eigentum und Leitung führt dort dazu, seitens der Unternehmensleitung im Sinne der Familie die Eigenständigkeit des Unternehmens vor fremden Kapitalgebern zu sichern, was sich in einer geringeren Verschuldensbereitschaft niederschlägt[18]. Dies ändert sich, wo die Geschäftsführung in fremde Hände übergeht, so daß mangelnde Führungskontinuität bei häufigeren Wechseln in der Geschäftsleitung mit zunehmendem Verschuldensgrad neue Risikokomponenten begründen. Der Mangel an personeller Konti-

13 *Albach/Freund* (FN 4), S. 46

14 *Albach/Freund* (FN 4), S. 108

15 *Albach/Freund* (FN 4), S. 111: »Während im Durchschnitt 63% aller Nichtfamilienunternehmen in den letzten 5 Jahren zumindest eine Position in der Geschäftsführung neu besetzt haben, sind dies bei den Familienunternehmen nur ca. 43%. Die strategisch besten Familienunternehmen weisen sogar eine noch geringere Fluktuation auf.«

16 *Albach/Freund* (FN 4), S. 117

17 *Albach/Freund* (FN 4), S. 135

18 *Albach/Freund* (FN 4), S. 144

nuität hat mithin Auswirkungen auch auf die finanzwirtschaftliche Stabilität[19].

III. Empfehlungen

Bei Familienunternehmen, für die die Einheit von Eigentum und Leitung typisch ist, ist das Thema Unternehmenskontinuität beim Generationswechsel auf zwei Ebenen zu sehen: dem des Führungswechsels und der Übertragung des Eigentums auf die nächste Generation. Also muß eine *Nachfolgekonzeption* beide Bereiche ansprechen. Dazu empfehlen *Albach/Freund*[20], drei Ziele zu avisieren:

– *»Gute Führungskräfte unternehmensintern heranbilden und zur Übernahme von Verantwortung motivieren;*

– *unerwünschte Fluktuation vermeiden (z. B. frühzeitiger Wechsel wichtiger Mitarbeiter in andere Unternehmen);*

– *eine hohe Attraktivität des Unternehmens in den Augen von externen Führungskräften aufbauen, um auch gute Mitarbeiter von außerhalb gewinnen zu können.«*

Bei der Umsetzung dieser Ziele stellen sich aber folgende Fragen/Probleme:

Das Thema der Übertragung der Führungsfunktion bei den Familienunternehmen, bei denen keine Nachfolge aus der Eigentümerfamilie in Sicht ist, hat in vielen Fällen– weil keine Vorsorge getroffen worden war – zur Auflösung des Unternehmens oder dazu geführt, es zum Verkauf zu stellen[21].

Selbst dort, wo eine Nachfolgeregelung vorgesehen war, ließ diese sich nicht immer in die Tat umsetzen, wenn es nicht gelungen war, einen Kreis interessierter Nachfolger zu erschließen[22].

Finanzielle Belastungen des Familienunternehmens bei Erbfällen von Familiengesellschaften mit der Folge entsprechender Abfindungs- und Auseinandersetzungsansprüche sollten konzeptionell berücksichtigt werden[23].

19 *Albach/Freund* (FN 4), S. 163. Dies gilt insbesondere bei Familienunternehmen, während bei Nichtfamilienunternehmen *umgekehrt* Störungen in der Finanzsphäre Ursache für unterbrochene Führungskontinuität sind.

20 *Albach/Freund* (FN 4), S. 183

21 *Albach/Freund* (FN 4), S. 188

22 *Albach/Freund* (FN 4), S. 194

23 *Albach/Freund* (FN 4), S. 203 z. B. durch Betriebsaufspaltung, Familienstiftungen

B. Qualifikation

Das Postulat der *Qualifikation* wird auf verschiedenen Ebenen behandelt:

Qualifizierung ist auf der Ebene der Arbeitnehmer erforderlich, um gestiegenen Anforderungen an Markt und Technik zu genügen. Auch und gerade der Mittelstand entwickelte zuletzt eine steigende Nachfrage nach Führungskräften der oberen Ebene[24], da eine hochqualifizierte Führungsmannschaft stets ein entscheidendes Erfolgspotential für Unternehmen darstellt[25]. Bleibt noch der – gerade für Familienunternehmen – bedeutsamen Frage nachzugehen, inwieweit das Kapital, also die Anteilseigner, qualifiziert genug sind, Unternehmen zu führen[26].

Anders als bei in der Rechtsform der Aktiengesellschaft tätigen Großunternehmen, bei denen gemäß § 76 Abs. 1 AktG die Führungsverantwortung beim Vorstand und damit beim Management – also *nicht* bei den Kapitaleignern – liegt, ist die Entscheidungsverantwortung bei der GmbH[27] und bei den Personengesellschaften[28] schon qua Rechtsform bei den Gesellschaftern angesiedelt. Geschäftsführer sind dort oft nur der verlängerte Arm der Gesellschafter. So fügt es sich, daß die überwiegende Mehrzahl der mittelständischen Unternehmen, zumal bei Familiengesellschaften, die Entscheidungsverantwortung bei den Eigentümergesellschaftern angesiedelt haben. Soweit bei Familienunternehmen z. B. das Familienoberhaupt zugleich die Geschäftsführung innehat, fallen Eigentum und Leitung zusammen, dort wo dies aber nicht der Fall ist, wird oft der fremde Manager sich vom Leitungseinfluß der Eigentümergesellschafter nicht freischwimmen können, was zu der von Mohn[29] formulierten Frage führt, ob das Kapital überhaupt noch führen kann, ob es also noch qualifiziert genug dazu ist.

Historisch bedingt war früher mehr als heute persönlicher Kapitalbesitz ein unentbehrliches Werkzeug der Unternehmensführung gewesen[30]. Heute, mit den vorhandenen Möglichkeiten von Fremdfinanzierungen und Kapitalbeteiligungen, ist wesentlichere Voraussetzung der Fähigkeit zur Unternehmensführung, *Unternehmer* zu sein, was mithin nicht (mehr) persönlichen Kapitalbesitz bedingt, wohl aber die Führungsfähigkeit, weshalb heute nicht *Kapital* und *Arbeit* die alleinigen Wirkungskompo-

---

24 Wirtschaftswoche »Karriere« vom 27. 07. 1990, S. K 1
25 *Albach/Freund* (FN 4), S. 94
26 *Mohn*, Kann das Kapital noch führen, Gütersloh 1988
27 §§ 37 Abs. 1, 38 Abs. 1, 45 Abs. 1, 46 Ziff. 6 GmbHG
28 Verbot der Drittorganschaft
29 *Mohn* (FN 26)
30 *Mohn* (FN 26), S. 4

nenten eines Unternehmens sind, sondern qualifizierte *Führung* hinzukommen muß.

Dies ist wie *Mohn*[31] zutreffend heschreibt, auch aus anderen Gründen historisch bedingt: die Demokratisierung unserer Gesellschaft, das Entstehen gewerkschaftlicher Gegenmacht, der Ausbau gesetzlicher Sicherungssysteme (arbeitsrechtlicher Art sowie zum Gläubigerschutz) sowie stärker werdender internationaler Wettbewerb brachten eine deutliche Einschränkung der Kapitalbildungsmöglichkeit und statt dessen eine erhöhte Notwendigkeit an Führungsqualitäten mit sich, wollten Unternehmen überleben.

Bei Familiengesellschaften, bei denen qualifizierte Führung durch den Eigentümer-Unternehmer wahrgenommen wird, ist es durch die Einheit von Eigentum und Leitung am ehesten möglich, Entwicklungen einzuschätzen, Risiken einzugehen oder es sein zu lassen. Dieses Idealbild aber leidet, wo die Qualifikation des Eigentümer-Unternehmers nachläßt oder bei einem fremden Manager Kapital und Leitung voneinander abgekoppelt sind. Motivation, Führungsbereitschaft und Kreativität lassen nach, der Unternehmer wird durch den Manager als Technokraten ersetzt.

Es gilt also gerade für Familiengesellschaften die alten Stärken von Eigentum und Leitung mit den Notwendigkeiten qualifizierter Führung wieder zu verbinden. Ist dies aber nicht aus dem Bereich der Eigentümerfamilie möglich, dann bietet es sich an, umgekehrt diese Einheit durch Kapitalbeteiligung ihrer Mitarbeiter/Führungskräfte herzustellen. Wo das Kapital nicht mehr ausreichend qualifiziert führen kann, liegt es nahe, die qualifizierte Führung am Kapital zu beteiligen[32], um auf diese Weise Verantwortung und Motivation durch diese Einheit von Kapital und Leitung neu zu beleben. Diese Art der Führungskontinuität trägt zudem zur gewünschten Unternehmenskontinuität bei.

C. Motivation

Motivation stellt auf allen Ebenen eines Unternehmens ein entscheidendes Erfolgspotential dar, vermindert die Fluktuation von Mitarbeitern und kann Anreiz für die Gewinnung externer Fach- und Führungskräfte sein[33]. Wie aber ist es um diese Motivation bei Arbeitern, Angestellten und Führungskräften bestellt? Die Bertelsmann-Stiftung hat zusammen mit dem Institut für Wirtschafts- und Gesellschaftspolitik Mitte bzw.

31 *Mohn* (FN 26), S. 5
32 *Mohn* (FN 26), S. 15
33 *Albach/Freund* (FN 4), S. 130

Ende der 80er Jahre Ergebnisse und Analysen zweier Umfragen vorgestellt[34].

I. Zur Arbeitsmotivation von Führungskräften

In der Bundesrepublik Deutschland ist eine Veränderung der Wertestruktur im Sinne einer Verschiebung von Pflicht- und Akzeptanzwerten hin zu Selbstentfaltungswerten festzustellen[35]. So wundert es nicht, daß bei der durchgeführten Befragung[36] für Führungskräfte *Arbeitsinhalte*[37], *Selbständigkeit* [38], *Einfluß*[39] und das *Durchsetzen eigener Ideen* im Vordergrund der Werteskala standen; materielle Erwägungen traten zurück, wenngleich mit steigendem Einkommen ein steigender Zufriedenheitsgrad zu verzeichnen war. Auch ließ sich feststellen, daß Führungskräfte gerade wegen eingeschränkten Privatlebens und geringerer Freizeit verstärkt Wert darauf legten, mit arbeitsinhaltlichen Aspekten entschädigt zu werden.

Anders sah es dagegen aus, wenn es um die Frage ging, aus welchen Gründen Führungskräfte, die bereits an der Grenze ihrer Leistungsbereitschaft angekommen waren, bereit sein könnten, sich dennoch zusätzlich zu engagieren. 51% der Befragten waren bei weiterer Erhöhung ihres Einkommens zu einer zusätzlichen Leistungsintensivierung bereit[40].

Es zeigt sich also bei den Unternehmern und leitenden Führungskräften eine hohe Arbeitsmotivation, wobei bei leitenden Angestellten die Schwerpunkte mehr bei den arbeitsinhaltlichen Aspekten (= interessante Aufgaben) liegen, während bei Unternehmern mehr Gesichtspunkte der Selbständigkeit, Unabhängigkeit sowie das Durchsetzen eigener Ideen im Vordergrund standen[41].

34 Die Arbeitsmotivation von Führungskräften der deutschen Wirtschaft, Gütersloh/Bonn 1985; Die Arbeitsmotivation von Arbeitern und Angestellten der deutschen Wirtschaft, Gütersloh 1987. Ferner: Arbeitsmotivation und Führung, Ergebnisse einer Arbeitstagung, Gütersloh/Bonn 1988

35 Die Arbeitsmotivation von Führungskräften (FN 34), S. 8

36 Die Arbeitsmotivation von Führungskräften (FN 34), S. 24

37 interessante Tätigkeit; Möglichkeit zur Identifikation mit der Aufgabe; Aufgabe, deren Bewältigung hohe persönliche Anforderungen stellt

38 Selbständigkeit und Unabhängigkeit bei der Arbeit

39 Einfluß, Entscheidungskompetenz

40 Die Arbeitsmotivation von Führungskräften (FN 34), S. 45/46

41 Die Arbeitsmotivation von Führungskräften (FN 34), S. 49

II. Zur Arbeitsmotivation von Arbeitern und Angestellten

Hier haben Langzeituntersuchungen festgestellt, daß die subjektive Bedeutung von Arbeit und Beruf abgenommen, die der Freizeit dagegen zugenommen hat[42]. Aber auch hier ist eine Werteverschiebung festzustellen, indem neben »alte« Werte[43] neue Selbstentfaltungswerte[44] hinzugetreten sind[45]. Arbeitsmoral und Arbeitszufriedenheit sowie Motivation und Leistung werden wesentlich vom Führungsstil und der Arbeitsatmosphäre im Betrieb geprägt.

Während aber bei der Befragung der Führungskräfte sich für eine überwiegende Anzahl der Befragten eine hohe Arbeitsmotivation herausstellte, ist dies bei Arbeitern und Angestellten nicht im vergleichbaren Maße der Fall gewesen. Gemessen an Freizeit und Familie standen nur noch für 15% der Befragten der Beruf im Vordergrund[46].

Befragt, welche Aspekte beruflicher Tätigkeit geeignet wären, Arbeiter und Angestellte überhaupt zu motivieren, waren es (auch) hier die Merkmale der interessanteren Tätigkeit mit der Möglichkeit der Identifikation mit der Aufgabe, Selbständigkeit und Unabhängigkeit bei der Arbeit, die Möglichkeit, eigene Ideen wirksam durchzusetzen, ein gutes Betriebsklima sowie letztlich auch ein höheres Einkommen[47].

Ähnlich wie schon bei den Führungskräften entsprechen sich Arbeitsmotivation und Arbeitszufriedenheit in ihrer Werteskala.

Vergleicht man, welche Aspekte beruflicher Tätigkeit Arbeiter und Angestellte motivieren, mit den Aspekten, bei deren Vorliegen man bereit wäre, sich stärker als bisher zu engagieren, so fällt die Unterschiedlichkeit der Bewertung des Einkommens auf: als Motivationsfaktor für die berufliche Tätigkeit rangiert das Einkommen erst an fünfter Stelle[48], als Motivationsfaktor für zusätzliches Engagement dagegen mit weitem Abstand an erster Stelle[49], womit deutlich wird, daß Arbeiter und Angestellte keineswegs bereits so gesättigt wären, als daß es nicht doch noch weitere Motivationsressourcen gäbe.

---

42 Die Arbeitsmotivation von Arbeitern und Angestellten (FN 34), S. 14

43 z. B. Disziplin, Gehorsam, Leistung, Ordnung, Pflichterfüllung, Treue, Unterordnung, Fleiß, Bescheidenheit, Selbstbeherrschung, Pünktlichkeit, Anpassungsbereitschaft, Fügsamkeit, Enthaltsamkeit

44 Kreativität, Spontanität, Selbstverwirklichung, Ungebundenheit, Eigenständigkeit, Abwechslung etc.

45 Die Arbeitsmotivation von Arbeitern und Angestellten (FN 34), S. 16, 17

46 Die Arbeitsmotivation von Arbeitern und Angestellten (FN 34), S. 23

47 Die Arbeitsmotivation von Arbeitern und Angestellten (FN 34), S. 32

48 Die Arbeitsmotivation von Arbeitern und Angestellten (FN 34), S. 32

49 Die Arbeitsmotivation von Arbeitern und Angestellten (FN 34), S. 52-54, 63

Aber es wurde auch festgestellt, daß Arbeiter und Angestellte, die Mitbestimmungsmöglichkeiten am Arbeitsplatz hatten bzw. am/im Unternehmen kapitalmäßig beteiligt waren, zufriedener waren und eine höhere Arbeitsmoral bzw. Arbeitsmotivation als diejenigen hatten, bei denen dies nicht der Fall war[50]. In der Regel arbeiten sie länger, Gesichtspunkte wie Macht-, Einfluß- und Karriereaspekte sind ihnen wichtiger als dem Durchschnitt[51].

Es läßt sich daher feststellen, daß Arbeiter und Angestellte mit ihrer Arbeit im wesentlichen zufrieden sind, jedoch nur für 15% der Beruf im Vordergrund steht. Anreize für größeres Engagement/Motivation sind ganz wesentlich materielle Aspekte (höheres Einkommen/Beteiligungen) und mehr Mitsprache am Arbeitsplatz.

D. Finanzierungsformen

Ausgehend von dieser zuletzt gewonnenen Erkenntnis bietet sich auf seiten der Kapitaleigner von Familienunternehmen an, eigene Mitarbeiter incl. Führungskräfte als Interessenten von Anteils- bzw. Firmenkäufen im Auge zu haben, wozu *dort* inzwischen Bereitschaft besteht.

Dann aber gewinnen zwei Komponenten eine besondere Bedeutung, wozu das Thema dieses Beitrages helfen möchte: zum einen die Gestaltungsmöglichkeiten, zum anderen die Finanzierungsfragen. *Management Buy Out, Führungskräfte-* und *Arbeitnehmerbeteiligung* sind denkbare Instrumente zur Bewältigung dieser Komponenten.

Es wurde oben[52] bereits darauf hingewiesen, daß Geschäftsführungsverantwortung bei vielen Familienunternehmen nicht kontinuierlich – ggf. aus der Eigentümerfamilie heraus – aufgebaut wurde, so daß bei unerwartetem Ausscheiden des bisherigen Eigentümer-Geschäftsführers Probleme entstehen können, die bis zur Aufgabe des Unternehmens reichen können. Insbesondere in solchen Fällen, aber nicht nur dann, mag ein Interesse der bisherigen Eigentümer-Gesellschafter bestehen, das Unternehmen insgesamt zu verkaufen, nur an wen? Gerade bei Familiengesellschaften ist es nicht untypisch, daß der potentielle Käufer *zwei* Voraussetzungen erfüllen soll: das eigene Lebenswerk der Anteilseigner fortzuführen, womit die Unternehmenskontinuität angesprochen ist, *und* die Zahlung eines ausreichenden Kaufpreises. Einen Käufer zu finden, der die letztere Voraussetzung erfüllt, war oft nicht das entscheidende Problem, wie aber konnte man die Unternehmenskontinuität sichern?

---

50 Die Arbeitsmotivation von Arbeitern und Angestellten (FN 34), S. 74
51 Die Arbeitsmotivation von Arbeitern und Angestellten (FN 34), S. 74
52 s. o. § 20 A. I. letzter Absatz

Eigene Führungskräfte als potentielle Käufer in Erwägung zu ziehen, bot sich lange Zeit auf beiden Seiten nicht an: auf seiten der Eigentümer-Gesellschafter nicht, weil man Führungskräfte, die man u. U. nicht voll zur Entfaltung kommen ließ, nicht für fähig hielt, das Unternehmen fortzuführen, abgesehen davon, daß man es nicht für möglich hielt, daß diese Führungskräfte hohe Kaufpreise aufbringen könnten; die Führungskräfte wurden nicht als adäquater Geschäftspartner in Erwägung gezogen. Und auf seiten der Führungskräfte dachte man an diese Möglichkeit vor allem wegen der Kaufpreishürde nicht nach.

Inzwischen haben sich die Verhältnisse gewandelt, seitdem die Kaufpreisaufbringung nicht mehr das entscheidende Problem ist und die Führungskräfte gerade wegen ihrer internen Kenntnisse eher als andere als Garant für Unternehmenskontinuität angesehen werden können. Die psychologischen Barrieren sind niedriger geworden.

Kaufgegenstand des Unternehmenserwerbs können entweder das Vermögen der Gesellschaft mit allen Aktiva und Passiva[53] oder der Erwerb aller Anteile bzw. Beteiligungen sein. Letzteres ist nicht zuletzt auch deshalb verbreiteter, weil praktikabler[54].

Da Führungskräfte in der Regel selbst nicht über so viel Kapital verfügen, daß sie den Kaufpreis für den Erwerb der Anteile/Beteiligungen bezahlen könnten, gilt es, Ressourcen zu nutzen und diese zu finanzieren. Dabei ist es nicht unproblematisch, in eigene Finanzierungsüberlegungen den cash flow des Unternehmens zur Rückführung der von Managern aufgenommenen Finanzierungen bzw. das Vermögen des Unternehmens zur Besicherung der von Managern aufgenommenen Finanzierungen verwenden zu wollen. Dies könnte nämlich negative zivil- und strafrechtliche Folgen haben[55].

Und damit solche Risiken vermieden werden, gleichwohl aber der cash flow des Unternehmens zur Annuitätenbedienung und das Vermögen der Gesellschaft zur Besicherung aufgenommener Kredite verwandt werden

53 *Otto* in: Handbuch des Kapitalanlagerechts, 1990, § 26 Rdn. 106

54 *Otto* (FN 53), § 26 Rdn. 110

55 Bei der Aktiengesellschaft kann ein Verstoß gegen das Verbot der Einlagenrückgewähr gemäß § 57 Abs. 1 AktG bzw. die Nichtigkeitsfolge des § 71 a AktG gegeben sein, bei der GmbH können Verstöße gegen die Kapitalerhaltungsvorschriften der §§ 30, 31 GmbHG gegeben sein, wenn dadurch eine Unterbilanz bzw. Überschuldung entsteht oder verstärkt wird, mit entsprechenden haftungsrechtlichen Folgen. Dazu: *Lutter/Wahlers,* AG 1989, 1, 8 ff. und 13 ff.; *Kerber,* WM 1989, 473, 475; *Rutke,* WM 1989, 806; *Wagner,* KaRS 1989, 82, 88;
Zur strafrechtlichen Seite siehe einerseits BGH DB 1987, 1930 und andererseits BGH GmbHR 1988, 477

kann, werden sogenannte indirekte Beteiligungsmodelle bei der Durchführung eines MBO bevorzugt[56]. Anhand eines *Beispiels* soll verdeutlicht werden, was es zu beachten gilt, wenn Führungskräfte-/ Arbeitnehmerbeteiligungen in eine solche MBO-Konzeption einbezogen werden.

I. Beispiel[57]

Eines der indirekten Beteiligungsmodelle geht konzeptionell davon aus, daß die den MBO betreibenden Manager eine neue GmbH (hier vereinfacht »Käufer-GmbH« genannt) gründen, in welcher sie selbst geschäftsführende Gesellschafter sind. Diese GmbH nimmt die Finanzierung zum Erwerb der Ziel-GmbH auf. Zunächst erwirbt sie die Anteile der Ziel-GmbH und sodann deren Aktiva und Passiva. Sodann kommt es bei der Ziel-GmbH zur Vollausschüttung des von ihr durch den Verkauf der Aktiva und Passiva realisierten Gewinns samt evtl. vorhandener freier Rücklagen an die Käufer-GmbH als ihrem einzigen Gesellschafter. Die Käufer-GmbH nimmt bei sich eine Teilwertabschreibung der bei ihr gehaltenen Beteiligungen an der Ziel-GmbH in Höhe der Ausschüttungen vor und liquidiert später die Ziel-GmbH. Die Käufer-GmbH ist zum arbeitgebenden Unternehmen geworden.

Das Vermögen der Ziel-GmbH ist solchermaßen auf die Käufer-GmbH übergegangen, die mit ihrem cash flow den aufgenommenen Kredit zurückführen kann und mit ihrem Vermögen auch den von ihr aufgenommenen Kredit besichern kann.

II. Führungskräfte-/Arbeitnehmerbeteiligung

Es leuchtet ein, daß bei einem solchen MBO-Modell eine Führungskräfte- bzw. Arbeitnehmerbeteiligung, bei der die Beteiligten u. a. auch am Gewinn *des Unternehmens* beteiligt sind, leerläuft, wird doch dieser im Rahmen des cash flow zur Bedienung der Finanzierungskosten des MBO bzw. für daneben vorhandene notwendige Investitionen benötigt[58]. Fraglich ist, ob deshalb von der Beteiligung von Führungskräften und Arbeitnehmern abzuraten ist, oder nur ein anderer Konzeptionsansatz zu finden ist.

56 Übersicht bei *Wagner* (FN 1), Fach 1500, Rdn. 636 ff.

57 siehe dazu *Otto,* (FN 53), § 26 Rdn. 133-149; *Holzapfel, Pöllath,* Recht und Praxis des Unternehmenskaufs, 5. Aufl., Rdn. 244-255

58 *Wagner,* KaRS 1989, 82, 89

Wie obige Ausführungen zur *Motivation*[59] gezeigt haben, wird Motivation u. a. durch Beteiligung am Gewinn, also am miterarbeiteten, geschaffen. Die Gewinnbeteiligung ist folglich ein Teil des Entgelts für die zur Verfügung gestellte Arbeitskraft.

Es läßt sich aber für Mitarbeiterkapitalbeteiligungen auch ein anderer Denkansatz finden: Mitarbeiterkapitalbeteiligung erfolgt in aller Regel – wenngleich nicht zwingend – als investive Kapitalbeteiligung. Der Mitarbeiter (Führungskraft/Arbeitnehmer) gibt Geld und wird dadurch zum Kreditgeber. Das Entgelt für die Kredithingabe kann Zins- und/oder Gewinnbeteiligung sein.

Sieht man folglich in dem investiv sich beteiligenden Mitarbeiter – einerlei ob als Führungskraft oder als Arbeitnehmer – mehr den Investor bzw. Kreditgeber, dann ist der psychologische Einstieg einfacher, sich auch diese Personengruppe als Finanzpartner bei einem MBO der im Beispiel dargestellten Art vorstellen zu können. Da diese Finanzpartner nicht an einem Gewinn *des Unternehmens* beteiligt werden können, da dieser im Rahmen des cash flow für die Finanzierungs- und Investitionskosten benötigt wird, ist ihm statt dessen eine entsprechende Verzinsung des eingesetztes Kapitals zu gewähren. Die Höhe des Zinses wiederum ist davon abhängig, wie risikobehaftet dieses investierte Kapital ist bzw. welche Sicherheiten für solches Mitarbeiterkapital vorgesehen sind, wobei sich zusätzliche Kombinationen mit Optionen für spätere Gewinnbeteiligungen bzw. spätere Beteiligungen als GmbH-Gesellschafter denken lassen.

Eine solche Einbeziehung von investiven Mitarbeiterbeteiligungen als weitere Finanzierungsform in einen MBO hat folgendes zu berücksichtigen:

1. Gestaltungsformen

Unabhängig davon, welche Gestaltungsform gewählt wird, muß deutlich werden, daß bei einer solchen Einbindung der Mitarbeiter sich nicht nur beteiligt und dafür entgolten wird, weil er Führungskraft oder Arbeitnehmer ist, sondern auch, weil er Investor bzw. Kreditgeber ist[60]. Insoweit sind rein gestaltungsmäßig folgende Erscheinungsformen überlegenswert:

59 s. o. § 20 C.

60 Womit allerdings die Diskussion um das sogenannte Werksparkassenverbot des § 3 KWG in Abgrenzung der Mitarbeiterkapitalbeteiligung neue Nahrung erhält, dazu s. u. § 20 D. II. 2.

(l) Führungskräfte bzw. Arbeitnehmer werden z. B. an/in der schon angesprochenen Käufer-GmbH beteiligt, die nach Erwerb des Vermögens der Ziel-GmbH das arbeitgebende Unternehmen darstellt. Es wurde oben schon darauf hingewiesen, daß *rechtlich* zwar eine Gewinnbeteiligung konstruktiv möglich ist, de facto aber in der Regel bei MBOs als LBOs kein ausschüttungsfähiger Gewinn des *Unternehmens* zur Verfügung steht. Daraus sind folgende Schlußfolgerungen zu ziehen:

Würde man dem Rechnung tragen wollen und zugleich denen sich investiv beteiligenden Mitarbeitern die Möglichkeit der Sparförderung nach dem 5. VermBG bzw. § 19 a EStG eröffenen wollen, dann würde sich ein durch ein Kreditinstitut verbürgtes[61] Arbeitnehmerdarlehen als investives Beteiligungsinstrument anbieten.

Möchte man statt dessen eine stille Beteiligung oder eine Genußschein- bzw. Genußrechtsbeteiligung vorsehen, so ist zwar für die Einbindung der Sparförderung nach dem 5. VermBG und § 19 a EStG keine Verbürgung durch ein Kreditinstitut notwendig, wohl aber eine Gewinnbeteiligung[62]. Gewinn ist im Sinne der gesetzlichen Regelungen nicht dahingehend zu verstehen, ob – um bei unserem Beispiel zu bleiben – bei der Käufer-GmbH ausschüttungsfähiger Gewinn verbleibt, sondern daß und wie beteiligungsmäßig vertraglich Gewinn definiert wird. So muß eine Gewinnbeteiligung nicht zwingend am Bilanzgewinn oder Jahresgewinn des Unternehmens festmachen, vielmehr kann unter Gewinn auch das positive Überschreiten einer definitionsmäßigen Vorgabe verstanden werden – z. B. bei Überschreiten von Vorgaben eines Profit-Center, einer Niederlassung, einer Zweigstelle, einzelner Abteilungen oder hestimmter Geschäftsarten[63] –; denn § 232 Abs. 1 HGB sagt z. B. für die stille Gesellschaft lediglich, daß der Gewinn (und Verlust) am Schluß eines Geschäftsjahres berechnet wird, er gibt aber nicht vor wie, auch nicht, daß der Gewinn »aufgrund der Bilanz ermittelt« werde wie dies etwa bei § 120 HGB der Fall ist[64].

Soll mithin eine Mitarbeiterbeteiligungsform mit Gewinnbeteiligung gewählt werden, dann ist im Beteiligungsvertrag exakt zu regeln, daß nicht

61 § 2 Abs. 1 Ziff. 1 k) 5. VermBG, § 19 a Abs. 3 Ziff. 10 EStG

62 bei der stillen Beteiligung wegen § 231 Abs. 2 letzter Halbsatz HGB; beim Genußschein wegen § 2 Abs. 1 Ziff. 1 f) 5. VermBG, § 19 a Abs. 3 Ziff. 3 EStG; beim Genußrecht wegen § 2 Abs. 1 Ziff. 1 e) 5. VermBG, § 19 a Abs. 3 Ziff. 11 EStG

63 *Paulick/Blaurock,* Handbuch der stillen Gesellschaft, 4. Aufl., S. 102; *Staub,* HGB-GK, 4. Aufl., § 232 Rdn. 6

64 *Staub* (FN 63) § 232 Rdn. 2

eine Beteiligung am Gewinn des Unternehmens[65] sondern eine Beteiligung an einem definitionsmäßig bestimmten Gewinn (= Ergebnisüberschreitung) eines Profit-Center, einer Niederlassung, einer Abteilung etc., losgelöst vom Bilanzgewinn oder Jahresergebnis des Unternehmens, gemeint ist.

(2) Statt der unmittelbaren investiven Kapitalbeteiligung an der arbeitgebenden Käufer-GmbH ist es denkbar, die beteiligungswilligen Führungskräfte/Arbeitnehmer z. B. in einer gesonderten Beteiligungs-GmbH als GmbH-Gesellschafter bzw. an dieser als stille Gesellschafter, Genußrechts- bzw. Genußscheinbeteiligte zu beteiligen bzw. ein Arbeitnehmerdarlehen dieser Beteiligungsgesellschaft zu gewähren. Diese Beteiligungs-GmbH wiederum kann entweder mittels dieses so zur Verfügung gestellten Kapitals sich als GmbH-Gesellschafter in der Käufer-GmbH oder z. B. als stiller Gesellschafter oder Genußrechts-/Genußscheinbeteiligter *an* der Käufer-GmbH beteiligen. Insoweit läge eine Konzeptionsform einer mittelbaren betrieblichen investiven Mitarbeiterkapitalbeteiligung vor.

Was nun die Nutzung der Sparförderung nach dem 5. VermBG bzw. § 19 a EStG betrifft, stünde eine solche Konzeption dem nicht entgegen:

Würden die Mitarbeiter als GmbH-Gesellschafter in der Beteiligungsgesellschaft beteiligt, so würde dies § 2 Abs. 1 Ziff. 1 h) 5. VermBG bzw. § 19 a Abs. 3 Ziff. 8 EStG entsprechen, indem eine GmbH-Beteiligung vom Mitarbeiter nicht unbedingt im arbeitgebenden Unternehmen erfolgen muß, folglich also auch in der Beteiligungs-GmbH erfolgen kann.

Würden Mitarbeiter als stille Beteiligte, Genußrechts- oder Genußscheinbeteiligte bzw. mittels Arbeitnehmerdarlehen *an* der Beteiligungsgesellschaft beteiligt werden, wäre zur Erlangung der Sparförderung gemäß § 2 Abs. 2 5. VermBG bzw. § 19 a Abs. 3 a) EStG erforderlich, daß zwischen dem arbeitgebenden Unternehmen und besagter Beteiligungsgesellschaft ein Beherrschungsverhältnis entsprechend § 18 Abs. 1 AktG[66] besteht.

65 Weil dieser so definierte Gewinn im Rahmen des cash flow zur Bedienung der Annuitäten des LBO und für anstehende Investitionen benötigt wird

66 § 18 Abs. 1 AktG lautet: »Sind ein herrschendes und ein oder mehrere abhängige Unternehmen unter der einheitlichen Leitung des herrschenden Unternehmens zusammengefaßt, so bilden sie einen Konzern; die einzelnen Unternehmen sind Konzernunternehmen. Unternehmen, zwischen denen ein Beherrschungsvertrag (§ 291) besteht oder von denen das eine in das andere eingegliedert ist (§ 319), sind als unter einheitlicher Leitung zusammengefaßt anzusehen. Von einem abhängigen Unternehmen wird vermutet, daß es mit dem herrschenden Unternehmen einen Konzern bildet.«

Sind diese Voraussetzungen erfüllt, können Mitarbeiterbeteiligungen in bzw. an der Beteiligungsgesellschaft nach vergleichbaren Kriterien vorgesehen werden, wie zuvor unter (1) geschildert.

Besagte Beteiligungsgesellschaft muß jedoch bei ihrer Ein- bzw. Anbindung an die Käufer-GmbH als arbeitgebenden Unternehmen bezüglich der eigenen Beteiligung darauf achten, so viel an Liquidität zu erhalten, daß damit mit Ablauf der bei den Mitarbeiterbeteiligungen vereinbarten Sperrfristen[67] diese auch wieder an die Mitarbeiter ausgezahlt werden können.

(3) Statt der vorgenannten betrieblichen investiven Kapitalbeteiligungen ist auch gestaltbar, daß Mitarbeiter sich an einer Unternehmensbeteiligungsgesellschaft auf der Grundlage des UBGG beteiligen, während die Unternehmensbeteiligungsgesellschaft sich ihrerseits als Kapitalgeber für einen bestimmten Zeitraum an der Käufer-GmbH beteiligen kann. Insoweit läge bezüglich der Mitarbeiter ein außerbetrieblich/betriebliches investives Kapitalbeteiligungsmodell vor und die Manager des *MBO/LBO* hätten in ihrer Käufer-GmbH einen weiteren Finanzpartner, an welchem die eigenen Mitarbeiter sogar beteiligt wären.

Auch hier könnte die Sparförderung gemäß § 2 Abs. 1 Ziff. 1 a) 5. VermBG bzw. § 19 a Abs. 3 Ziff. 1 EStG beteiligten Mitarbeitern nutzbar gemacht werden.

Diese Beteiligungsvariante wird man insbesondere dann wählen können, wenn – aus welchen Gründen auch immer – es für die ersten Jahre eines *MBO/LBO* nicht für sinnvoll erachtet wird, Mitarbeiter am/im arbeitgebenden Unternehmen *betrieblich* zu beteiligen, man gleichwohl aber den Mitarbeitern die Fördermöglichkeiten des Produktivkapitalsparens erhalten möchte und dies mit der Einbindung eines Investors verbinden möchte.

Dies kann mit einer betrieblichen Beteiligung in der Weise verknüpft werden, als Mitarbeitern das Optionsrecht eingeräumt wird, nach Ablauf der gesetzlichen Sperrfrist von 6 oder 7 Jahren eine betriebliche Kapitalbeteiligung nach dem oben unter (1) oder (2) geschilderten Konzept begründen zu können, womit auch die bei einem *MBO/LBO* kritischen ersten 5-7 Jahre überbrückt wären.

67 die im 5. VermBG bzw. § 19 a EStG geregelten *gesetzlichen* Sperrfristen sind Mindestfristen zur Erlangung der Sparförderung, können aber *vertraglich* verlängert werden.

2. Werksparkassenverbot?

Gemäß § 3 Ziff. 1 KWG ist der Betrieb eines Einlagengeschäfts verboten, wenn der Kreis der Einleger überwiegend Betriebsangehörige des Unternehmens sind und nicht sonstige Bankgeschäfte betrieben werden, die den Umfang dieses Einlagengeschäfts übersteigen. Diese unter dem Begriff »Werksparkassenverbot« bekannte Norm ist und war immer wieder Diskussionsgegenstand, wenn es darum ging, einzuordnen, ob betriebliche investive Kapitalbeteiligungen von Mitarbeitern unter dieses »Werksparkassenverbot« fallen oder nicht.

Daß Mitarbeiterkapitalbeteiligungen unter § 3 Ziff. 1 KWG fallen, wird entschieden und seit Jahren von *Reuter* vertreten[68]. Ziel des Werksparkassenverbots sei dem gesetzgeberischen Motiv und der amtlichen Begründung zu entnehmen, nämlich zu verhindern, daß Arbeitnehmer im Falle des Zusammenbruchs des arbeitgebenden Unternehmens außer dem Arbeitsplatz auch ihre Ersparnisse einbüßten. Diese These hat in der Literatur für den Bereich der Mitarbeiterkapitalbeteiligung keine Gefolgschaft gefunden, sei es aus Rechtsgründen[69] oder weil dieses vermeintliche Doppelrisiko sich de facto so nicht stellt bzw. zudem durch Gestaltungen minimiert werden kann[70]. Hinzu kommt, daß der Gesetzgeber durch das 5. VermBG sowie § 19 a EStG und damit die nahezu ausschließliche steuerliche Förderung des Produktivkapitalsparens anscheinend selbst in der Mitarbeiterkapitalbeteiligung keinen Fall des § 3 KWG gesehen hat.

Von daher wird sich die Frage des Werksparkassenverbots insoweit nicht stellen, als Mitarbeiter in einer der oben dargestellten Konzeptionen sich im Bereich der gesetzlichen Sparförderung bewegen; denn was der Gesetzgeber aufgrund des 5. VermBG und § 19 a EStG gewollt und geregelt hat, kann er nicht im gleichen Atemzuge mit § 3 KWG wieder in Frage stellen. Fraglich bleibt folglich nur, inwieweit investive Mitarbeiterkapitalbeteiligungen dem § 3 KWG unterfallen, die nicht die Voraussetzungen des 5. VermBG bzw. § 19 a EStG ausfüllen.

Daß der kapitalbeteiligte Mitarbeiter auch Kreditgeber ist, ist in der Natur der Sache angelegt und kann nicht danach unterschiedlich gesehen werden, ob damit Steuervorteile verbunden sind oder nicht. Folglich kann eine Abgrenzung zum § 3 KWG nicht in der Weise vorgenommen werden, daß *betragsmäßig* insoweit § 3 KWG nicht erfaßt sein soll, wie Mitarbei-

68 *Reuter* in: Beuthien, Arbeitnehmer oder Arbeitsteilhaber?, 1987, S. 93, 94
69 *Buschmann,* Vermögensbildung durch Kollektivvereinbarungen, 1983, S. 218 ff. m.w.N.; *Horn,* ZGR 1976, 435, 440 ff., 445 f.; *Wagner,* Die Massenkommanditgesellschaft als Mittel zur Vermögensbildung der Arbeitnehmer, 1985, S. 186 ff.
70 *Wagner,* Sicherungsbedürftigkeit von Mitarbeiterbeteiligungen?, 1990

terkapitalbeteiligungen nach dem 5. VermBG oder § 19 a EStG gefördert werden, vielmehr wird man umgekehrt aus der gesetzlichen Sparförderung im 5. VermBG und § 19 a EStG den gesetzgeberischen *Grundsatz* ableiten können, daß die dort beschriebenen Beteiligungsformen nicht dem § 3 KWG unterfallen und *zudem* bei Erfüllen weiterer gesetzlicher Voraussetzungen steuerliche Förderkomponenten auslösen.

Also stellt die Einbindung der Mitarbeiterkapitalbeteiligung in einen MBO als eine **gemeinsame** Finanzierungsform keinen Verstoß gegen § 3 KWG dar.

3. Sicherung vor Risiken

Sieht man einmal vom bankverbürgten Arbeitnehmerdarlehen ab, so sind Mitarbeiterkapitalbeteiligungen im Rahmen eines MBO – zumal wenn ein LBO vorliegt – insoweit mehr risikobehaftet, als normale Mitarbeiterkapitalbeteiligungen, als sie ja an dem jedem *MBO/LBO* wesensimmanenten Risiko (zusätzlich) teilhaben. Dieses bedeutet, daß zumindest eine Risikovorsorge vergleichbar einem sonstigen Kreditgeber betrieben werden sollte. Dies fängt bei einer entsprechend zu schaffenden Risikotransparenz gegenüber beteiligungswilligen Mitarbeitern an[71]. Dem kann sich dann alternativ das Angebot anschließen, höhere Risiken durch höhere Verzinsung (ggf. kombiniert mit späteren zusätzlichen Gewinnbeteiligungsmöglichkeiten) oder bei üblicher Verzinsung mit zusätzlicher Sicherheit (z. B. Bankbürgschaft) zu kompensieren. Wichtig ist nur, daß über das *Ausmaß möglicher* Risiken und deren *Wahrscheinlichkeit* umfassend aufzuklären ist, um beteiligungswilligen Mitarbeitern eine ausreichende Grundlage für eine eigene Entscheidungsfindung zu geben.

Und *hier* – also nicht so sehr bei der Frage der Gestaltungsform – wird sich dann erweisen, wie realistisch im konkreten Fall Mitarbeiterbeteiligungen sich als eine weitere Finanzierungsform in einem MBO einbinden lassen. Das Problem wird oftmals darin liegen, daß zu beteiligende Mitarbeiter dies alles nicht überschauen werden und aus Vorsicht vor einer betrieblichen Beteiligung im Rahmen eines MBO/LBO zurückweichen werden.

Folglich werden in der Praxis – jedenfalls in Westdeutschland – sich bei MBOs – ungeachtet anderer rechtlich denkbarer Gestaltungsmöglichkeiten – wohl (allenfalls) zwei Mitarbeiterbeteiligungskonzepte als begleitende Finanzierungsformen anbieten: für zu beteiligende *Führungskräfte* das oben unter § 20 D. II. 1. (1) oder (2) beschriebene Modell einer betrieblichen Beteiligung, wobei es praktikabler ist, beteiligungswillige Füh-

71 *Wagner,* (FN 70), S. 11-13, 42-47

rungskräfte in einer eigenen Beteiligungsgesellschaft zusammenzufassen[72], während sich für *Arbeitnehmer* eher das – auch deren Sicherungsbedürfnis berücksichtigende – oben unter § 20 D. II. 1. (3) dargestellte Modell der außerbetrieblich/betrieblichen Beteiligung anbietet.

§ 21 Beurteilung des Themas für Ostdeutschland

Warum das Thema dieses Beitrages gerade auch in den neuen Bundesländern stark diskutiert wird und sogar Gegenstand eines eigenen MBO-Kongresses Ost-Deutschland sein soll, hat mehrere Gründe: Zum einen, weil die Assoziationen früheren »Volkseigentums« zum Mitarbeitereigentum psychologisch nahe zu liegen scheinen[73]. Des weiteren, weil man glaubt, nur so sich von sogenannten »alten Seilschaften« und inzwischen auch der Treuhandanstalt trennen zu können, ohne zudem einen Ausverkauf an unbekannte **Investoren** befürchten zu müssen und schließlich auch deshalb, weil Mitarbeiter einen größeren Glauben in den Erhalt ihrer Arbeitsplätze haben, als sie dies der Treuhandanstalt oder fremden Käufern ihrer Betriebe zutrauen.

Auch in Westdeutschland reizt es, zu diskutieren, ob und inwieweit MBO und Mitarbeiterbeteiligungsmodelle in Ostdeutschland eingesetzt werden können[74], hat doch beides in Westdeutschland ausgereifte Modelle und Modellphilosophien vorzuweisen; Warum soll dies dann nicht auch in Ostdeutschland einsetzbar sein?

Daß es vielen Unternehmen in Ostdeutschland nicht sonderlich gut geht, brauche deshalb kein Hindernis zu sein, seien doch auch in Westdeutschland Arbeitnehmer schon bei der Krisenbewältigung von Unternehmen eingeschaltet worden[75].

Und da die ersten Erfolgsmeldungen von gelungenen MBOs in Ostdeutschland die Runde machen, ist man schon fast geneigt, zur Tagesordnung überzugehen. Jedoch, die Behandlung des Themas dieses Beitrages für Ostdeutschland erfordert ein gänzlich anderes Verständnis als für bekannte Konzeptionen in Westdeutschland und so soll es Ziel dieses Teils des Beitrages sein, Problembewußtsein zu wecken und Wege aufzuzeigen.

72 s. o. § 20 D. II. 1. (2)
73 *Wagner*, DWI 1990, 182
74 Handelsblatt vom 17. 01. 1991, S. 15: »Konstruktion von Modellen in der Praxis nach wie vor ein schwieriges Unterfangen
75 *Weber*, Sanierung durch Arbeitnehmer, Diss., 1984 (Nürnberg)

A. Situationsbeschreibung[76]

Frühere Kombinate und volkseigene Betriebe (VEB) wurden zunächst auf freiwilliger Basis nach der Umwandlungsverordnung[77] in sogenannte Aktiengesellschaften bzw. GmbHs in Gründung (*i.G.*) umgewandelt. Die noch verbliebenen Kombinate und VEBs wurden sodann aufgrund des Treuhandgesetzes[78] mit Wirkung ab 01. 07. 1990 in Aktiengesellschaften bzw. GmbHs im Aufbau (*i.A.*) umgewandelt[79]. Wie auch immer, es handelt(e) sich hier nicht um Gründungen von Kapitalgesellschaften unter Berücksichtigung der im Aktiengesetz und GmbH-Gesetz geregelten Kapitalerhaltungsgrundsätze und mangels sicherer Bewertungsgrundlagen auch ohne Kenntnis evtl. vorhandener Überschuldungen.

Anteilsinhaber ist die Treuhandanstalt, so daß diese daran interessiert ist, die von ihr gehaltenen Beteiligungen zu verkaufen, ein Vorgang, der nicht immer eindeutig abgrenzbar als eine Mischung von »Privatisierung« und »Sanierung« bezeichnet wird, indem an den Anteilsverkauf oft Bedingungen und Auflagen geknüpft sind, die mit dem eigentlichen Anteilsverkauf selbst nicht unbedingt etwas zu tun haben.

Von der tatsächlichen Seite her bestehen Schwierigkeiten in der Bewertung des Unternehmens bei Problemen bezüglich evtl. Risikobehaftetheit von Grundbesitz mit umweltrelevanten und enteignungsbedingten Altlasten, was sich wiederum auf die Beleihbarkeit dieses Grundbesitzes niederschlägt, in der oft vorhandenen Notwendigkeit, eine Vielzahl von Arbeitnehmern entlassen zu müssen, um von daher das Unternehmen von unnötigen Kosten zu entlasten und vor allen Dingen in der mangelnden Wettbewerbsfähigkeit vieler Unternehmen, um nur die größten Probleme anzuschneiden.

Vor diesem Hintergrund fällt es schwer, MBO und Mitarbeiterbeteiligungen damit in Zusammenhang zu bringen. Und doch gibt es auch Gemeinsamkeiten mit Grundphilosophien westdeutscher MBOs/Mitarbeiterbeteiligungen, die gerade vor diesem Hintergrund auch für ostdeutsche Unternehmen einen Sinn geben:

---

76 *Wagner,* Bau- und Immobilienrecht, Gewerbebaurecht und Eigentumsrecht nach der Vereinigung, Göttingen 1991, Rdn. 152 ff.

77 vom 01. 03. 1990 GBl. I. Nr. 14, S. 107

78 vom 17. 06. 1990 GBl. I. Nr. 33, S. 300

79 Besonderheiten gilt es zu beachten, wo AGs/GmbHs *i. G.* in solche *i. A.* umgewandelt wurden. Dazu *Jürgens,* DB DDR-Report 1990, 3162, 3163; *Wagner* (FN 76), Rdn. 154 ff.

(1) *Unternehmenskontinuität*[80] ist auch bei ostdeutschen Unternehmen ein erstrebenswertes Ziel, wenn die Rahmenbedingungen, auf die noch einzugehen sein wird, entsprechend sind.

(2) *Qualifikation*[81] ist gerade auch bei ostdeutschen Unternehmen gefragt. Während es bei westdeutschen Unternehmen jedoch darum geht, qualifizierte Manager, Führungskräfte und Arbeitnehmer zu halten, geht es bei ostdeutschen Unternehmen darum, sie zu *er*halten, also sie erst noch zu gewinnen. Qualifikation ist insoweit folglich in der Regel keine Zustands- sondern eine Zielbeschreibung, die nicht an der Ausbildung und dem Fleiß der Mitarbeiter, sondern an den Marktbedürfnissen ausgerichtet ist.

(3) *Motivation*[82] ist etwas, was bei westdeutschen Unternehmen mit Beteiligungsmodellen geweckt oder gesteigert werden soll, während – so scheint es mir – bei ostdeutschen Unternehmen eine oft schon vorhandene Motivation mit Beteiligungsmodellen aufgegriffen werden soll.

Es wird jedoch zu zeigen sein, daß zwischen westdeutschen und ostdeutschen MBOs ein relevanter Unterschied besteht, den es darauf zu hinterfragen gilt, ob und inwieweit er sich auf Mitarbeiterbeteiligungsmodelle auswirkt: wie Kongresse und Veröffentlichungen[83] zum Thema MBO in Westdeutschland zeigen, wird dort z. Zt. der Schwerpunkt auf die Finanzierungsfrage und darauf gelegt, wie zusätzlich eine steuerliche Optimierung möglich ist. Den MBO als Mittel der Unternehmensfortführung einzusetzen, wird derzeit weniger beschrieben[84], nicht zuletzt auch deshalb, weil die Diskussion in den Vordergrund getreten ist, Unternehmensfortführungen durch den Gang zur Börse zu sichern[85].

Einen anderen Ansatz wird man in Ostdeutschland wählen müssen: hier wird der MBO nicht als Finanzierungsmodell im Vordergrund stehen, sondern als eine von mehreren Möglichkeiten, dort, wo die entsprechenden Voraussetzungen gegeben sind, Unternehmenskontinuität zu wahren, Qualifikation zu bewirken, vorhandene Motivation aufzugreifen. Die Unternehmensfortführung durch den Gang zur Börse ist hier z. Zt. kein Konkurrenzthema.

80 s. o. § 20 A.
81 s. o. § 20 B.
82 s. o. § 20 C.
83 siehe oben FN 57
84 siehe oben FN 2
85 siehe oben FN 1

B. Wie könnte ein ostdeutscher MBO aussehen?

Bei einem westdeutschen MBO kennt der veräußernde Anteilseigner den kaufenden Manager, mit dem er in der Regel schon lange zusammenarbeitet und dem er die Unternehmensfortführung zutraut. Bei einem ostdeutschen MBO wäre vergleichbares im Verhältnis Treuhandanstalt/kaufende Führungskraft nicht gegeben. Umgekehrt kennt bei einem westdeutschen Unternehmen der kaufende Manager »sein« Unternehmen und dessen Ertragskraft, die er ja wesentlich mitgestaltet hat, während für den Fall eines ostdeutschen MBO die kaufende Führungskraft zwar das »eigene« Unternehmen kennen mag, über die für die Zukunft lediglich erhoffte Ertragskraft zum Kaufzeitpunkt sicheres aber nicht zu sagen weiß.

I. Strukturierung des Kaufgegenstandes

Es ist bekannt, welche Probleme mit dem Kaufgegenstand verbunden sein können. Diese müßten eigentlich *vor* der Durchführung des MBO gelöst werden, denn ließen sie sich nicht lösen, wäre ein MBO nicht realisierbar. Folglich müßte die Treuhandanstalt daran mitwirken, um insoweit das Unternehmen veräußerbar zu machen. Da aber dann die Treuhandanstalt u. U. eine Ausschreibung des Kaufgegenstandes vornehmen müßte, um die Chancengleichheit von Interessenten zu wahren, könnte in das Angebot auf Erwerb der Beteiligung nicht nur der zu zahlende Kaufpreis einfließen, vielmehr müßte dieser wie auch der Kauf als solcher davon ahhängig gemacht werden, daß quasi vor Abwicklung des Kaufvorganges selbst diese Probleme sich mit Hilfe der Treuhandanstalt lösen lassen, so daß ein Einstieg in den MBO ermöglicht wird. Das z. B. im Rahmen einer Ausschreibung abzugebende Angebot würde folglich *zwei* Teile umfassen: zum einen das, was der potentielle Käufer zusammen mit der Treuhandanstalt vorab klären müßte, um den Kaufgegenstand überhaupt erst MBO-fähig zu machen, zum anderen der Kaufvorgang als solcher, der sich dem anschließen würde, wenn die erste Stufe positiv abgeschlossen werden könnte.

Dies ist zu veranschaulichen:

☐ Die Eigentumsfragen sind vorab zu klären, nämlich von der veräußernden Treuhandanstalt, denn schließlich ist *diese* zur mängelfreien Veräußerung verpflichtet. Das Gebäudeeigentum ist, wo erforderlich, gesondert zu übertragen und wo die umgewandelte Kapitalgesellschaft, weil noch aufgrund der Umwandlungsverordnung umgewandelt, das Eigentum an Grund und Boden kraft Gesetzes nicht erhalten hat, ist es seitens der Treuhandanstalt rechtsgeschäftlich zu übertragen[86]. Auch wäre zu klären – und zwar insoweit ebenfalls von der veräußernden Treuhandanstalt –, ob und inwieweit enteignungsbedingte Probleme vorhanden sein können bzw. nicht.

□ Während zuvor genanntes Aufgabe der Treuhandanstalt wäre und im Kaufvertrag auch anzusprechen wäre, wäre die Darstellung eines zukunftsorientierten Unternehmensplanungskonzeptes Aufgabe des potentiellen Käufers. Dies läge auch im eigenen Interesse des Käufers und seiner Finanzpartner. Dazu wären aber die Käufer auf Details und Unternehmensinternas angewiesen, um dieses Unternehmensplanungskonzept erstellen zu können. Diese Details und Unternehmensinternas könnten Inhalt einer evtl. Ausschreibung sein, indem die Treuhandanstalt Informationen vorgibt, auf denen die entsprechenden Konzepte aufbauen können müssen. Solche Unternehmenskonzepte incl. deren Finanzierung würden einen Wettbewerb der Ideen darstellen. Die Phantasie der Käufer wäre gefragt.

Nun werden oft Führungskräfte eines bisherigen DDR-Unternehmens mit solchen Aufgaben überfordert sein. Dies wird es notwendig machen, sich andere Partner mit heranzuziehen, die dieses leisten können. Dies können Finanzpartner *mit unternehmerischem Interesse und entsprechender Qualifikation* sein, aber auch die Kombination eines MBO ostdeutscher Führungskräfte, gepaart mit einem Management Buy In *(MBI)* westdeutscher Manager ist denkbar, so daß diese Partner die Erarbeitung eines zukunftsorientierten Unternehmenskonzeptes – nicht zuletzt ebenfalls im eigenen Interesse – übernehmen könnten[87].

□ Der Abbau von Arbeitskräften – wo nötig – wäre im Vorfeld eines MBO vorzunehmen, um überblicken zu können, inwieweit es gelingt, Sozialplankosten mit finanzieren zu müssen oder zu können. Hier werden z. Zt. Modelle diskutiert, wie dieser Komplex sozialverträglich und für alle Beteiligten nützlich durchgeführt werden könnte, was zugleich mit einer Entlastung von Sozialplankosten einhergehen könnte.

Unter der Überschrift »MBO – Arbeitnehmer Outplacement – Spin Off«[88] habe ich folgenden Modellansatz zur Diskussion gestellt:

Viele Unternehmen in Ostdeutschland müssen umstrukturiert werden, Personal muß entlassen werden und die Voraussetzungen sind in der Regel nicht geeignet, um an MBOs zu denken. Phantasie ist gefragt und so liegt

86 *Wagner* (FN 76) Rdn. 157, 158
87 allerdings besteht ein Manko an *qualifizierten* MBI-Managern
88 *Wagner,* DNU 1/1991

es nahe, an Stelle der Entlassung von Arbeitnehmern (mit hohen Sozialplankosten) deren Qualifizierung zu setzen. Wie dies mit Spin Offs in Verbindung gebracht werden kann, mögen folgende Überlegungen zeigen:

Outplacement ist eine aus den USA stammende Methode zur Freisetzung von Führungskräften, die seit etwa 1980 auch Verbreitung bei uns findet. Dabei handelt es sich um Freisetzungsstrategien, deren Ziel es ist, Hilfestellung bei der Verschaffung eines neuen Arbeitsplatzes zu geben. Dieser Grundgedanke läßt sich auch auf Arbeitnehmer, die nicht Führungskräfte sind, in Unternehmen übertragen, die Arbeitnehmer abbauen müssen.

Wenn bei Unternehmen eine größere Anzahl von Mitarbeitern freizusetzen sind, wird dies in aller Regel einen Sozialplan nach sich ziehen, der teuer sein kann, unter Umständen sogar die Existenz des Unternehmens als solches in Frage stellen kann. An Stelle der Freisetzung von Arbeitnehmern und teuer zu bezahlender Sozialplanabfindungen ließe sich vorstellen, durch das entsprechende Unternehmen eine eigene Qualifizierungsgesellschaft zu gründen, die mehrere Funktionen übernehmen soll:

Zum einen wäre die Funktion der Qualifizierungsgesellschaft die Qualifizierung aller eigenen Mitarbeiter sowie der Auszubildenden. Das Lehrpersonal muß nicht fest angestellt sein, sondern könnte auch durch entsprechende Kooperationen mit Institutionen verfügbar gemacht werden, die professionell Schulungen anbieten.

Zu qualifizieren wären in dieser Qualifizierungsgesellschaft alle Mitarbeiter, für die ein Qualifizierungsbedarf besteht, also nicht nur solche, die man später freisetzen möchte.

Die Mitarbeiter, die beim Stammunternehmen freizusetzen wären, könnten statt dessen ein Anstellungsverhältnis in der Qualifizierungsgesellschaft erhalten, womit einerseits die notwendige Personalanpassung am Stammunternehmen vorgenommen würde, andererseits aber die freizusetzenden Arbeitnehmer nicht beschäftigungslos würden, sondern in besagter Qualifizierungsgesellschaft qualifiziert würden. Der Unterschied zu einer reinen Beschäftigungsgesellschaft läge mithin darin, die in der Qualifizierungsgesellschaft zu qualifizierenden Mitarbeiter auf die *Marktbedürfnisse* hin zu qualifizieren und nicht nur zu beschäftigen.

Dies bedingt natürlich, daß man sich Gedanken darüber macht, was der Markt an Beschäftigung hergibt, wo entsprechende Bedürfnisse vorhanden sind, die mit qualifiziertem Personal befriedigt werden können. Die solchermaßen weiterhin angestellten und zu qualifizierenden Mitarbeiter, könnten in verschiedenen Bereichen eingesetzt werden:

Zum einen könnte die Stammgesellschaft, soweit sie doch zusätzlichen Personalbedarf hätte, auf diese qualifizierten Mitarbeiter in entsprechendem Umfange zurückgreifen, ganz abgesehen davon, daß in besagter Qualifizierungsgesellschaft ja auch die eigenen Auszubildenden qualifiziert werden.

Zum anderen könnten die in besagter Qualifizierungsgesellschaft qualifizierten Mitarbeiter von sich aus sich neue Arbeitsplätze suchen, was ihnen dann mit einer entsprechend qualifizierten Ausbildung (die nach Marktgegebenheiten ausgerichtet war) psychologisch und auch in der Tat leichter fallen wird, als wenn besagte Mitarbeiter lediglich freigesetzt worden wären.

Und schließlich ist es durchaus möglich, in besagter Qualifizierungsgesellschaft Bereiche in operative GmbHs auszugliedern, mit denen Marktnischen in gesonderter Weise angegangen werden können, sei es direkt, sei es in der Weise, daß besagte Gesellschaften ihre eigene Arbeitskraft mit den dort vorhandenen Mitarbeitern am Markt anderen Unternehmen anbieten, die über entsprechend qualifizierte Mitarbeiter nicht verfügen.

Wenn also beispielsweise ein Bauunternehmen freizusetzende Mitarbeiter in eine Qualifizierungsgesellschaft einbindet und dort anstellt und dort neben den marktorientierten Qualifizierungen – denn am Bau ist Marktnachfrage vorhanden – z. B. in operativen GmbHs Marktnischen mit besetzt wie etwa Renovierung, Sanierung um nur einige wenige zu nennen, so bestünde die Möglichkeit, mit solchen operativen Gesellschaften im kleineren Bereich diese Marktnischen mit zu besetzen, so daß sich insoweit die quailfizierten Mitarbeiter über diese operativen Gesellschaften kostenmäßig selbst tragen (ggf. unter Berücksichtigung des Zuschusses des Arbeitsamtes für die Ausbildung sogar einen gewissen Vorteil erwarten lassen) oder sogar die eigene Leistung in soweit anderen gewerblichen Unternehmen anbieten, die dieses Segment zwar mit besetzen möchten, jedoch vielleicht nicht über entsprechend qualifiziertes Know-How verfügen.

Ist man so weit, ist der Schritt zum Spin Off jener kleineren operativen Gesellschaften nicht mehr weit, so daß die in der Qualifizierungsgesellschaft qualifizierten Mitarbeiter, die in solchen kleineren operativen Gesellschaften am Markt dann mitarbeiten, unter Umständen *dort* beteiligt werden können oder im Rahmen eines Spin Off ein solches operatives Unternehmen sogar selbst erwerben können.

Diese Stufenfolge verdeutlicht mithin, daß eine solchermaßen gehandhabte Qualifizierungsgesellschaft anstatt Entlassung von Arbeitnehmern mit Sozialplankosten nicht alleine Kosten verursacht, sondern zusätzliches erbringt, sei es auf seiten der solchermaßen nicht entlassenen Arbeitnehmer Perspektive und Qualifizierung für die Zukunft, sei es für das Unternehmen anstatt der Sozialplanabfindungskosten wirtschaftliche Entlastung, sei es die Möglichkeit, durch kleinere operative Gesellschaften das Erschließen von Marktnischen zur Kostendeckung (statt Sozialplankosten) bzw. ggf. sogar zur Gewinnerzielung.

Zu klären sein wird, inwieweit unterstützend finanzielle Mittel der Bundesanstalt für Arbeit bei solchen oder ähnlichen Modellen genutzt werden können, mit dadurch zudem nicht unerheblichen finanziellen Entlastungen gegenüber sonst zu zahlenden Sozialplankosten.

□ Erst das Durchlaufen dieser Vorstufen gibt realistischere Ansatzpunkte für eine sachgerechte Bewertung des Unternehmens und damit auch für die Kaufpreisfindung. Hinzu käme, daß auch Finanzpartner insoweit auf gesicherterer Grundlage für eigene Finanzierungsüberlegungen zugreifen könnten, indem Kaufpreis und die Frage der Finanzierung desselben nicht am Anfang sondern am Schluß dieses Vorstadiums stehen würden.

Auch die Treuhandanstalt müßte daran interessiert sein, statt eines unsicheren Kaufpreises zunächst nur die Kaufpreisfindung und die Bewertungsgrundlagen festzulegen, worauf die Kaufpreisermittlung später aufbauen kann, denn später sonst entstehende, vermeidbare, Probleme könnten sonst Rechtsstreitigkeiten zwecks Korrektur des Gekauften zur Folge haben.

□ Viele kleine und mittlere Unternehmen, die in erster Linie Zielgruppen für MBO's sein könnten, sollen dem Vernehmen nach keine Ertragskraft vorzuweisen haben, sondern müssen erst ertragskräftig gemacht werden. Daraus können – je nach Einzelfall – unterschiedliche Konsequenzen zu ziehen sein:

Bei realistischer Bewertung wird es nicht selten sein, daß das Unternehmen als solches (noch) keinen Wert darstellt, solange es nicht ertragskräftig gemacht bzw. umstrukturiert worden ist. Dies kann dazu führen, daß der Erwerber der Geschäftsanteile nur einen geringen Kaufpreis (unter Umständen bis zu DM 1,–) wird zahlen müssen, dafür aber über das erworbene Unternehmen dessen zum Teil nicht unerhebliche Verbindlichkeiten zurückführen muß. Bei einer solchen Konstellation ist seitens der Käufer ein Kaufpreis für einen Anteilserwerb nicht zu finanzieren, vielmehr muß im Hinblick auf die Verbindlichkeiten des Unternehmens eine Finanzierung des Unternehmens aufgebaut werden, um für dieses und die notwendigen Investitionen bei Strukturierungsmaßnahmen ausreichende Mittel zur Verfügung zu haben. Hier stellt sich also die Frage, ob das Unternehmen, ertragskräftig gemacht, dann eine solche Finanzierung mit der Zeit zurückführen kann.

Lassen sich notwendige Investitionen bei Strukturierungsmaßnahmen nicht in vollem Umfange finanzieren, besteht die Möglichkeit, zur Durchführung des MBO Finanzpartner hinzuzuziehen, um im Wege einer Kapitalerhöhung dem Unternehmen notwendiges Kapital zuzuführen[89].

Lediglich dann, wenn bei realistischer Bewertung des Unternehmens für den Kauf desselben z. B. über einen Anteilskauf seitens des Käufers ein von ihm als solches nicht aufbringbarer Kaufpreis zur Zahlung ansteht, stellt sich die Frage der Finanzierung desselben beim Anteilserwerb bzw. der Aufbringung desselben. Dann kann die Frage anstehen, wer für den betreffenden kaufwilligen Manager eine Finanzierung ohne Sicherheiten realistischerweise übernimmt bzw. ob insoweit nicht dann ein indirektes Beteiligungsmodell sich anbieten[90], um den cash flow des Unternehmens zur Annuitätenbedienung und das Vermögen des Unternehmens für Beleihungszwecke der Käuferfinanzierung (rechtlich) nutzen zu können.

II. Die denkbaren Partner eines ostdeutschen MBO

Es wurde schon aufgezeigt, daß bei einem ostdeutschen MBO kaufwillige Führungskräfte alleine oft überfordert wären, wenn es darum ginge, die nicht unkomplizierten Probleme im Vorfeld eines Unternehmenskaufs zu erfassen, ein zukunftsorientiertes Unternehmensplanungskonzept zu erarbeiten, Strukturierungsmaßnahmen einschließlich der Entlassung von Arbeitnehmern bzw. deren Qualifizierung nach Marktgegebenheiten vorzunehmen, Bewertungsfragen nachzuvollziehen und dann schließlich Kaufpreis bzw. Finanzierungsfragen in den Griff zu bekommen.

Als potentielle Partner bieten sich an:

☐ Finanzpartner *mit unternehmerischem Interesse,* die auch bezüglich der Managementqualifizierung die entsprechende Unterstützung gewähren. Hier ist es z. B. denkbar, diese in Höhe eines bestimmten Prozentsatzes an dem zu kaufenden Unternehmen zu beteiligen, wobei es eine Frage des Einzelfalles ist, ob mit oder ohne Kapitalerhöhung beim zu kaufenden Unternehmen, wobei die den MBO durchführenden Führungskräfte sich u. U. ein Optionsrecht einräumen lassen können, unter bestimmten Voraussetzungen die Anteile dieses Partners später zu erwerben.

In der Regel jedoch wird man gut beraten sein, einen solchen Finanzpartner nicht nur zu haben, sondern ihn auch zu behalten, kann dieser doch

89 wer solche Finanzpartner sein können s. u. § 21 II.

90 zu weiteren Modellvarianten indirekter MBO-Modelle siehe *Otto* (FN 242) § 26 Rdn. 105 ff.; *Wagner*, MAB, Fach 1500 Rdn. 636 ff.

neben Kapital auch sein Know-How betreffend Marktgegebenheiten, Marketing, Finanzierung, interne Strukturierungs- und Organisationsmaßnahmen und Managementqualifizierung mit einbringen, indem z. B. ein solcher Finanzpartner zudem begleitend Manager auf Zeit mit zur Verfügung stellen kann.

□ Finanzpartner *ohne unternehmerisches Interesse,* z.B. Wagnisfinanzierungsgesellschaften oder Venture Fonds. Ob und inwieweit Interesse für solche Beteiligungen besteht, wird abzuwarten bleiben.

□ Aber es ist auch denkbar, eigene *Mitarbeiter* des Unternehmens mit Einbindung der Sparförderung des 5. VermBG und § 19 a EStG quasi als Finanzpartner mit hinzuzuziehen. Je nach der Art des Beteiligungsmodells – unmittelbare betriebliche Kapitalbeteiligung, mittelbare betriebliche Kapitalbeteiligung über eine betriebliche Beteiligungsgesellschaft oder außerbetrieblich/betriebliche Kapitalbeteiligung über eine Unternehmensbeteiligungsgesellschaft[91] – können für beteiligungswillige Mitarbeiter Risiken minimiert und die staatliche Sparförderung zusätzlich mit eingesetzt werden.

Wichtig ist jedoch, daß zuvor die Strukturierungsmaßnahmen eingeleitet und ggf. notwendige Arbeitnehmerentlassungen durchgeführt sind, damit sonst entstehende Probleme beim gleichzeitigen Aufeinandertreffen von solchen Maßnahmen mit Mitarbeiterbeteiligungen vermieden werden können. Und wichtig ist auch, für die verbleibenden Mitarbeiter Transparenz zu schaffen und auch auf die Risiken des möglichen Verlustes eigenen Kapitaleinsatzes hinzuweisen[92].

□ Und schließlich sind Modelle denkbar, in welchen Führungskräfte des ostdeutschen Unternehmens und fremde Manager sich zu einem *Kombinationsmodell* von *MBO/MBI* zusammenfinden und dabei von dem Erfahrungsschatz besagter fremder Manager partizipieren; ein stabilisierendes Moment auch für Finanzierungsverhandlungen.

Jedoch: Ist es schon in Westdeutschland schwer (gewesen), qualifizierte Manager für einen *MBI* zu finden, so sicherlich erst für Kombinationsmodelle der geschilderten Art in Ostdeutschland.

III. Ausblick

Es zeigt sich folglich, daß MBO und Mitarbeiterbeteiligung auch in ostdeutschen Unternehmen ein Mittel zur Unternehmensfortführung sein

91 bzw. Wagnisfinanzierungsgesellschaft
92 *Wagner* (FN 70)

können, jedoch nicht in erster Linie als Finanzierungsmodell, sondern als eine Möglichkeit eines *Sanierungsmodells*. Versteht man unter Privatisierung in diesem Falle nicht die Überführung von Kombinaten und VEBs in privatrechtliche Kapitalgesellschaften, sondern das Überführen dieser Unternehmen in private Anteilseignerhand, dann mag statt dessen MBO/ Mitarbeiterbeteiligung auch als eine Möglichkeit eines *Privatisierungsmodells* bezeichnet werden. Während jedoch beim westdeutschen MBO die Strukturierung des Unternehmens zur Sicherung der *Finanzierungsfähigkeit* im Vordergrund steht, ist es beim ostdeutschen MBO eher die Sicherung der *Überlebensfähigkeit*.

Es ist folglich unzutreffend, zu behaupten, MBO und Mitarbeiterbeteiligung seien für ostdeutsche Unternehmen ungeeignet, sie sind jedoch m. E. in Ostdeutschland – womit das Thema dieses Beitrages angesprochen ist – nicht schwergewichtig gemeinsame Finanzierungsformen, sondern Sanierungs- bzw. Privatisierungsformen.

6. Kapitel: MBO – Führungskräftebeteiligung – Arbeitnehmerbeteiligung in den neuen Bundesländern

§ 22 Der Aktienverein – ein sinnvolles Mitarbeiterbeteiligungsmodell?

A. Einleitung

In der Presse war seinerzeit im Zuge der Wiedervereinigung zu lesen, IG Metall Ost und West hätten die Satzung eines Gesamthandfonds für Zwecke der Mitarbeiterbeteiligung in der DDR beschlossen[1]. Im folgenden soll diesen in der Presse zu Tage getretenen Grundgedanken nachgegangen werden, um zugleich Überlegungen anzustellen, ob vergleichbares sich auch für die Bundesrepublik Deutschland anbieten würde. Dabei soll politisch wünschenswertes mit rechtlich machbarem verglichen werden und auch die Frage gestellt werden, ob ein solches Beteiligungsmodell für Arbeitnehmer in den neuen Bundesländern erstrebenswert ist.

B. Der »Gesamthandfonds«

Einem Artikel im Handelsblatt zufolge[2] hätten Betriebsgewerkschaftsleitung und Betriebsleitung des zum Robotron-Kombinat gehörenden Büromaschinenwerks Sömmerda (BWS) eine Satzung für die umgegründete Aktiengesellschaft beschlossen und in diesem Zusammenhang sei auch eine Satzung eines »Gesamthandfonds« verabschiedet worden, der nach einem Privatisierungskonzept für Robotron 75% der Anteile halten solle.

Dieser »Gesamthandfonds« werde in der Rechtsform des eingetragenen Vereins geführt; Vereinszweck sei, die Tätigkeit des Unternehmens im Interesse von Unternehmen und Beschäftigten zu fördern. Die Realisierung dieses Zwecks erfolge dadurch, daß besagter Verein für die Beschäftigten Anteile am Aktienkapital der Gesellschaft halte und die entsprechenden Rechte ausübe.

1 Handelsblatt v. 11. 04. 1990, S. 5
2 siehe FN 1

Mitglied dieses Vereins könne jeder Beschäftigte werden, wobei die Mitgliedschaft durch Tod des Beschäftigten, Beendigung des Beschäftigungsverhältnisses, formellen Ausschluß oder Austritt ende.

Organe des Vereins seien der Vorstand und die Mitgliederversammlung, wobei letztere wiederum sich aus Delegierten zusammensetze, wobei auf je 100 Belegschaftsmitglieder 1 Delegierter entfalle. Der Vorstand bestehe aus 3 Mitgliedern: eines werde von der Mitgliederversammlung gewählt, ein Mitglied sei der Betriebsgewerkschaftsleitung bzw. dem Betriebsrat zugeordent und ein drittes Mitglied sei durch die beiden erstgenannten Vorstandsmitglieder im Einvernehmen zu bestimmen.

Bezüglich der Gewinnbeteiligung der Mitglieder wurden unterschiedliche Varianten diskutiert:

Nach einer Variante solle die Dividende auf die Vereinsmitglieder entsprechend der Zahl der Jahre ihrer Vereinsmitgliedschaft verteilt werden, nach einer anderen Variante sollten alle Vereinsmitglieder, die das gesamte Geschäftsjahr im Unternehmen beschäftigt gewesen seien, den gleichen Anteil an der vom Unternehmen ausgeschütteten Dividende erhalten.

Eine Veräußerung der Aktien solle schließlich durch den Verein nur dann möglich sein, wenn 51% dem zustimmten, wobei der erzielte Erlös wieder in das Unternehmen reinvestiert werden solle.

Die IG Metall West soll seinerzeit dieses Modell als schnelle und unkomplizierte Lösung für die Privatisierung der DDR-Betriebe bezeichnet haben, womit zugleich das »Mitbestimmungssystem verbessert« werden könne. Dabei wurde nicht verhehlt, daß man sich solche Modelle auch in der Bundesrepublik vorstellen könne.

C. Historie

Nachdem dieses Konzept so neu nicht ist, sondern in der Bundesrepublik Deutschland unter diversen Aspekten schon diskutiert und praktiziert wurde, seien die damit zusammenhängenden Fragen vorab dargestellt:

I. Das Selbstverwaltungsmodell Glashütte Süßmuth GmbH[3]

Mitte bis Ende der 60iger Jahre war die vormals gewinnträchtige Glashütte Süßmuth KG so sehr in die Krise geraten, daß der Konkurs drohte.

3 ausführlich dargestellt und rechtlich bewertet bei *Kraft/Konzen,* Die Arbeiterselbstverwaltung im Spannungsverhältnis von Gesellschafts- und Arbeitsrecht, 1978

Da andere Geldgeber zwecks Sanierung zunächst nicht zu finden waren, wurde in Zusammenarbeit mit der IG Chemie dann doch ein Rettungsmodell in die Tat umgesetzt, das auf folgender rechtlichen Konzeption aufbaute:

Unternehmensträger wurde eine GmbH. Daneben wurde ein Verein der Beschäftigten der Glashütte Süßmuth e.V. gegründet. Dieser Verein erhielt bestimmende Einflußnahmemöglichkeiten auf besagte GmbH dadurch, daß die Vorstandsmitglieder des Vereins zugleich Gesellschafter der GmbH waren und die GmbH-Geschäftsanteile treuhänderisch für die Belegschaftsmitglieder hielten[4].

Damit sollten nach *Fabian*[5] drei Hauptziele erreicht werden:

(1) Man wollte den Arbeitnehmern ein Optimum an Einfluß und Teilhabe am Willensbildungsprozeß im Unternehmen sichern.

(2) Eine Vermögensbeteiligung der Beschäftigten sollte ermöglicht werden.

(3) Das Auftreten des Unternehmens nach außen und die Regelung der Beschäftigungsverhältnisse intern sollte praktikabel gestaltet werden.

Diese Konzeption warf eine Fülle von rechtlichen Prohlemen auf, die ohne Vertiefung unter Hinweis auf *Kraft/Konzen*[6] hier schlagwortartig wiedergegeben werden:

– Dem Verein wurde seinerzeit die Eintragung in das Vereinsregister und damit der Erwerb der Rechtsfähigkeit versagt, weil nach Meinung des Registergerichts ein wirtschaftlicher Verein vorgelegen hatte, auf den § 21 BGB nicht passe und bei dem die nach § 22 BGB notwendige staatliche Verleihung fehle[7].

– Für *Kraft/Konzen* ließ sich nicht mehr nachvollziehen, wer nun wirklich die Treugeber bezüglich der »für die Beschäftigten« treuhänderisch gehaltenen GmbH-Geschäftsanteile waren; alle Beschäftigten und zwar jeder für sich, in gesamthänderischer Bindung einer BGB-Gesellschaft oder eines nicht rechtsfähigen Vereins?[8]

4 *Loritz,* Die Mitarbeit Unternehmensbeteiligter, 1984, S. 46

5 *Fabian,* Arbeiter übernehmen ihren Betrieb oder Der Erfolg des Modells Süßmuth, rororo aktuell Nr. 1605, 1972, S. 15

6 aaO (FN 3)

7 *Kraft/Konzen* (FN 3), S. 14

8 *Kraft/Konzen* (FN 3), S. 20

Wären die Geschäftsanteile Gegenstand des Vereinsvermögens gewesen, dann hätten die Vereinsmitglieder Gesamthandseigentum daran gehabt. Hätte es aber auch Beschäftigte gegeben, die nicht Vereinsmitglieder gewesen wären, dann hätte das Unternehmen gerade nicht »den Beschäftigten«, sondern nur einem Teil der Beschäftigten gehört. Daraus konnten arbeitsrechtliche Probleme entstehen.

– Da die Vereinsmitgliedschaft mit der Beendigung des Beschäftigungsverhältnisses endete und deshalb nicht mit dem Ausscheiden ein Abfindungsanspruch entstand, verlor der Ausscheidende damit ohne Gegenleistung etwas, was er mit erarbeitet hatte, während der neu Eintretende etwas erwarb, wozu er nichts beigetragen hatte[9]. Zwar wurde seinerzeit die Frage der Barabfindung diskutiert, aber woraus sollte sie bezahlt werden? Aus dem Vermögen der GmbH bedeutete einen nicht kalkulierbaren Liquiditätsentzug und stieß zudem an die Grenzen des § 30 GmbHG. Denkbar war auch, beim Verein einen besonderen Fonds zu bilden, der aus zugeflossenen Gewinnen der GmbH gespeist wurde, um daraus Abfindungen zu zahlen.

– Um sicherzustellen, daß nicht Fremde Mitglied der GmbH werden konnten, war es erforderlich, daß weder in Zwangsvollstreckungsangelegenheiten noch im Erbgang Fremde plötzlich Vereinsmitglieder werden konnten. Dies geschah zum einem dadurch, daß die Übertragung der Geschäftsanteile in der GmbH immer von der Zustimmung der GmbH abhängig sein sollte, unter bestimmten Voraussetzungen Geschäftsanteile sogar eingezogen werden konnten und beim Tode eines Gesellschafters der Geschäftsanteil unentgeltlich an ein neues Vorstandsmitglieder überging. Aber bereits zum letzteren Problempunkt ist (noch heute) streitig, ob entgegen § 15 Abs. 1 GmbHG die Vererblichkeit von Geschäftsanteilen abbedungen werden kann[10] [11].

– Die Anstellungsverträge – insbesondere auch von neuen Beschäftigten – waren mit der GmbH abzuschließen. Wurden Beschäftigte später Ver-

---

9 *Kraft/Konzen* (FN 3), S. 23

10 *Kraft/Konzen* (FN 3), S. 25 mit intensiver Auseinandersetzung um die erbrechtlichen Probleme

11 Zu dieser Streitfrage: für Ausschlußmöglichkeit der Vererblichkeit von Geschäftsanteilen: RGZ 80, 179. Für Ausschlußmöglichkeit der Vererblichkeit aufgrund statuarischer Einziehung mit dem Todeszeitpunkt: LG Frankfurt GmbHR 1962, 188; *Feine,* Zur Vorerbschaft an GmbH-Geschäftsanteilen, Diss. 1974, S. 378; *Haegele* GmbHR 1972, 221; gegen Vererblichkeit von GmbH-Geschäftsanteilen; *Baumbach/Hueck,* GmbHG 15. Aufl., § 15 Rdn. 9 u. 12; *Fischer/Lutter/Hommelhoff,* GmbHG, 12. Aufl., § 15 Rdn. 2; *Winter* in *Scholz,* GmbHG, 7. Aufl., § 15 Rdn. 21

einsmitglieder und damit mittelbar Gesellschafter der GmbH, entstand für den Fall von Entlassungen von solchermaßen Beschäftigten die Frage, ob Geschäftsführer der GmbH dazu überhaupt befugt waren, war doch mit der Beendigung des Beschäftigungsverhältnisses zugleich die Beendigung der Vereinsmitgliedschaft verbunden, so daß mit der Beendigung des Beschäftigungsverhältnisses zugleich ein mittelbarer Gesellschafter zum Ausscheiden gezwungen würde[12].

– Auch wenn formell das arbeitsrechtliche Direktionsrecht bei den Geschäftsführern der GmbH lag, war es materiell doch beim Verein und seinen Vorstandsmitglieder angesiedelt[13]. Also waren die Beschäftigten (Vereinsmitglieder) letztlich sich selbst gegenüber weisungsbefugt.

– Das eigentliche Problem lag aber in dem Spannungsverhältnis zwischen Gesellschafts- und Arbeitsrecht. Einerseits leisteten die Beschäftigten abhängige und unselbständige Arbeit, andererseits waren sie aber zugleich mittelbar Gesellschafter[14]. Folglich galt es, gesellschaftsrechtliche Dispositionsfreiheit und arbeitsrechtlichen Rechtsformzwang gegeneinander abzugrenzen[15], wobei dies bei Unternehmen der Arbeitnehmermit- bzw. -selbstverwaltung zusätzliche Fragen aufweist[16], als z. B. in selbstverwalteten Betrieben das Problem der Parität der Mitbestimmung nicht stattfindet, gesellschaftsrechtliche Treuepflichten eine besondere Bedeutung erhalten und dies sich wiederum auf arbeitsrechtliche Rechte und Pflichten auswirken kann[17].

– Gelten bei selbstverwalteten Betrieben die Grundlagen des kollektiven Arbeitsrechts? Inwieweit sind dort Streiks rechtmäßig? Sind dort Tarifverträge, Betriebsvereinbarungen und Mitbestimmung denkbar und falls ja wie?[18]

II. Das Porst-Modell[19]

Anders als beim Süsmuth-Modell waren beim Porst-Modell die Arbeitnehmer nicht die alleinigen Eigentümer, wohl aber hatten die Arbeitneh-

12 *Kraft/Konzen* (FN 3), S. 31
13 *Kraft/Konzen* (FN 3), S. 32
14 Zu diesem auch heute immer wieder aktuellen Thema bei gesellschaftsrechtlich orientierten Mitarbeiterbeteiligungen siehe z. B. *Beuthien,* Arbeitnehmer oder Arbeitsteilhaber, 1987; *Hermann,* RdA 1989, 313; *Loritz* (FN 4); *Wagner,* Die Massenkommanditgesellschaft als Mittel zur Vermögensbeteiligung, 1984
15 *Kraft/Konzen* (FN 3), S. 39 ff.
16 *Kraft/Konzen* (FN 3), S. 42 ff.
17 *Kraft/Konzen* (FN 3), S. 53
18 *Kraft/Konzen* (FN 3), S. 57 ff.
19 dazu *Loritz* (FN 4), S. 76; *Kraft/Konzen* (FN 3), S. 45

mer eine so starke Stellung, auch bezüglich der unternehmerischen Teilhaberrechte, daß sie ihre Arbeitsverhältnisse weitgehend selbst gestalten konnten. Die Konzeption sah hier wie folgt aus:

Gesellschafter der als GmbH & Co. KG konzipierten Porst Unternehmen war die Porst Verwaltungs GmbH als Komplementär sowie eine Porst KG und eine Mitarbeiterbeteiligungs-GmbH als Kommanditisten. Beide, die Porst KG sowie die Mitarbeiterbeteiligungs-GmbH, waren zugleich Gesellschafter der Porst Verwaltungs GmbH (= Komplementärin). Die Mitarbeiter selbst waren kapitalmäßig als stille Gesellschafter an der Mitarbeiterbeteiligungs-GmbH beteiligt, hatten darüber hinaus aber im Unternehmen zusätzliche weitergehende Mitspracherechte z. B. in Sachen Arbeitszeit, Urlaub, Entlohnungssystem usw.[20].

Auch hier stellte sich vornehmlich die Frage, ob die beteiligten Mitarbeiter überhaupt noch Arbeitnehmer waren und zwar aus folgenden von *Loritz* sehr zutreffend herausgearbeiteten Gründen[21]:

– Besagte Mitarbeiter-Beteiligungs-GmbH erhielt neben einer bestimmten Kapitalverzinsung den gesamten Gewinn der Unternehmen, an denen sie beteiligt war. Damit hatten es letztlich die Mitarbeiter in der Hand, sich höhere Löhne oder höhere Gewinne auszuschütten bzw. zu zahlen, abgesehen davon, daß die Mitarbeiter durch ihre Beteiligungen an der Beteiligungs-GmbH und deren Gesellschafterstellung in der Komplementär-GmbH auch auf die Funktion des Management und damit des arbeitgebenden Unternehmens Einfluß nehmen konnten. Hinzu kamen die Sondermitspracherechte. Nicht mehr der sogenannte Arbeitgeber als sozialer »Gegenspieler« bestimmte über die Lohnfindung, sondern die beteiligten Mitarbeiter selbst, womit auch die Tarifautonomie als Mittel der Lohnfindung entbehrlich wurde.

– Das sogenannte Arbeitsrechtsverhältnis des beteiligten Mitarbeiters war stets untrennbar auch mit dem Beteiligungsverhältnis verbunden, so daß Rechte und Pflichten sich aus der Gesamtheit dieser Rechtsbeziehungen ergab. Der arbeitsrechtliche Bestandsschutz des Kündigungsschutzgesetzes wurde beispielsweise durch einen gesellschaftsrechtlichen Bestandsschutz überlagert[22].

– Da die Arbeitnehmer ihre Interessen selbst vertreten konnten, waren Betriebsverfassungsgesetz und Betriebsrat weitgehend funktionslos geworden.

20 *Loritz* (FN 4), S. 77
21 *Loritz* (FN 4), S. 510-514
22 *Loritz* (FN 4), S. 512

Zutreffend stellt *Loritz*[23] fest, daß die dort beteiligten Mitarbeiter keine Arbeitnehmer im arbeitsrechtlichen Sinne[24] mehr waren, sondern »freie Dienstnehmer mit stillen Gesellschaftsbeteiligungen und zusätzlichen Mitspracherechten«, was sich auch steuerlich im Hinblick auf deren »Mitunternehmerstellung« auswirkte[25].

III. Die Renaissance des »Anlegervereins«

Inzwischen ist außerhalb der Mitarbeiterbeteiligung die Idee des »Anlegervereins« zum Diskussionsgegenstand geworden.

Die Stuttgarter Arbeitsgruppe »Zweiter Börsenmarkt« hatte einen Lösungsvorschlag zu entwickeln, wie es ohne vorherige Umwandlung und gesetzgeberische Maßnahmen möglich wäre, GmbHs und KGs den Weg zur Börse zu ermöglichen. Vorgeschlagen wurde, zwischen emittierender GmbH/KG und anlagesuchendem Publikum einen sogenannten Anlegerverein als neuen Gesellschafter zu schalten, bei welchem Anleger Vereinsmitglieder werden könnten[26]. Dagegen wurde aber u. a. zu bedenken gegeben:

– Vereinsmitgliedschaften seien gemäß § 38 BGB weder übertragbar noch vererblich wie auch die Ausübung der Mitgliedschaften nicht einem anderen überlassen werden könne[27];

– der Erwerb mehrerer Mitgliedschaften sei nicht möglich[28];

– eine Durchgriffshaftung der Vereinsmitglieder direkt sei nicht ausgeschlossen[29];

– die Frage des Liquidations-, Informations- und Mitwirkungsrechts sei keinesfalls vergleichbar zu entsprechenden Fällen im Aktienrecht zu behandeln;

– es sei noch nicht abschließend geklärt, ob und inwieweit Gläubigerschutzprobleme damit umgangen werden könnten[30];

– fraglich sei, ob ein solcher Verein ein nichtwirtschaftlicher rechtsfähiger Verein im Sinne des § 21 BGB sein könnte oder ob er nicht doch eher ein

23 siehe FN 22
24 wohl aber bezüglich des Sozialrechts, so *Loritz* (FN 4), S. 513
25 *Loritz* (FN 4), S. 513
26 *Hennekes, May,* DB 1989, 1709, 1710; *Claussen,* GmbHR 1989, 495, 496
27 *Claussen* (FN 26), S. 498
28 *Claussen* aaO u. H. a. *K. Schmidt,* Gesellschaftsrecht, S. 534
29 siehe z. B. BGHZ 54, 222
30 *Claussen* (FN 26), S. 498

nichtrechtsfähiger Verein gemäß § 54 BGB sei[31]; aber ein nichtrechtsfähiger Verein sei wegen fehlender Rechtsfähigkeit, der Undeutlichkeit bei der Kapitalaufbringung und -erhaltung sowie der Unfähigkeit, Anteile fungibel zu verbriefen, nicht erstrebenswert[32].

D. Zum Vorschlag eines »Gesamthandfonds«

Würde der von der IG Metall unterbreitete Vorschlag eines Aktienvereins als Modellalternative betrieblicher Mitarbeiterbeteiligung für die Bundesrepublik Deutschland angedacht werden, würde man sich im wesentlichen mit den gleichen zuvor skizzierten rechtlichen Problemen konfrontiert sehen, für die es zwar div. wissenschaftliche Veröffentlichungen, jedoch noch keine durchgängig gefestigte Rechtsgrundlage gibt. Die These von der schnellen und unkomplizierten Umsetzung ist mithin von der *rechtlichen* Beurteilung her nicht zutreffend.

Für die Einführung der Mitarbeiterbeteiligung bei Betrieben in den neuen Bundesländern sieht dies nicht wesentlich anders aus, im Gegenteil:

I. Beteiligungsunternehmen

Jedes Mitarbeiterbeteiligungsmodell ist stets nur so gut, wie das Unternehmen, an dem sich Mitarbeiter beteiligen. Hier sind, anders als in der Bundesrepublik Deutschland, in den neuen Bundesländern zum Teil andere Denkansätze vorhanden, die es zu überdenken gilt.

In den neuen Bundesländern scheint sich die Fragestellung darauf zuzuspitzen, wie es am besten möglich sei, die »Werktätigen« an »ihrem« Unternehmen zu beteiligen. Dabei steht die Eigentumsfrage im Vordergrund. In der Bundesrepublik Deutschland dagegen steht mehr die wirtschaftliche Frage im Vordergrund, bei welchen Unternehmen es für Arbeitnehmer wirtschaftlich interessant ist, sich zu beteiligen. Eine breitere Akzeptanz betrieblicher Mitarbeiterbeteiligungsmodelle ist mithin unabhängig von der Eigentumsfrage, vielmehr stehen in der Bundesrepublik Deutschland wirtschaftliche Fragen im Vordergrund.

Es ist daher fraglich, ob in Anbetracht der wirtschaftlichen Aussichten vieler DDR-Unternehmen das Streben nach Mitarbeiter*kapital*beteiligungen in Form von gesellschaftsrechtlichen Beteiligungen nur wegen der z. Zt. vorhandenen Eigentumsdiskussion *zum jetzigen Zeitpunkt* der richtige Ansatzpunkt ist. Wären nicht Stufenmodelle, die mit immateriellen

31 *Claussen* (FN 26), S. 499
32 siehe FN 31

Beteiligungen beginnen und üher Erfolgsbeteiligungen zu Kapitalbeteiligungen führen, der sinnvollere Weg?

Oder steht die Eigentumsfrage bei Mitarbeiterbeteiligungsmodellen in den neuen Bundesländern deshalb im Vordergrund, weil es Gewerkschaften u. a. darum geht, die historische Stunde zu nutzen, um über mehrheitliche Kapitalbeteiligungen der Arbeitnehmer am Unternehmen die Mitbestimmungsdiskussion auf diese Weise mit einer Überparität zu belegen? Nur wem nützt dies? Sind Machtfragen die richtigen Wegbegleiter neu zu setzender Rahmenbedingungen für unternehmerisches Tätigwerden?

II. Rechtsfragen für die seinerzeitige DDR

In der seinerzeitigen DDR waren Unternehmen – als Betrieb bezeichnet – kraft staatlicher Anerkennung quasi juristische Personen, ohne daß dieses Institut, vergleichbar zu §§ 21 ff. BGB, im ZGB geregelt gewesen wäre. Dazu gehörten die volkseigenen Betriebe (VEB), die volkseigenen Kombinate (VEK), die Vereinigungen volkseigener Betriebe (VVB) sowie die staatlichen Außenhandelsbetriebe (AHB)[33]. Daneben gab es auch die Gesellschaftsformen der OHG, KG, GmbH, AG, WIW-Gesellschaft[34] und Gemeinschaft[35].

Nach der DDR-Verfassung beruhte die Volkswirtschaft auf dem sozialistischen Eigentum an Produktionsmitteln[36]. Um dieses Eigentum in marktwirtschaftliche Strukturen zu gliedern und für entsprechende Rechtsformen zu organisieren, erging am 01. 03. 1990 die Verordnung zur Umwandlung volkseigener Kombinate, Betriebe und Einrichtungen in Kapitalgesellschaften[37]. Zu diesem Zweck wurde mit Wirkung zum 01. 03. 1990 eine Treuhandanstalt als Anstalt öffentlichen Rechts gegründet, die einerseits das Volkseigentum verwaltet, andererseits aber zugleich Träger der Anteile von in Betrieben umgewandelten Kapitalgesellschaften sein soll[38]. Also übernimmt die Treuhandanstalt zunächst einmal die Treuhandschaft über das *gesamte* volkseigene Vermögen, wobei das Vermögen der Betriebe zu diesem volkseigenen Vermögen gehört. Treffend verweist

33 *Sommer,* NJW 1990, 676 u. H. a. § 2 Vertragsgesetz v. 25. 03. 1982, GBl. I., S. 293; *Rittstieg/Jenckel,* DB 1990, 361, 363

34 in §§ 200 ff. des Gesetzes über internationale Wirtschaftsverträge geregelte Gesellschaft

35 *Sommer,* NJW 1990, 676, 677; *Reichel,* KaRS 1990, 167

36 *Hoffmann, Völter,* WM Sonderbeilage 2/1990, S. 14

37 GBl. DDR I, Nr. 14, S. 107

38 *Maskow,* BB Beilage 13/1990, S. 5

Maskow[39] darauf, daß aufgrund dieses Ansatzpunktes einzelne Betriebe nicht die geplanten Geschäftsanteile von GmbHs oder Aktien vorgesehener Aktiengesellschaften auf die Belegschaftsangehörigen übertragen könnten, da sonst Volkseigentum zugunsten *Einzelner* verteilt würde, »denn nicht alle arbeiten in Betrieben dieser Art und über dies (sei) das betriebliche Vermögen sehr unterschiedlich«.

Also ist es Aufgabe der Treuhandanstalt, nach Umwandlung von Betrieben in GmbHs oder Aktiengesellschaften Geschäftsanteile oder Aktien zu *verkaufen*/übertragen, wobei dies allerdings unter Gesetzesvorbehalt gestellt ist[40]). Die gesetzliche Ermächtigungsgrundlage wird in § 5 des Privatunternehmergesetzes gesehen, auch für den Verkauf an Mitarbeiter eines Unternehmens, wobei sich allerdings auch hier die Frage stellt, woher die *kaufenden* Mitarbeiter das erforderliche Kapital zur Zahlung des Kaufpreises nehmen sollen[41]. Da es zudem nicht nur um die Veräußerung von Betriebsvermögen auf die Mitarbeiter des betreffenden Betriebes geht, sondern um die Veräußerung von Volksvermögen an Betriebsangehörige, wird deutlich, warum die These nicht passen kann, die Mitarbeiter würden schließlich nur das erhalten, was ihnen vorher schon in anderer Form gehört habe, denn zwar sind die Mitarbeiter als zum Volk gehörig anzusehen, nicht aber ist das gesamte Volk Belegschaftsangehöriger eines bestimmten Betriebes.

Es stellt sich mithin am Beginn der Mitarbeiterbeteiligungsentwicklung in der DDR *insoweit* eine vergleichbare Situation zur Bundesrepublik: Mitarbeiter*kapital*beteiligung ist eine investive Beteiligung, bedingt also auch eine Kaufpreiszahlung. Wenn dem aber so ist, um wie viel mehr gewinnt es an Bedeutung, zu erfahren, woran man sich beteiligt und um wie viel mehr sollte die Beantwortung der oben gestellten Frage[42] im Vordergrund stehen, ob schon jetzt der richtige Zeitpunkt vorhanden ist, an *Kapital*beteiligungen zu denken, nur weil die Eigentums- und Besitzfrage zur Zeit emotionalisiert wird, ohne zu bedenken, daß in Anbetracht der marktwirtschaftlichen Anforderung in Zukunft das eine oder andere Unternehmen nicht wird überleben können.

Wenn denn aber Arbeitnehmer unmittel- oder mittelbar Aktionäre oder Geschäftsanteilsinhaber würden, dann würde alleine die Zwischenschaltung eines Vereins oder Gesamthandfonds nicht die oben angesprochenen Probleme vermeiden helfen als da wären:

39 *Maskow* (FN 38), S. 3
40 *Maskow* (FN 38), § 5 u. H. a. § 10 UmwandlungsVO
41 *Maskow* (FN 38), S. 6
42 s. o. § 22 D. I.

Klärung der Rechtsbeziehungen von Arbeitnehmerstatus und Gesellschafterstellung, individualrechtlich, kollektivrechtlich, betriebsverfassungsrechtlich, sozialrechtlich, steuerrechtlich, wozu auch die Klärung der Grundsatzfrage gehört, was davon *gesetzlich* geregelt werden müßte und was noch der vertraglichen Dispositionsfreiheit überlassen werden könnte.

§ 23 Die Mitarbeiterbeteiligung als Finanzierungsinstrument

A. Einleitung

In der politischen Diskussion werden als Ziele der Mitarbeiterkapitalbeteiligung die *bessere Integration* der Arbeitnehmer in das Unternehmen, die *Stärkung der Eigenkapitalbasis* von Unternehmen und eine *breitere Streuung von Produktivvermögen* genannt[43]. Dies kann so sein, muß es aber nicht. So ist z. B. die staatliche Sparförderung nach dem 5. VermBG und § 19 a EStG darauf angelegt, mittels 6- bzw. 7-jährigen Sperrfristen zu bewirken, daß das dem Unternehmen zur Verfügung gestellte Mitarbeiterkapital in dieser Zeit ihm nicht entzogen wird. Die Folge ist, daß Unternehmen mit solchem Mitarbeiterkapital auch nur über diese Zeit disponieren können, d. h. die Rückzahlung für die Zeit nach Ablauf dieser Sperrfristen muß sichergestellt sein. Mitarbeiterbeteiligungsmodelle, die so oder vergleichbar angelegt sind, sichern kapitalbeteiligten Mitarbeitern für die Dauer der Sperrfristen letztlich lediglich eine Verzinsung des Mitarbeiterkapitals und stellen für die Unternehmen eine zeitlich befristete Finanzierung dar. Es hat den Anschein, als ob dies mit den oben beschriebenen Zielen wenig gemein hätte. Dem ist aber nicht so.

Wenn folglich bei einer solchen Modellkonzeption der Mitarbeiterkapitalbeteiligung der Mitarbeiter zum Kreditgeber und das arbeitgebende Unternehmen zum zeitlich befristeten Kreditnehmer wird, dann ist Mitarbeiterbeteiligung insoweit zunächst Finanzierungsinstrument[44]. Es wird jedoch zu zeigen sein, daß dieses Finanzierungsinstrument darüber hinaus auch zum Beteiligungsinstrument eingesetzt werden kann.

Getrennt von der Frage der Mitarbeiterbeteiligung als Finanzierungs*instrument* ist die der finanziellen Auswirkungen von Mitarbeiterbeteili-

---

43 *Glatzel* in: Laßmann, Schwark (Hrsg.), Beteiligung der Arbeitnehmer am Produktivvermögen, ZGR Sonderheft 5/1985, S. 27; *Loritz,* Die Beteiligung der Nichtselbständigen am Produktivvermögen, 1992, S. 4; *Reuter,* BB 1990, 713, 714

44 *Wagner,* KaRS 1991, 190 und 279 zur Frage, ob MBO und Mitarbeiterbeteiligungen zukünftige gemeinsame Finanzierungsformen der Unternehmensfortführung sein können

gungen beim arbeitgebenden Unternehmen[45], die nicht Gegenstand dieses Beitrages ist.

Dieser zeigt auf, daß mit der Vorfinanzierung vermögenswirksamer Leistungen bzw. Beteiligungen insbesondere für Unternehmen in den neuen Bundesländern relevante Kapitalgrundlagen zur Verfügung gestellt werden können. Damit kann *insoweit* durch besagte Unternehmen entweder auf die Aufnahme von Fremdkapital verzichtet werden oder dies als Grundlage für eine aufzunehmende Fremdfinanzierung eingesetzt werden.

Wo solche Vorfinanzierungskonzeptionen in Mitarbeiterbeteiligungsmodellen trotz vorhandener Risiken und in Anbetracht geringerer Zinsanreize (wegen teilweiser Kompensation von Kreditzinsen der Vorfinanzierung mit Geamtverzinsung der Beteiligung) gleichwohl von Mitarbeitern mit getragen werden, um zur Wettbewerbsfähigkeit/ Überlebensfähigkeit der eigenen arbeitgebenden Unternehmen mit beizutragen, ist jedoch festzustellen:

□ Die Verwendung vermögenswirksamer Leistungen zur Rückführung aufgenommener Kredite aufgrund von Vorfinanzierungskonzeptionen ist im Anlagekatalog des 5. VermBG nicht enthalten.

□ Die Verwendung eines Sparkontos gemäß § 8 5. VermBG zur Sicherung aufgenommener Kredite aufgrund von Beteiligungsfinanzierungskonzeptionen sichert keine Sparzulage.

In beiden Fällen ermöglichen mithin (Vor-)Finanzierungskonzeptionen die Sparzulage nicht.

Es ist daher seitens des Gesetzgebers zu überdenken, ob nicht durch entsprechende gesetzliche Regelungen im 5. VermBG Möglichkeiten geschaffen werden können, auch bei (Vor-)Finanzierungskonzeptionen Sparzulagen zu sichern. Diese könnten in Anbetracht der Sondersituation in den neuen Bundesländern ggf. umfänglicher ausfallen als derzeit, um insoweit einen weiteren und zusätzlichen Beteiligungsanreiz zu gewähren.

B. Finanzierungsinstrumente

I. Vorfinanzierung vermögenswirksamer Leistungen beim Unternehmenskauf mit dem MBO-Team

Das Prinzip der Vorfinanzierung als solches soll vorab anhand eines Modell*beispiels* verdeutlicht werden, ehe im Anschluß daran der Frage

45 *Schwetzler,* Mitarbeiterbeteiligung und Unternehmensfinanzierung, 1989

nachzugehen ist, ob sie sich auch beim Unternehmenskauf mit dem MBO-Team einsetzen läßt:

Unterstellt , das arbeitgebende Unternehmen würde Arbeitnehmern, die unter das 5. VermBG fallen[46], eine Mitarbeiterkapitalbeteiligung in Höhe von DM 1.500,– gewähren; an vermögenswirksamen Leistungen würden DM 624,– pro Jahr bezahlt, eine Verbilligung nach § 19 a EStG würde nicht gewährt; so würde sich die Situation beim Arbeitnehmer und Unternehmen vor Steuern wie folgt darstellen:

Arbeitnehmer

Kapitalbeteiligung		DM 1.500,–
abzgl. vermögenswirksamer Leistungen	⁒	DM 624,–
abzgl. Sparzulage von 20% auf DM 624,–	⁒	DM 124,80
Eigenaufwendungen des Arbeitnehmers		DM 751,20
dies entspricht einer monatlichen Belastung in Höhe von		DM 62,60

Unternehmen

Es erhält mit der Kapitalbeteiligung		DM 1.500,–
abzgl. von ihm aufzuwendender vermögenswirksamer Leistung	⁒	DM 624,–
Cash		DM 876,–

Diese Betrachtung betrifft nur *ein* Jahr und könnte Jahr für Jahr wiederholt werden. Für jede pro Jahr eingegangene neue Beteiligung würde eine Sperrfrist von 6 Jahren[47] bzw. 7 Jahren[48] laufen, mit der Folge des tranchenweisen Endens der jeweiligen Beteiligungen, sofern nicht gestaltungsmäßig auf ein einheitliches Ende aller Beteiligungen abgezielt wird. Dieses tranchenweise Begründen von Mitarbeiterbeteiligungen pro Jahr hängt mit der gesetzlichen Regelung der Arbeitnehmersparzulage zusammen, indem die Sparzulage nur für das Jahr gewährt wird, für das vermögenswirksame Leistungen angelegt werden wie auch pro Jahr nicht mehr als DM 936,– vermögenswirksam angelegt werden dürfen[49]. Also finden sich in Beachtung dieser Grundsätze folgende Beteiligungsmodelle:

46 § 13 Abs.1 5. VermBG: zu versteuerndes Einkommen bei Ledigen DM 27.000,– und bei Verheirateten DM 54.000,–
47 § 5 Abs. 2 Ziff. 2, § 6 Abs. 3 Ziff. 2 5. VermBG
48 § 4 Abs. 2 Ziff. 2 5. VermBG
49 § 13 Abs. 1 und 4 5. VermBG

Bild 9

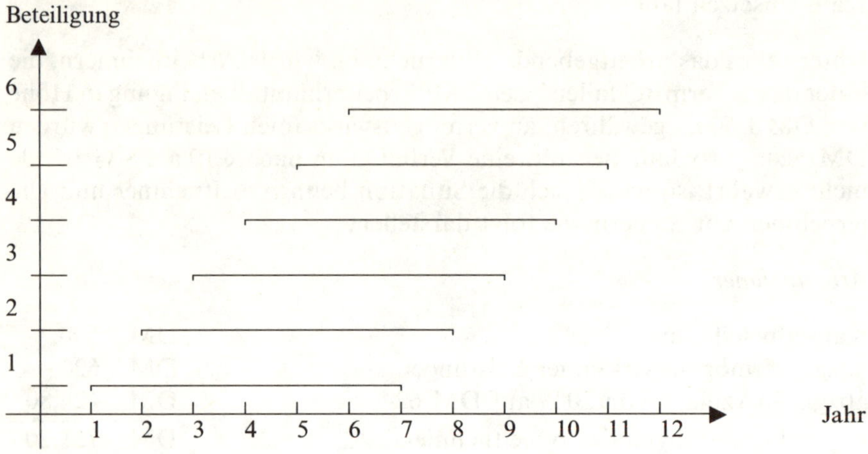

Es ließe sich aber auch vorstellen, die vorgenannten 6 Beteiligungen zu einer *einzigen* kumuliert zusammenzufassen und die Zahlung der Einlagen, soweit sie aus vermögenswirksamen Leistungen zu erbringen sind, pro Jahr in Höhe derselben zu erbringen; denn das 5. VermBG schreibt nicht vor, daß pro Jahr nur eine Beteiligung eingegangen werden dürfte, sondern, daß pro Jahr nur maximal DM 936,– vermögenswirksam angelegt werden dürfen.

Würde man entsprechend diesem Vorschlag verfahren, so würde der kapitalbeteiligte Arbeitnehmer z. B. *eine* Mitarbeiterkapitalbeteiligung in Höhe von DM 1.500,– x 6 = DM 9.000,– eingehen. Bliebe man bei obigem Ansatz, würde er an Eigenaufwendungen DM 751,20 x 6 = DM 4.507,20 mit Eingehen der Beteiligung sofort aufbringen müssen, während das arbeitgebende Unternehmen pro Jahr auf die nächsten 6 Jahre als weitere Einlage des Mitarbeiters jährlich dessen vermögenswirksame Leistungen und die Sparzulagen mit dem Einlagenanspruch verrechnen würde.

Es leuchtet ein, daß dies für keine Seite attraktiv wäre: der Mitarbeiter müßte sofort einen relativ hohen Betrag in Höhe von DM 4.507,20 aufwenden und das arbeitgebende Unternehmen könnte nicht sofort über den vollen Betrag von DM 9.000,– als Kapital verfügen; folglich würde das arbeitgebende Unternehmen auch nicht auf DM 9.000,– dem beteiligten Arbeitnehmer Zinsen zugestehen, sondern lediglich auf den jeweils auf die Einlage gezahlten Betrag.

Diese Unzuträglichkeit hat zur Frage der Vorfinanzierung geführt, z. B. in Form folgender Modelle:

1. Vorfinanzierung vermögenswirksamer Leistungen und 5. VermBG

Arbeitnehmer nehmen einen Kredit in Höhe der z. B. für die nächsten 6 Jahre zu erwartenden vermögenswirksamen Leistungen auf, also in Höhe von z. B. 6 x DM 624,– = **DM 3.744,–.** Sie gehen sodann in dieser Höhe eine Mitarbeiterbeteiligung ein und zahlen mit dem Kredit ihre Einlage; der Kredit wird vom arbeitgebenden Unternehmen, von dritter Seite oder vom Arbeitnehmer selbst besichert, sofern das Kreditinstitut bei dieser Größenordnung überhaupt Sicherheiten fordert.

Die auf diesen Kredit entfallenden Sollzinsen werden überwiegend durch die aus der Beteiligung den Beteiligten zugewandten Habenzinsen gedeckt und Jahr für Jahr erfolgt durch die vom Arbeitgeber zu zahlenden vermögenswirksamen Leistungen (à DM 624,00) Tilgungen des aufgenommenen Kredites. Nach 6 Jahren ist der Kredit zurückgeführt und nach 6 Jahren wird dem beteiligten Arbeitnehmer seine Beteiligung in Höhe von DM 3.744,– vom arbeitgebenden Unternehmen ausgezahlt, sofern sie auf 6 Jahre eingegangen war.

Bei 200 beteiligten Arbeitnehmern würde dem arbeitgebenden Unternehmen durch diese Vorfinanzierung vermögenswirksamer Leistungen von Anfang an bei diesem Beispiel DM 748.800,– zufließen.

Als Unterstützungsmaßnahme für Unternehmen mag man darüber sprechen, für den Arbeitnehmer selbst rechnet sich dies nicht; denn da die Habenzinsen aus der Beteiligung durch die Sollzinsen aus dem aufgenommenen Kredit in etwa kompensiert werden, läuft dieses Modell im wesentlichen darauf hinaus, die vorfinanzierten vermögenswirksamen Leistungen im Prinzip auf 6 Jahre zinslos dem Unternehmen zur Verfügung zu stellen.

Aber der Arbeitnehmer hat zudem den Nachteil zu tragen, bei dieser Konzeption die 20%ige Sparzulage auf die vermögenswirksamen Leistungen[50] nicht zu erhalten:

Der Arbeitgeber erbringt für den Arbeitnehmer vermögenswirksame Leistungen als Geldleistungen, indem der Arbeitgeber diese Geldleistungen für den Arbeitnehmer

- als Sparbeiträge des Arbeitnehmers aufgrund eines Sparvertrages[51],
- als Aufwendungen des Arbeitnehmers aufgrund eines Kaufvertrages[52],

50 § 13 Abs. 2 Ziff. 1. 5. VermBG
51 gemäß § 2 Abs. 1 Ziff. 1. i. V. m. § 4 5. VermBG
52 gemäß § 2 Abs. 1 Ziff. 2. i. V. m. § 5 5. VermBG

– als Aufwendungen des Arbeitnehmers aufgrund eines Beteiligungsvertrages[53],

– als Aufwendungen des Arbeitnehmers aufgrund eines Beteiligungskaufvertrages[54]

anlegt; so der Gesetzeswortlaut.

Das 5. VermBG sieht seinem Wortlaut nach *nicht* vor, daß der Arbeitgeber vermögenswirksame Leistungen als Geldleistungen für den Arbeitnehmer zur Rückführung eines vom Arbeitnehmer zwecks Vorfinanzierung vermögenswirksamer Leistungen aufgenommenen Kredites anlegt. Solche Vorfinanzierungskonzeptionen stehen mit dem Wortlaut des 5. VermBG nicht in Einklang und tragen das Risiko in sich, daß die staatliche Sparförderung in Form der Sparzulage nicht gewährt wird.

2. Vorfinanzierung der Beteiligung und 5. VermBG

Der Arbeitnehmer schließt mit einem Kreditinstitut einen Sparvertrag im Sinne des § 8 des 5. VermBG ab. Hierbei wird folgendes beachtet:

☐ Der Arbeitgeber verpflichtet sich gegenüber dem Arbeitnehmer die jährlichen *vermögenswirksamen* Leistungen von z. B. DM 624,– p. a. auf dieses Sparkonto zu zahlen[55]. Der Arbeitnehmer ist verpflichtet, dies für die Dauer von 6 Jahren laufend, mindestens 1 x jährlich, als Sparbeitrag einzahlen zu lassen[56]:

6 x DM 624,– (*vermögenswirksamer* Leistung des Arbeitgebers) =	DM 3.744,–

☐ Der Arbeitnehmer kann sich ferner verpflichten, jährlich auf die Dauer von 6 Jahren weitere DM 312,– pro Jahr von seinem Arbeitslohn als *vermögenswirksamen* Sparbeitrag auf dieses Konto einzuzahlen bzw. einzahlen zu lassen[57]:

6 x DM 312,– (*vermögenswirksam* angelegte Teile des Arbeitslohn des Arbeitnehmers) =	DM 1.872,–

53 gemäß § 2 Abs. 1 Ziff. 3. i. V. m. § 6 5. VermBG
54 gemäß § 2 Abs. 1 Ziff. 3. i. V. m. § 7 5. VermBG
55 § 2 Abs. 1 Ziff. 6. 5. VermBG
56 § 8 Abs. 2 Ziff. 1. 5. VermBG
57 §§ 11 Abs. 2, 8 Abs. 2 Ziff. 1. 5. VermBG

□ Würde der Arbeitnehmer auf seine Beteiligung in Höhe von DM 9.000,– jährlich eine Gesamtverzinsung von z. B. 7% erhalten (= DM 630,–), könnte auch diese auf besagtes Sparkonto eingezahlt werden:

6 x DM 630,– (Gesamtverzinsung)	DM 3.780,–
	DM 9.396,–

Dieses sich aufbauende Sparkonto, das einer Sperrfrist von 7 Jahren unterliegt[58], würde als sich aufbauende Sicherheit für den getrennt davon zu sehenden Kredit des Mitarbeiters dienen, mit dem die Zahlung der Einlage von DM 9.000,– im Rahmen der Mitarbeiterkapitalbeteiligung vorfinanziert würde. Im Kreditvertrag des Arbeitnehmers mit der Bank, aus dem heraus die Beteiligung bezahlt würde, würde eine 6-jährige Tilgungsaussetzung vereinbart, um nach Ablauf der *Beteiligungs*sperrfrist mit der vom Arbeitgeber zurückzuzahlenden Einlage in Höhe von DM 9.000,– den insoweit aufgenommenen Kredit in Höhe von DM 9.000,– zurückzuführen. Nach Ablauf der 7-jährigen *Sparvertrags*sperrfrist wird dem Mitarbeiter im obigen Beispiel DM 9.396,– zzgl. die Verzinsung darauf für das 7. Jahr von dem das Sparkonto führenden Kreditinstitut ausgezahlt.

Mit dieser Art der Vorfinanzierung könnte mithin folgendes bewirkt werden:

□ Das arbeitgebende Unternehmen erhält bei Beginn der Mitarbeiterbeteiligung in diesem Beispiel eine Einlage von DM 9.000,– und kann damit auf die Dauer der Sperrfrist arbeiten. Bei z. B. 200 Mitarbeitern wären dies DM 1.800.000,–, in deren Höhe man entweder keine Fremdmittel aufnehmen müßte oder die man zur Aufnahme von Fremdmitteln quasi als Eigenkapital nutzen könnte (leveraged-Effekt).

□ Dem kapitalbeteiligten Mitarbeiter wird vom arbeitgebenden Unternehmen eine jährliche Gesamtverzinsung auf die *voll* eingezahlte Einlage in Höhe von DM 9.000,– gewährt.

□ Der kapitalbeteiligte Mitarbeiter wendet für sein Sparkonto pro Jahr bei diesem Beispiel lediglich DM 312,– seiner als vermögenswirksam angelegten Teile des Arbeitslohnes auf sowie eine geringfügige Zinsspitze aus Sollzins des aufgenommenen Kredites zum Habenzins der auf sich auf dem Sparkonto sammelnden Beträge.

□ Nach Ablauf von 6 Jahren führt der Mitarbeiter mit der vom Arbeitgeber zurückzuzahlenden Einlage von DM 9.000,– im Wege der ausgesetzten Tilgung den Kredit von DM 9.000,– zurück. Derweil bleibt sein Sparkonto unangetastet und verzinst sich auch noch im 7. Jahr bis zum Ablauf der 7-jährigen *Sparvertrags*sperrfrist.

58 § 8 Abs. 2 Ziff. 2. 5. VermBG

☐ Nach Ablauf der 7. Jahres wird dem Mitarbeiter vom Kreditinstitut der Gesamterlös des Sparkontos ausgezahlt.

Für das *Unternehmen* wäre diese Konzeption mit keinen Zusatzkosten verbunden, wenn man davon ausgeht, daß die vermögenswirksamen Leistungen auch ohne dieses Modell – z. B. aufgrund tarifvertraglicher Bindungen – zu zahlen wären. Auch die bei dem hier gewählten Beispiel zu zahlende 7%-ige Verzinsung fällt nicht ins Gewicht, wird sie doch – je nach Modellkonzeption – in der Regel steuerlich als Betriebsausgabe abzugsfähig sein wie es auch zu bedenken gilt, daß in Höhe der hier als Beispiel angesprochenen DM 1.800.000,– kein Fremdmittelkredit mit Zinsen von ca. 9% bis 10% aufgenommen werden müßte – mithin also insoweit Zinsbelastungen erspart würden –, wie auch zusätzlich der Kreditrahmen des Unternehmens insoweit frei bliebe.

Aber auch bei dieser Modellkonzeption gibt es keine Sparzulage, da der Sparvertrag gemäß § 2 Abs. 1 Ziff. 6. i. V. m. § 8 5. VermBG in der Sparzulagennorm des § 13 Abs. 2 Ziff. 1. des 5. VermBG nicht aufgeführt ist (sogenannte Nullförderung).

Was die Besicherungsfrage betrifft, wird dem Kreditinstitut für den bei ihm aufgenommenen Kredit ggf. Sicherheit zu leisten sein, entweder vom arbeitgebenden Unternehmen, von dritter Seite oder vom Arbeitnehmer selbst, da ja zum Zeitpunkt der Kreditaufnahme über z. B. DM 9.000,– das noch auf DM 0,– befindliche Sparkonto nicht als Sicherheit reicht. Aber in dem Maße, in dem das Sparkonto sich füllt, kann es als Sicherheit für den aufgenommenen Kredit dienen, so daß die zuvor vom Arbeitgeber, von dritter Seite bzw. vom Arbeitnehmer gegebene Sicherheit in entsprechendem Umfange zurückgeführt werden kann. Dabei gilt es aber für die Besicherung durch das Sparkonto folgendes zu beachten:

Gemäß § 8 Abs. 2 Ziff. 2. 5. VermBG ist der Arbeitnehmer verpflichtet, bis zum Ablauf der 7-jährigen *Sparvertrags*sperrfrist Rückzahlungsansprüche aus dem Sparvertrag weder abzutreten noch zu beleihen. Dies würde einen Einsatz des Sparkontos zur Besicherung eigentlich ausschließen. Da aber ein Verstoß gegen dieses Verbot hier nicht zum Entfallen der Sparförderung führen kann, da diese ja ohnehin nicht gewährt wird, ist dieser Verstoß sanktionslos[59].

Wirtschaftlich bedeutet dieses Modell:

☐ Das Unternehmen würde bei dem hier gewählten Beispiel mit rund DM 1,8 Mio Kapital ein relevantes Finanzierungsinstrument erhalten.

59 so zutreffend *Skorpel* in: Thüsing, 5. VermBG, 1992, § 8 Rdn. 23

□ Für den Arbeitnehmer würde es aber auch hier an wirtschaftlichen Anreizen fehlen:

Verzinsung aus der Beteiligung und Sollzins aus dem Kredit würden sich unter Berücksichtigung des Sparzinses in etwa kompensieren. Subtrahiert man daher von dem nach Ablauf der Sparvertragssperrfrist auszuzahlenden Betrag darin eingeflossene Zinsen, Eigenleistungen und die ansonsten ebenfalls zu zahlenden vermögenswirksamen Leistungen, läuft auch dieses Modell im wesentlichen darauf hinaus, vermögenswirksame Leistungen und Eigenleistungen dem Unternehmen auf 6 Jahre praktisch zinslos zur Verfügung zu stellen, ohne zudem die Sparzulage zu erlangen.

3. Zwischenergebnis

Die *Vorfinanzierung* vermögenswirksamer Leistungen bzw. Beteiligungen sind Finanzierungsinstrumente, die relevante finanzielle Unterstützungsmaßnahmen für das arbeitgebende Unternehmen darstellen können, die jedoch dem beteiligungswilligen Arbeitnehmer die 20%ige Sparzulage auf die vermögenswirksamen Leistungen *nicht* sichern und auch für den Arbeitnehmer ohne wirtschaftlichen Anreiz sind.

Dies hängt damit zusammen, daß die im 5. VermBG angelegte Förderung der individuellen Mitarbeiterbeteiligung nicht als Finanzierungsinstrument für Unternehmen angelegt ist.

Dies schließt es nicht aus, Mitarbeiterbeteiligungsmodelle konzeptionell auch mit einem MBO zu verknüpfen, nur leistet das 5. VermBG für *Vorfinanzierungs*konzeptionen nicht das vielleicht gewünschte.

4. Mitarbeiterbeteiligung und MBO-Team

Dort, wo die Mitarbeiterbeteiligung als Finanzierungsinstrument mit der Finanzierung eines MBO-Team's verknüpft werden soll, ist im Falle der *Vorfinanzierung* gemessen am Gesetzeswortlaut des 5. VermBG i. d. R. die staatliche Sparförderung wie zuvor dargelegt, *nicht* zu erreichen, weil entweder die Rückführung von Krediten mit vermögenswirksamen Leistungen nicht angesprochen ist oder das Sparkontensparen nicht im Förderkatalog der Sparzulagenförderung enthalten ist.

Dort, wo gleichwohl die Mitarbeiterbeteiligung als Finanzierungsinstrument mit der Finanzierung eines MBO-Team's verknüpft werden soll, sollte aber bei Einbindung von Mitarbeiterbeteiligungsmodellen in MBO-Konzeptionen *zusätzlich* beachtet werden:

□ Abhängigkeiten von Mitarbeiterbeteiligung zu individualarbeitsrechtlichen, betriebsverfassungsrechtlichen und ggf. tarifvertraglichen Gegebenheiten,

- ☐ steuer- und sozialversicherungsrechtliche Faktoren,
- ☐ gesellschaftsrechtliche Besonderheiten im Hinblick auf den Arbeitnehmerstatus der Beteiligten und umgekehrt sowie
- ☐ Wechselwirkungen des Mitarbeiterbeteiligungsmodells zur MBO-Konzeption.

5. Empfiehlt sich ein Mitarbeiterbeteiligungsmodell i.V.m. einem MBO?

Die hier nur überschlägig behandelte Thematik zeigt, daß die Mitarbeiterbeteiligung sich als Finanzierungsinstrument mit einem MBO verknüpfen läßt, wenn dies auch für beteiligungswillige Mitarbeiter wirtschaftlich attraktiv gestaltet werden kann, dies den Mitarbeitern vermittelt werden kann und die Mitarbeiter sich dann noch beteiligen wollen.

Ob dies zu empfehlen ist, hängt ferner davon ab, wie risikoträchtig das MBO-Konzept ist und ob eine Bereitschaft der Mitarbeiter besteht, in voller Transparenz die bei MBO's stets vorhandenen (Rest-)Risiken zu tragen. Dies gilt insbesondere für MBO's in den neuen Bundesländern, die für sich gesehen ja keine Finanzierungs- sondern Sanierungskonzeptionen sind[60].

Oft wird es sich dann empfehlen, in *zwei* Stufen vorzugehen: zunächst den MBO vollumfänglich realisieren, ehe man dann an das Nachschieben einer Mitarbeiterbeteiligungsmodellkonzeption denkt.

II. Vorfinanzierung und mittel- bis langfristige Eigenkapitalstärkung

Wendet man das zuvor dargelegte Grundkonzept der *Vorfinanzierung* der *Beteiligung* (nicht der vermögenswirksamen Leistungen) z. B. im Rahmen einer GmbH-Beteiligung an, ohne den Ausstieg des Mitarbeiters aus der Beteiligung einzuplanen, weil man von einer *dauerhaften* Mitarbeiterbeteiligung ausgeht, ließe sich an folgendes Modell denken, das zugleich Praktikabilitätsgesichtspunkten entsprechen soll:

Ausgangspunkt

Die *arbeitgebende x-GmbH* möchte ihre Mitarbeiter *dauerhaft* kapitalmäßig an sich binden und zugleich dadurch zu einer Stärkung der eigenen Eigenkapitalbasis zur Sicherung der eigenen Wettbewerbsfähigkeit beitragen.

---

60 *Wagner,* KaRS 1991,190 und 279; *Wagner,* DWI 1991, 610

Konzeption

(1) Die kapitalbeteiligungswilligen Mitarbeiter gründen eine eigene Mitarbeiterbeteiligung-GmbH (kurz *MAB-GmbH* genannt). In dieser GmbH wird jeder kapitalbeteiligte Mitarbeiter als GmbH-Gesellschafter mit einer Stammeinlage von z. B. DM 9.000,– beteiligt. Um die Einlage sofort voll bezahlen zu können, wird wie im Beispiel oben dargelegt, ein Kredit aufgenommen und damit die Bareinlage der GmbH-Beteiligung pro Mitarbeiter in Höhe von jeweils DM 9.000,– erbracht.

Als Sicherheit für diesen Kredit wird vergleichbar zum oben dargelegten ein Sparvertrag gemäß § 8 des 5. VermBG abgeschlossen und darauf eingezahlt.

Der einzige Unteschied zu obigem Grundkonzept ist darin begründet, daß die GmbH-Beteiligung i. d. R. nach 6 Jahren nicht enden wird und folglich die eingezahlte Stammeinlage nicht zurückgezahlt wird, um damit den Kredit zurückführen zu können. Folglich wird nach Ablauf der 7-jährigen *Sparvertrags*sperrfrist aus dem *Sparguthaben* in Höhe von fast DM 10.000,– der Kredit über DM 9.000,– getilgt und ein Mehrbetrag an den Mitarbeiter aus dem Sparkonto ausgezahlt. In der Zwischenzeit ist aber vom Mitarbeiter der Zins auf den aufgenommenen Kredit zu zahlen, sofern der Zins aus der Beteiligung nicht zur Kompensation des Kreditzinses verwendet wird, sondern auf das Sparkonto gezahlt wird.

Fazit

Der kapitalbeteiligte Mitarbeiter ist an der *MAB-GmbH* von Anfang an mit einer voll einbezahlten Stammeinlage beteiligt.

Mit dem Angesparten wird nach 7 Jahren der dafür aufgenommene Kredit zurückgezahlt, so daß der Mitarbeiter insoweit ab dann auch schuldenfrei ist und Gewinnausschüttungen aus seiner GmbH-Beteiligung dann ausschließlich für sich selbst verwenden kann.

(2) Mit Gründung obiger *MAB-GmbH* und der sofortigen vollen Einzahlung der Stammeinlagen durch die kapitalbeteiligten Mitarbeiter (= GmbH-Gesellschafter) verfügt die *MAB-GmbH* bei z. B. 200 Gesellschaftern mit je DM 9.000,– Stammeinlage über ein Kapitil in Höhe von DM 1,8 Mio.

(3) Die *arbeitgebende x-GmbH* könnte nun z. B. im Zuge einer Kapitalerhöhung die neuen Geschäftsanteile an die *MAB-GmbH* abgeben, so daß diese z. B. besagte DM 1,8 Mio im Zuge der Kapitalerhöhung und ihrer Beteiligung bei der *x-GmbH* an diese einzahlt.

Damit wären die in der *MAB-GmbH* als GmbH-Gesellschafter beteiligten Mitarbeiter, die nach wie vor bei der x-GmbH beschäftigt wären, *mittelbar* an der *arbeitgebenden x-GmbH* beteiligt und ihre Kapitaleinlagen hätten zur Eigenkapitalstärkung der *x-GmbH beigetragen (siehe Bild 10)*.

Oder die *MAB-GmbH* könnte bei einem MBO neben den Managern vom Gesellschafter der Ziel-GmbH Geschäftsanteile erwerben, wobei in diesem Falle aber der von der *MAB-GmbH* aufzubringende Kaufpreis nicht der Ziel-GmbH, sondern dem verkaufenden Gesellschafter der Ziel-GmbH zugute käme.

Bild 10:

1. Schritt

2. Schritt

3. Schritt

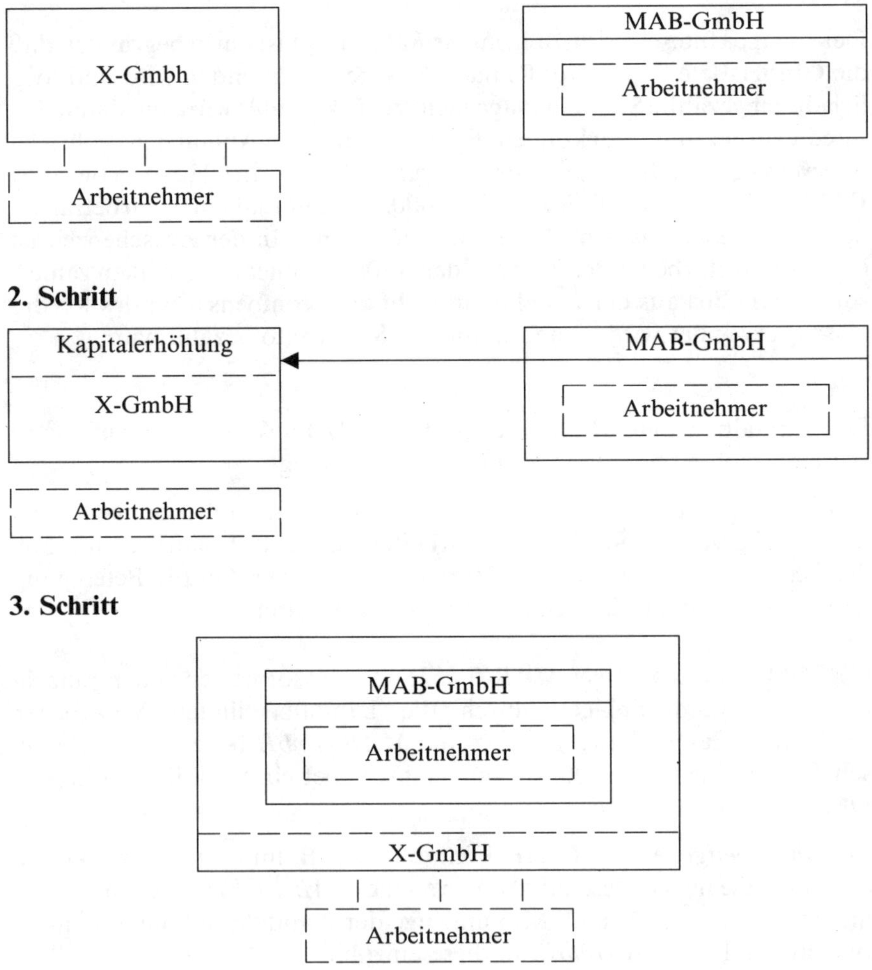

III. Mitarbeiterguthaben

Von dieser Art der Mitarbeiterkapitalbeteiligung spricht man, wenn Mitarbeiter z. B. am Gewinn des Unternehmens beteiligt werden, der anteilige Gewinn, auf den der Mitarbeiter einen Anspruch hat, aber an ihn nicht ausgezahlt wird, sondern ihm auf bestimmte Zeit gutgeschrieben wird. Nach der Rechtsprechung des BFH[61] handelt es sich erst dann um ein steuerpflichtiges und sozialversicherungspflichtiges Entgelt, wenn der Zufluß wirklich eintritt, nicht aber schon mit der Gutschrift auf Beteiligungskonten der Arbeitnehmer.

Dies bedeutet, daß das arbeitgebende Unternehmen bei einem Mitarbeiterguthabenmodell zwar keinen Geldzufluß erfährt, aber auch keine Belastungen, indem es mit dem unversteuerten und ohne Sozialversicherungslasten versehenen Mitarbeiterkapital für die Zeit bis zum vereinbarten Zufluß arbeiten kann. In Höhe dieser anstehenden – aber zeitlich verschobenen – Zuwendung muß bzw. darf das Unternehmen im Wirtschaftsjahr eine Rückstellung bilden und dadurch den steuerlichen Gewinn des Unternehmens mindern[62].

Eine Förderung nach dem 5. VermBG und § 19 a EStG ist hier allerdings nicht möglich, da diese Förderung bei dem 5. VermBG eine Geldzuwendung und bei § 19 a EStG eine Sachzuwendung voraussetzt, was beim Mitarbeiterguthaben wesensimmanent aber nicht gegeben ist.

IV. Kombimodell

Dieses wäre gegeben, wenn folgende Modelle kombiniert würden:

a) *Mittelbare Kapitalbeteiligung,* indem der Mitarbeiter sich über eine Mitarbeiterbeteiligungsgesellschaft am arbeitgebenden Unternehmen beteiligt[63]. Hier könnte der Vermögensbeteiligungskomplex nach dem *5. VermBG* angesiedelt werden.

b) Daneben wäre eine *unmittelbare Kapitalbeteiligung* des Mitarbeiters am arbeitgebenden Unternehmen direkt möglich, welches *insoweit* z.B. eine Beteiligung verbilligt gewährt, um dem beteiligungswilligen Arbeitnehmer dadurch die steuer- und sozialversicherungsfreien Vorteile von bis zu DM 500,– p. a. gemäß § *19 a EStG* zuwenden zu können.

61 BFH 14. 05. 1982 BStBl. II 1982, 469
62 *Loritz* (FN 43), S. 45
63 s. o. § 23 B. II.

Um die durch den Verbilligungseffekt für das Unternehmen entstehenden Lasten erträglicher zu gestalten, könnte hier eine längere Sperrfrist von z. B. 10 Jahren vereinbart werden.

Beispiel:

Dem Mitarbeiter wird jährlich eine direkte Kapitalbeteiligung am arbeitgebenden Unternehmen[64] in Höhe von DM 1.000,– eingeräumt, für die der Mitarbeiter aber nur eine Einlage von DM 500,– erbringen müßte. Die Rückzahlung der Beteiligung in Höhe von dann DM 1.000,– an den Mitarbeiter würde erst in 10 Jahren erfolgen. Auf diese Weise könnte z. B. im Rahmen eines Investivlohnmodells pro Jahr dem Mitarbeiter steuerfrei DM 500,– Beteiligung zugewandt werden wie auch dem Unternehmen ein entsprechender Kapitalbeteiligungsbetrag des Mitarbeiters zusätzlich zugute käme.

c) Im Rahmen der Gesamtverzinsung ist zwischen gewinnunabhängigen und gewinnabhängigen Zinsen zu unterscheiden. So ließe sich vorstellen, modellimmanent vorzusehen, daß eine Bedienung der Gesamtverzinsung erst ab einem bestimmten Betriebsergebnis erfolgen soll, so daß bis dahin der Anspruch auf Gesamtverzinsung als *Mitarbeiterguthaben* behandelt werden soll, um das Unternehmen vor Liquiditätsbelastungen als Ansprüchen der Mitarbeiter zu bewahren, ohne daß die kapitalbeteiligten Mitarbeiter insoweit auf Ansprüche verzichten müßten.

C. Fazit

Die Mitarbeiterkapitalbeteiligung dort, wo sie als Finanzierungsinstrument gebraucht wird, ist derzeit – sieht man von dem durch Bürgschaft abzusichernden Mitarbeiterdarlehen ab – eine ungesicherte Finanzierung. Dies ist aus Sicht des Unternehmens ein weiterer, nicht unwesentlicher, Vorteil, sollte aber, weil damit die Mitarbeiter das Risiko der Rückzahlung der ihnen gewährten Finanzierung selbst tragen, nur dann gewählt werden, wenn die Risikoanfälligkeit in der Prognose gering ist oder die Mitarbeiter in voller Kenntnis der Risiken gleichwohl dazu bereit sind. Die *Vorfinanzierung* von Mitarbeiterkapitalbeteiligungen – nicht die Mitarbeiterkapitalbeteiligung selbst – ist jedoch für Arbeitnehmer für den Fall fehlender wirtschaftlicher Anreize und der entfallenden Sparzulage nicht per se zu empfehlen.

64 z. B. stille Beteiligung, Genußschein

§ 24 Vorschläge für die Beseitigung von Fehlentwicklungen bei MBO's in den neuen Bundesländern

Die Vorgaben der Treuhandanstalt bei MBOs in den neuen Bundesländern zwecks Privatisierung von Unternehmen hat teilweise zu Fehlentwicklungen geführt, die insbesondere für die Erwerber, aber auch für die Veräußerer und Finanziers zu ernsthaften Risiken führen können. Dies läßt befürchten, daß deshalb ein hoher Prozentsatz von MBOs insolvent werden könnte, weil seitens der Treuhandanstalt rechtlich bedenkliche und tatsächlich unrealistische Vorgaben durchgesetzt wurden/werden. Ein hoher Prozentsatz möglicherweise insolvent werdender MBOs würde sich aber nicht nur auf Arbeitsplätze und Infrastruktur im Mittelstand negativ auswirken, sondern insbesondere auch politisch Verantwortlichen in erheblichem Umfange angelastet werden müssen.

Nachfolgend sollen mithin gravierende Fälle aufgezeigt und Lösungsvorschläge unterbreitet werden.

Dem schließen sich Vorschläge zur Verbesserung der Realisierung von MBOs an.

A. Kaufpreis – Substanzwert

Die Treuhandanstalt hatte zunächst völlig unverständlich den Kaufpreis an der Bilanzsumme ausgerichtet und hält jetzt am Substanzwert auch dort fest, wo der Ertrag des Unternehmens schwach ausgebildet ist. Ein überzogener Kaufpreis, der nicht erwirtschaftet werden kann, sehr wohl aber finanziert wurde, führt über die sich anhäufenden Finanzierungsbelastungen zur Überschuldung und ggf. Zahlungsunfähigkeit, mithin also zur Insolvenz.

Der Ehrgeiz der Treuhandanstalt nach möglichst hohen bzw. unrealistisch hohen Kaufpreisen führt zum Verlust des Blickes für die Gesamtverantwortung in die über MBOs zu sichernden Arbeitsplätze. Hinzu kommt, daß die Zahlung unrealistisch hoher Preise an die Treuhandanstalt als ehemaligem Gesellschafter auch für die Treuhandanstalt

1. die Probleme der Konzernhaftung[65]

2. der steuerrechtlich verdeckten Gewinnausschüttung[66] und

65 insbesondere unter Berücksichtigung der Kriterien der Video-Entscheidung: BGH GmbHR 1991, 520 ff.

66 *Streck/Schwedholm,* BB 1992, 792

3. der strafrechtlichen Untreue der Treuhandanstalt als ehemals faktischem Geschäftsführer[67]

begründen kann.

Vorschlag
Orientierung des Kaufpreises am Ertragswert. Der Spekulation mit Grundstücken könnte dadurch begegnet werden, daß Komunen bauplanungsrechtlich von den Möglichkeiten der §§ 175 ff. BauGB Gebrauch machen. Insoweit (Ertragswertorientierung) sollte auch bei bestehenden Verträgen nachgebessert werden.

B. Nachbewertungsklausel

Diese wurde z. B. bei sogenannten share deals in den Anteilskaufverträgen mit den Erwerbern vorgesehen. Die Erwerber der Geschäftsanteile sollten danach zum Zeitpunkt der Nachbewertung persönlich an die Treuhandanstalt zahlen, wenn sich bei Immobilien der Gesellschaft wertmäßig stille Reserven gebildet haben, auf die der Anteilserwerber (also der Gesellschafter) nicht zugreifen kann[68]. Ohne daß also beim Anteilserwerber ein Zufluß an Geld stattgefunden hätte, soll er persönlich den nicht bei ihm, sondern bei der Gesellschaft, entstandenen Mehrwert (stille Reserven) bezahlen.

Anteilserwerber, die sich für den Anteilskaufpreis und dessen Finanzierung i. d. R. hoch verschuldet haben, werden diesen Nachbewertungskaufpreis nicht zahlen können und bei Meidung steuerrechtlicher und strafrechtlicher Risiken[69] im Hinblick auf die §§ 30, 31 GmbHG auch *nicht* aus dem Vermögen der GmbH (bzw. deren cash flow) zahlen dürfen. Insolvenzen auf Gesellschaft*er*ebene sind vorprogrammiert und schlagen auf die MBO-Gesellschaft durch.

Vorschlag
Die rechtlich bedenklichen[70] Nachbewertungsklauseln **auch** bei Altfällen **nicht anwenden** nachdem sie in Neufällen i. d. R. ohnehin nicht mehr verwendet werden.

67 *Wagner,* wistra 1992, 161
68 Grundsatz der Trennung zwischen Vermögen der Gesellschaft und des Gesellschafters
69 s. o. FN 66 und 67
70 § 9 AGBG, der beim Geschäftsanteilsverkauf verwendbar ist (Münchner Kommentar/*Kötz*, BGB, 2. Aufl., § 23 AGBG Rdn. 6)

C. Mehrerlösabschöpfungsklausel

Z. B. bei share deals finden sich in den Geschäftsanteilskaufverträgen Klauseln, wonach die GmbH – im Verhältnis zum Geschäftsanteilskäufer rechtlich also Dritter – bei Grundstücksverkäufen der GmbH verpflichtet sein soll, Mehrerlöse an die Treuhandanstalt abzuführen.

1. Solche Klauseln sind als vertragliche Regelungen zu Lasten Dritter[71] unwirksam, da im deutschen Recht Verträge zu Lasten Dritter immer unwirksam sind.

2. Für den Fall ihrer Realisierung führen diese Klauseln zu steuerrechtlich und zivilrechtlich verdeckten Gewinnausschüttungen, die die GmbH existentiell bedrohen können.

3. Auch hier können strafrechtliche Risiken entstehen[72].

Während die Nachbewertungsklauseln die Anteilskäufer existentiell treffen können, werden durch besagte Mehrerlösabschöpfungsklauseln die MBO-Gesellschaft*en* getroffen.

Vorschlag
Abstandnehmen von solchen Klauseln in Alt- und Neuverträgen; ggf. nachbessern.

D. Altkredite

Die Frage, ob sogenannte staatliche Altkredite Schulden des Unternehmens oder nicht solche des Staates sind, ist zur Zeit umstritten. Unabhängig von der rechtlichen Wertung belasten diese aber MBO-Unternehmen relevant, ohne entsprechenden Nutzen für diese Unternehmen.

Vorschlag
Bei MBO-Unternehmen (alt und neu) Freistellung von Altkrediten, wenn diese Unternehmen den dadurch geschaffenen Freiraum für die Finanzierung neuer Investitionen verwenden.

E. Investitionsstrafgebühr

Soweit bei share deals in Anteilskaufverträgen zwischen Treuhandanstalt und Erwerber ein Dritter – die GmbH – verpflichtet wird, eine Investitionsstrafgebühr zu zahlen, wenn nicht in bestimmter Weise und zu einem bestimmten Zeitpunkt investiert wird, ist diese unwirksam[73]. Ist die In-

71 aus Sicht der Vertragsparteien Treuhandanstalt/Anteilskäufer
72 s. o. FN 67
73 Vertrag zu Lasten Dritter

vestitionsstrafgebühr dem Erwerber für den Fall auferlegt worden, daß ein Dritter – die GmbH – nicht investiert, ist zudem auf § 9 AGBG zu achten[74].

Vorschlag
Ungeachtet der rechtlichen Einwände Abstand nehmen von dieser Gebühr, wenn die Erträge oder Marktsituationen von Unternehmen eine entsprechende Investition unverschuldet nicht zulassen.

F. Umweltaltlasten

Die Treuhandanstalt hat über vorhandene Umweltaltlasten beim Kauf aufzuklären. Der Verstoß dagegen ist haftungsrechtlich[75] und strafrechtlich[76] relevant und kann nicht durch zudem in sich rechtlich fragwürdige Gewährleistungsausschlußklauseln »repariert« werden.

Vorschlag
Soweit die Treuhandanstalt sich an diesen Grundsätzen bisher nicht orientiert haben soll, täte sie gut daran, bei Meidung strafrechtlicher und haftungsrechtlicher Risiken dort für Umweltaltlasten selbst einzustehen, wo sie über solche nicht aufgeklärt hat.

G. Verträge

Verträge bei asset- und share deals sind in ihrer grundsätzlichen Ausgestaltung extrem uneinheitlich und rechtlich in erheblichem Umfange fehlerhaft.

Vorschlag
Inhaltliche Angleichung der Verträge im Grundsätzlichen und sorgfältigere rechtliche Überprüfung. Es ist ein Fehlschluß, zu glauben, möglichst viele Fehler könnten ein späteres Treuhand-Sonderrecht begründen.

H. EKH- und ERP-Hilfe

Der Anteil des MBO-Gesellschafters soll mindestens 10% – 20% betragen.

74 s. o. FN 70
75 cic
76 § 823 Abs. 2 BGB i. V. m. § 263 StGB

Vorschlag
Überlegen, ob dies nicht auch auf Mitarbeiterbeteiligungsgesellschaften erstreckt werden könnte, die an MBOs mitwirken. Dann auch Übertragung dieser Grundsätze auf sogenannte Erwerbergesellschaften von MBO-Managern.

§ 25 Ausgründung – Outplacement von Arbeitnehmern aus ABS-Gesellschaften

A. Einleitung

Die Umstrukturierung von Unternehmen in den neuen Bundesländern hat umfangreiche Personalreduzierungen zur Folge. Um dies nicht zwangsläufig in der Arbeitslosigkeit der betroffenen Arbeitnehmer enden zu lassen, hat die Arbeitsmarktpolitik Gegensteuerungsinstrumente u. a. durch ABM[77] und ABS-Gesellschaften[78] entwickelt. Mit diesen meist an Treuhandunternehmen angegliederten ABS-Gesellschaften sollten Beschäftigungsmaßnahmen sichergestellt werden, bis Investitionen auf dem Arbeitsmarkt greifen und Nachfrage nach Beschäftigten auslösen. Ziel dieser arbeitsmarktpolitischen Maßnahmen ist und war mithin die Überbrückung der Arbeitslosigkeit auf Zeit, nicht das Setzen marktwirtschaftlich erforderlicher Aktivitäten.

Es wird darzulegen sein, daß diese Zielsetzung auf Dauer für die Betroffenen und auch volkswirtschaftlich unbefriedigend ist. So wurde diesseits bereits 1990 der Vorschlag unterbreitet, ABS- bzw. Qualifizierungsgesellschaften als Plattformen für Ausgründungen bzw. Spin Offs oder Existenzgründungen vorzusehen. Dies stieß damals auf wenig Resonanz, weil dies mit den beschriebenen arbeitsmarktpolitischen Maßnahmen der Überbrückung von Arbeitslosigkeit auf Zeit nicht konform ging. Man meinte seinerzeit zudem, dabei die Tatbestandsmerkmale des Arbeitsförderungsgesetzes nicht zu erfüllen und verkannte dabei, daß die Wiedervereinigung im Arbeitsförderungsgesetz nicht vorgesehen war und es in Anbetracht der anstehenden Probleme galt, das Arbeitsförderungsgesetz auf die Situation der Wiedervereinigung anzupassen und nicht umgekehrt. Nachdem aber die Auswirkungen von Investitionen in den neuen Bundesländern auf den Arbeitsmarkt auf sich warten lassen und man nunmehr zu erkennen scheint, daß die arbeitsmarktpolitischen Maßnahmen alleine auf Dauer zu teuer werden und wenig produktiv sind, scheinen neue »alte« Überlegungen wieder präsentabel zu sein.

---

77 ABM = Arbeitsmarktbeschaffungsmaßnahmen

78 ABS = Gesellschaften zur Arbeitsförderung, Beschäftigung und Strukturentwicklung

Sollten aus ABS-Gesellschaften aus arbeitsmarktpolitischen Instrumenten Bausteine von insbesondere für den Mittelstand relevanten Spin Offs oder Existenzgründungen und damit Firmen- bzw. Unternehmensgründungen werden, dann werden allerdings die Zielsetzungen grundlegend geändert werden müssen. Im folgenden wird daher dargestellt werden, welches der derzeitige Sachstand ist und wie man den Grundgedanken des Outplacement nutzen kann, um von und mit ABS-Gesellschaften zu wettbewerbsfähigen mittelständigen Unternehmen zu kommen.

Insoweit soll dieser Beitrag keine Patentrezepte, wohl aber Denkanstöße liefern.

B. Sachstand

I. Daten der Arbeitslosigkeit in den neuen Bundesländern

Nach neueren Erkenntnissen (Ende 1992) wird die Arbeitslosigkeit 1992 in den neuen Bundesländern rd. 1,2 Mio gegenüber 0,9 Mio in 1991 betragen. Nimmt man noch rd. 0,4 Mio Kurzarbeiter hinzu, so führt dies zu Unterstützungszahlungen an Arbeitslose und Kurzarbeiter in Höhe von rd. DM 15 Mrd, dem weitere rd. DM 31 Mrd für Qualifizierungs- und Arbeitsbeschaffungsmaßnahmen, für Vorruhestands- bzw. Altersübergangsgeld sowie für sonstige Zwecke hinzuzuaddieren sind[79].

Das Institut für Arbeitsmarkt- und Berufsforschung der Bundesanstalt für Arbeit hat bezüglich der im ersten Quartal 1992 aus Treuhandunternehmen ausgeschiedenen Arbeitnehmer ermittelt, daß davon 34,8% arbeitslos wurden, 4,8% nicht mehr im Erwerbsleben tätig sind und von 15,4% der Betreffenden der Verbleib unbekannt ist. Nur 45% wurden als Beschäftigte ermittelt, davon 28,4% mit einem Arbeitsplatz außerhalb von Treuhandunternehmen und 16,6% in Maßnahmen der Arbeitsmarktpolitik[80]. Gleichzeitig wurde aber auch ermittelt, daß im zweiten Quartal 1992 die Anzahl der außerhalb der Treuhandunternehmen beschäftigten Arbeitnehmer von 28,4% auf 22% zurückging.

Für 1993 wird nun diskutiert, die arbeitsmarktpolitischen Maßnahmen von derzeit rd. 400.000 ABM-Stellen auf nur noch 300.000 bzw. 350.000 ABM-Stellen aus Kostenersparnisgründen reduzieren zu wollen[81].

79 Handelsblatt v. 08./09. 08. 1992
80 IAB Werkstattbericht 16/1992, S. 1
81 FAZ v. 29. 06. 1992, S. 15; v. 30. 06. 1992, S. 15; v. 02. 07. 1992, S. 13

II. ABS-Gesellschaften als arbeitsmarktpolitisches Instrument

Um die durch relevante Personalreduzierungen bedingte Arbeitslosigkeit nicht weiter ansteigen zu lassen, wurden schon sehr früh Gesellschaften unterschiedlicher Bezeichnungen und Funktionen ins Leben gerufen[82]. Da die Treuhandanstalt noch keine Orientierungsklarheit hat(te), ob sie ihre Betriebe nur zu privatisieren oder auch zu sanieren habe, beteiligte sie sich an solchen Gesellschaften zunächst nicht. Am 17. 07. 1991 kam es sodann zu einer »Rahmenvereinbarung zur Bildung von Gesellschaften zur Arbeitsförderung, Beschäftigung und Strukturentwicklung (ABS)«[83], die im wesentlichen folgendes zum Gegenstand hatte:

□ Vorhandene ABS-Gesellschaften sollten gesichert und künftig weitere errichtet werden.

□ Es sollten sogenannte Trägergesellschaften[84] auf Landesebene (TGL) gegründet werden, unter denen regionale Trägergesellschaften (TGR) bzw. sektorale Trägergesellschaften (TGS) angesiedelt wurden, die wiederum Anteile an den ABS-Gesellschaften halten (können).

□ Die vorgenannten Gesellschaftsbeteiligungen sollen in der Regel auf 5 Jahre befristet sein.

□ Die Treuhandanstalt beteiligt sich mit 10% des Gesellschaftskapitals an den TGL's, nicht jedoch an den ABS-Gesellschaften.

□ Die TGL kann sich an TGR bzw. TGS ihres jeweiligen Bundeslandes beteiligen und TGR wie auch TGL bzw. TGS können an den ABS-Gesellschaften Geschäftsanteile halten.

---

82 Arbeitsförderungsgesellschaften (AFG); Beschäftigungs- und Qualifizierungsgesellschaften (BQG); Beschäftigungsgesellschaften; Qualifizierungsgesellschaften; Gesellschaften zur Arbeitsförderung, Beschäftigung und Strukturentwicklung (ABS-Gesellschaften); Qualifizierungs- und Beschäftigungsinitiativen (QBJ nach der Hans-Böckler-Stiftung, 1992); Abbruch bzw. Auffanggesellschaften; Strukturentwicklungsgesellschaften; Strukturförderungsgesellschaften; Abwicklungsgesellschaften etc.

83 ausgehandelt zwischen den Gewerkschaften, Arbeitgeberverbänden, Treuhandanstalt und den Ländern Berlin, Brandenburg, Mecklenburg-Vorpommern, Sachsen, Sachsen-Anhalt und später auch Thüringen

84 unter der Trägerschaft der neuen Bundesländer, der Treuhandanstalt, der Gewerkschaften, der Arbeitgeberverbände und der kommunalen Spitzenverbände. Eine Sonderregelung ist in Sachsen gegeben, wo unter dem Aufbauwerk im Freistaat Sachsen GmbH (= TGL für Sachsen) landesweit operierende Branchen-ABS-Sondervermögen (ABS-SV) organisiert sind; ABS-Elektrotechnik; ABS-Werkzeug- und Textilmaschinenbau; ABS-Landmaschinen- und Schienenfahrzeugbau; ABS-Stahl GmbH; ABS-Straßenfahrzeugbau GmbH, ABS-Maschinen und Anlagenbau Leipzig

☐ Treuhandbetriebe unterstützen ABS-Gesellschaften sachlich, personell und finanziell im Rahmen von Kooperationsverträgen[85].

Die Ziele der auf 5 Jahre vorgesehenen Dach- und Trägergesellschaften (TGL) sind einerseits auf die Nutzung von Fördermöglichkeiten und andererseits auf die Unterstützung und Koordination der TGR bzw. TGS ausgerichtet[86], während die ABS-Gesellschaften nach Arbeitsschwerpunkten aufgeteilt sind[87].

Bedenkt man, daß ABS-Gesellschaften in den neuen Bundesländern helfen sollen, den »Strukturwandel sozialpolitisch abzufedern und arbeitsmarktpolitisch zu unterstützen«[88], womit der Einsatz von Beschäftigungsmaßnahmen bis zum Greifen von Investitionen Dritter mit entsprechend arbeitsmarktrelevanten Folgen gemeint war, so verwundert es nicht, daß bei einer primären Zielsetzung der Überbrückung der Arbeitslosigkeit auf Zeit besagte ABS-Gesellschaften nicht auf Gewinnerzielung ausgerichtet waren/sind[89]. Vorschläge für Aus- bzw. Existenzgründungen müssen mithin grundlegend andere Zielsetzungen präferieren:

---

85 IAB Werkstattbericht 10/1992, S. 4 ff.

86 IAB Werkstattbericht 10/1992, S. 10. Dazu gehört u. a.: Nutzung arbeitsförderungsrechtlicher Instrumente und sonstiger Fördermöglichkeiten; Unterstützung und Koordinierung der Aktivitäten der regionalen Trägergesellschaften (TGR/TGS); Entfaltung von Initiativen im Bereich der Dienstleistung und Beratung für die regionalen Trägergesellschaften sowie in der Verwaltungs- und Holdingfunktion, insbesondere bei der Beschaffung der Finanzmittel; Unterstützung der Aktivitäten der regionalen und sektoralen Trägergesellschaften; Unterstützung kommunaler, regionaler und betrieblicher Aktivitäten zur Schaffung neuer und zur Sicherung bestehender Arbeitsplätze, besonders im Rahmen von ABM und beruflicher Qualifizierung; Unterstützung bereits bestehender und noch entstehender Gesellschaften zur Arbeitsförderungs-, Beschäftigungs- und Strukturentwicklung (ABS); während der Gründungs- und Aufbauphase der TGR Übernahme von kontroll- und verwaltungstechnischen Begleitfunktionen, also der Controlling-Unterstützung, der Buchführung, der Rechts- und Finanzierungsfragen, der Förderungsberatung und der Beratung bei der Aufstellung von Programmen.

87 IAB Werkstattbericht 10/1992, S. 8; z. B. Sanierung von Betriebsflächen sowie Rekultivierung und Aufbereitung von Gewerbegebieten (Sanierungsgesellschaften); Umweltschutz, ökologische Sanierung und Recycling (Beseitigung wilder Mülldeponien, Bauschutt etc.) (Recyclinggesellschaften); Landschaftsgärtnerei, Tourismus und verkehrstechnische Leistungen (beispielsweise Radwege oder Wanderwegnetze, Parkanlagen); soziale Infrastrukturverbesserungen (z. B. Kinderspielplätze, Wohnumfeldverbesserungen) (soziale Beschäftigungsinitiativen); sonstige Dienstleistungen (Freizeit- und Breitensportangebote) (Freizeitgestaltungs- und Kulturinitiativen).

88 IAB Kurzbericht 7/1992, S. 1

89 IAB Werkstattbericht 10/1992, S. 9

- ☐ Die Gewinnerzielung muß in den Vordergrund rücken.
- ☐ Dies bedingt eine Marktorientierung und
- ☐ eine entsprechende Organisationsgestaltung innerhalb des Unternehmensbereichs.

Diese notwendige Umorientierung wird durch folgende Komponenten dringlich: Da die (vorgesehenen) Dach- bzw. Trägergesellschaften (TGL) nur auf 5 Jahre tätig sein sollen, bedarf es jedenfalls einer Konzeption für die Zeit danach. Hinzu kommt, daß die Treuhandanstalt sich sukzessive aus ihren restlichen Beteiligungen an TGL's vorzeitig zurückziehen möchte. Und schließlich signalisieren die ab 1993 vorgesehenen Kürzungen für arbeitsmarktpolitische Maßnahmen, daß auch kostenmäßig Grenzen gesetzt werden.

Vor diesem Hintergrund sind erste Anzeichen von Änderungen festzustellen: Die *Südthüringer Entwicklungsgesellschaft mbH Arbeit und Umwelt (StEGAU)* ist einerseits Trägergesellschaft für Arbeitsbeschaffungsmaßnahmen, zusätzlich aber auch Dachgesellschaft von 9 Tochtergesellschaften, die im Gegensatz zur Muttergesellschaft erwerbswirtschaftlich tätig sind. Diese Beschäftigungsgesellschaft hat die Südthüringer Metallfabrik GmbH, Steinbach-Hallenberg (einen Treuhandbetrieb) übernommen[90], ein bislang einmaliger Vorgang.

IG-Metall und besagte *StEGAU* haben ferner für 1993 ein Konzept vorgesehen, wonach besagte ABS-GmbH *erwerbswirtschaftlich* sich der Umweltsanierung von Treuhandflächen annehmen will, mit den dazu für die Treuhandanstalt positiven Aspekten der Verkehrswertsteigerung solchermaßen sanierter Treuhandflächen[91].

C. Ausgründung – Outplacement von Arbeitnehmern aus ABS-Gesellschaften

I. Outplacement

Outplacement ist eine aus den USA stammende Methode zur Freisetzung von Führungskräften, die etwa seit 1980 auch in Deutschland Verbreitung findet. Ziel dieser Freisetzungsstrategie ist es, Unternehmen und Mitarbeiter bei der Trennung zu betreuen, um eine faire Abwicklung zu gewährleisten und den betroffenen Mitarbeitern bei der Suche nach einem neuen Arbeitsplatz behilflich zu sein. Damit soll vornehmlich einem möglichen Imageverlust des entlassenden Unternehmens und seiner Produkte

90 Handelsblatt v. 07. 10. 1992, S. 20
91 Handelsblatt v. 10./11. 07. 1992, S. 7

in Folge unsozialer Kündigungen begegnet werden, wie auch bei den zurückgebliebenen Mitarbeitern Reaktionen wie Verlust der Arbeitsmoral und Motivation bis hin zur inneren Kündigung vermieden werden sollen. Und schließlich soll auch den Betroffenen selbst geholfen werden, indem möglichst *vor* der eigentlichen Kündigung die Freisetzung sozialverträglich vorgenommen werden soll, indem es dem Betroffenen ermöglicht werden soll, aus ungekündigter Stellung heraus sich zu bewerben, womit die Vermittelbarkeit eines neuen Arbeitsplatzes steigt.

All diese Grundgedanken lassen sich – wenngleich mit situationsbedingten Änderungen – auch auf die Situation der vor der Entlassung stehenden Arbeitnehmer in den neuen Bundesländern übertragen. Dies bedingt aber, daß man in einer ABS-Gesellschaft nicht in erster Linie ein arbeitsmarktpolitisches Instrument zur Überbrückung der Arbeitslosigkeit auf Zeit sieht, sondern ein erwerbswirtschaftlich ausgerichtetes Unternehmen mit Personalverantwortung für eigene Mitarbeiter. Wie aus einem solchen Unternehmen Freisetzungen von Mitarbeitern mittels Ausgründungen (Spin Offs) bzw. Existenzgründungen vorgenommen werden können und damit Mitarbeiter nicht entlassen, sondern in eine andere berufliche Zukunft überführt werden können, wird nachfolgend exemplarisch dargestellt.

II. Ausgangssituation

Steigende Arbeitslosenzahlen in den neuen Bundesländern sind nicht Ausdruck von fehlender Arbeit schlechthin, vielmehr ist die anachronistische Situation festzustellen, daß gemessen an den zu erledigenden, anstehenden Aufgaben viel zu wenig Arbeitskräfte vorhanden sind. Würden alle die Investoren und Investitionen *jetzt* zur Umsetzung anstehen, es gäbe bei weitem nicht ausreichende Arbeitnehmer, die in die dadurch bedingten Arbeitsmaßnahmen integriert werden könnten. So gesehen sind nicht zu viele Arbeitslose, sondern zu wenig Arbeitnehmer zu beklagen. Das eigentliche Problem ist jedoch in folgendem zu sehen:

☐ Entscheidend für die Beschäftigungszahl sind die Entwicklungen auf den sogenannten Nachfragemärkten. Es ist mithin wichtig, daß gerade dort Arbeitnehmer zur Verfügung stehen, wo marktbedingt Arbeitsleistungen nachgefragt werden. Hier zeigt sich in den neuen Bundesländern eine größere Arbeitslosigkeit gerade deshalb, weil auf traditionellen Märkten der ehemaligen DDR Arbeitsleistungen heute nicht (mehr) in dem Maße nachgefragt werden wie Arbeitnehmer dort beschäftigt waren. Andererseits haben sich inzwischen neue Nachfragemärkte aufgetan, für die – da in der ehemaligen DDR nicht sonderlich stark belegt – nunmehr auch zukunftsorientiert verstärkt nach Arbeitskräften gefragt wird.

Beispiel

Der größte *Abbau* von Arbeitsplätzen erfolgt in den Bereichen

- ☐ Chemie,
- ☐ Bergbau,
- ☐ Maschinenbau,
- ☐ Dienstleistung,
- ☐ Elektroindustrie,
- ☐ Landwirtschaft.

Nachfrage nach Arbeitskräften zeichnet sich zukunftsorientiert in den neuen Bundesländern u. a. in folgenden Bereichen ab:

- ☐ Hoch- und Tiefbau,
- ☐ Umweltbereich,
- ☐ Verwaltung,
- ☐ freie Berufe samt dazugehörigem Personal,
- ☐ Tourismus, Freizeit, Gastronomie, Hotelerie.

Die Beispiele lassen sich erweitern.

☐ Dies macht aber zugleich deutlich, daß im Vordergrund die *Umqualifizierung* von Arbeitskräften und nicht die Qualifizierung in bisherigen Bereichen steht, wenn das bisherige Tätigkeitsgebiet nicht zu den nachgefragten gehört. Da Unternehmen am Markt nur bestehen werden, wenn und soweit ihre Produkte bzw. (Dienst-) Leistungen am Markt nachgefragt werden, werden Arbeitnehmer auch ihre Arbeitsleistung am Arbeitsmarkt nur dann erfolgreich vermarkten können, wenn diese von Unternehmen ebenfalls entsprechend nachgefragt wird.

Folglich muß es zur Outplacementstrategie von ABS-Gesellschaften gehören, die (noch) bei ihr beschäftigten Arbeitnehmer auf die *Marktsegmente* zu qualifizieren, bei denen Marktnachfrage besteht oder zukunftsorientiert zu erwarten ist. Es kann mithin nicht darum gehen, Arbeitnehmer einfach weiter zu beschäftigen oder in der Branche zu qualifizieren, in der sie bisher tätig waren, vielmehr sollte eine Qualifizierung im Hinblick auf vorhandene bzw. zu erwartende Marktnachfrage erfolgen und ist diese in der bisherigen Branche nicht festzustellen, so kann nur durch eine Umqualifizierung auf nachfrageintensive Marktsegmente geholfen werden.

Dabei lassen sich bei den vorgenannten Beispielen von *Abbau* und *Nachfrage* durchaus verwandte Bereiche feststellen:

- Arbeitnehmer aus dem Bergbau können für den Hoch- bzw. Tiefbau umqualifiziert werden.
- Mitarbeiter aus dem Chemie-Bereich können für den Umweltbereich qualifiziert werden.
- Landwirte können für den Bereich Tourismus und Freizeit umqualifiziert werden.
- Mitarbeiter aus dem bisherigen Dienstleistungsbereich können für den Dienstleistungsbereich z. B. in Gastronomie und Hotelerie umqualifiziert werden.

Die Umqualifizierung sollte aber nicht alleine bereichsorientiert sein, sondern ganz speziell auf solche Marktsegmente ausgerichtet sein, die gegenwärtig oder zukünftig Nachfrage erwarten lassen, wozu im übrigen auch das Handwerk mit einbezogen werden sollte.

III. Ausgründung – Spin Off

Voraussetzung hierfür ist, daß die dadurch bedingte Existenzgründung sich am Markt behaupten kann, was wiederum nur dann der Fall ist, wenn die angebotenen Produkte bzw. (Dienst-)Leistungen vom Markt nachgefragt werden. Alleine an dieser Zielrichtung sind Qualifizierungs- bzw. Umqualifizierungsmaßnahmen in einer ABS-Gesellschaft auszurichten. Dies kann in einer *ersten Stufe* dadurch erleichtert werden, daß innerhalb der ABS-Gesellschaft eine divisionale Organisationsform nach Geschäftsbereichen (Sparten) vorgenommen wird, die wiederum nach Produkten, (Dienst)-Leistungen und ggf. Regionen unterteilt werden können. Insoweit werden, gemessen an den zuvor genannten Voraussetzungen, (Um-) Qualifikationsteams gewissermaßen als Projektteams divisionalisiert und qualifiziert. Es empfiehlt sich, im Zuge dieser (Um-)Qualifizierungsmaßnahmen auch das Angebot zu unterbreiten, seitens der ABS-Gesellschaften Personen für Managementaufgaben auszubilden[92], denn die Bedienung von Nachfrage des Marktes setzt auch entsprechend professionelles Management voraus, was in Teilbereichen durchaus auch erlernbar ist.

In einer *zweiten Stufe* dieser Divisionalisierung kann die Ausgliederung und gesellschaftsrechtliche Verselbständigung von Geschäftsbereichen in Form von z. B. operativen GmbH's bestehen, deren Geschäftsanteile entweder TGL, TGS, TGR oder ABS halten. Ziel wäre es, mit diesen operativen GmbH's eigenunternehmerisch am Markt in den Segmenten aufzutreten, auf die hin die entsprechenden Arbeitnehmer ausgebildet

92 Finanzen, Controlling, Personalwesen, Marketing etc.

wurden. Die bisher bei den ABS beschäftigten Arbeitnehmer könnten dann bei den operativen GmbH's als ABM beschäftigt werden und mit ihrer marktorientierten Ausbildung am Markt selbst tätig werden. Ziel wäre es, besagte operative GmbH's aufgrund ihrer eigenunternehmerischen Tätigkeit am Markt gewinnorientiert zu ausgegliederten eigenständigen Profitcentren der ABS-Gesellschaften werden zu lassen.

So ließe sich z. B. vorstellen, daß Arbeitnehmer in einer ABS in einer ersten Stufe in der Division Gebäudesanierung qualifiziert werden, die in einer zweiten Stufe als ausgegliederter gesellschaftsrechtlich verselbständigter Geschäftsbereich in Form einer operativen GmbH ihre Leistungen auf dem Marktsegment der Gebäudesanierung zu marktgerechten Preises anbietet. – Oder Arbeitnehmer einer ABS werden in einer ersten Stufe in der Division Altlastenbeseitigung – Bodenkontamination qualifiziert, die in einer zweiten Stufe als ausgegliederter verselbständigter Geschäftsbereich in Form einer operativen GmbH ihre Leistungen auf diesem Marktsegment zu marktgerechten Preisen anbietet; hier ließe sich ferner vorstellen, daß die Treuhandanstalt die Sanierung eigener Grundstücke selbst oder als Vertragspflicht Investoren über solche operativen GmbH's zu *Marktpreisen* – und nicht nur als Arbeitsmarktbeschaffungsmaßnahme – vornehmen läßt. Die Treuhandanstalt bzw. der Investor hätte den Vorteil eines entsorgten Grundstücks, besagte operative GmbH den Vorteil, zu Marktpreisen in einem Nachfragemarkt die eigenen Leistungen vermarkten zu können.

Bei jeder ABS-Gesellschaft können folglich so viele Geschäftsbereiche zu eigenständigen gewinnorientierten GmbH's ausgegliedert werden, wie für Marktsegmente Nachfrage besteht, die man mit (um-)qualifiziertem Personal bedienen kann. Die Anzahl der Arbeitnehmer pro ausgegliederter GmbH wird sich danach richten müssen, was die Geschäftsleitung der jeweiligen operativen GmbH's, gemessen an den Marktgegebenheiten, anzusetzen glaubt, um auch dem Ziel der Gewinnorientierung in dieser GmbH entsprechen zu können.

Auf diese Weise würden sicherlich nicht alle Arbeitnehmer einer jeweiligen ABS-Gesellschaft untergebracht werden können, wohl aber würde eine relevante Anzahl von Arbeitnehmern unter Marktbedingungen dem normalen Arbeitsmarkt wieder zugeführt werden können, was zu einer spürbaren Entlastung der ABS-Gesellschaften und der dort vorhandenen Kostenbelastungen führt und gleichzeitig einen Beitrag zur Begründung eines marktorientierten Mittelstandes wäre. Denn besagte operative GmbH's würden am Markt die Gelder verdienen, aus denen die bei ihr beschäftigten Arbeitnehmer zu bezahlen wären und würden gleichzeitig der Marktnachfrage entsprechen können. Die Arbeitnehmer aber, die im Rahmen der ersten Stufe auf bestimmte nachfrageorientierte Marktsegmente (um-)qualifiziert würden, in der zweiten Stufe aber nicht bei einer entsprechenden operativen GmbH angestellt würden, wären aufgrund ihrer marktorientierten Ausbildung am Arbeitsmarkt besser vermittelbar, als sie es bei einer marktunabhängigen Qualifizierung wären.

In einer *dritten Stufe* kann dann die Gesellschafterin besagter operativer GmbH's daran gehen, die von ihr selbst gehaltenen Geschäftsanteile den Mitarbeitern dieser GmbH im wegen eines Belegschafts Buy-Out oder den Führungskräften mittels eines Management Buy-Out anzubieten, um sich innerhalb der avisierten 5-Jahresfrist aus dem Engagement zurückzuziehen. Dabei wäre auch denkbar, den MBO durch eine Mitarbeiterkapitalbeteiligung der bei besagter operativer GmbH beschäftigten Arbeitnehmer auf freiwilliger Basis zu ergänzen.

IV. Finanzierungsbausteine

Neben den üblichen Finanzierungskonzeptionen bei MBO's in den neuen Bundesländern[93] lassen sich zusätzlich folgende »Bausteine« verwenden:

□ Z. Zt. wird diskutiert, ob und unter welchen Voraussetzungen das Überbrückungsgeld des § 55 a AFG[94] nicht nur bei Arbeitslosen, sondern auch bei Abgängern – arbeitsmarktpolitischer Maßnahmen für die Begründung einer selbständigen Tätigkeit gewährt werden könnte[95]. Diese Gedanken wären dahingehend zu erweitern, ob sie nicht auch auf die hier vorgestellte Konzeption erstreckt werden könnte.

□ Seitens des Gesetzgebers wäre nachzudenken, ob nicht Investivlohnmodelle dergestalt ermöglicht werden sollten, daß kapitalbeteiligungswil-

93 incl. ERP-Existenzgründungsprogramm, Eigenkapitalhilfe-Programm, ERp-Kreditprogramm, KfW-Investitionsprogramm, Ansparförderungsprogramm der Deutschen Ausgleichsbank, Ergänzungsprogramm für Existenzgründer der Deutschen Ausgleichsbank, »Innovationsprogramm« des BMWi zur Entwicklung von Produkt- und Prozeßinnovation; Programm »Beteiligungskapital für junge Technologieunternehmen« des Bundesministeriums für Forschung und Technologie

94 *»(1) Die Bundesanstalt kann Arbeitslosen bei Aufnahme einer selbständigen Tätigkeit mit einer wöchentlichen Arbeitszeit von mind. 18 Stunden für längstens 26 Wochen Überbrückungsgeld gewähren, wenn der Arbeitslose zur Aufnahme dieser Tätigkeit mindestens 4 Wochen Arbeitslosengeld oder Arbeitslosenhilfe bezogen hat. Voraussetzungen für die Gewährung von Überbrückungsgeld ist die Vorlage einer Stellungnahme einer fachkundigen Stelle über die Tragfähigkeit der Existenzgründung.«*

95 IAB Kurzbericht 14/1992

lige Arbeitnehmer ihre Einlagen bei Mitarbeiterkapitalbeteiligungen ganz oder teilweise aus unversteuertem und nicht mit Sozialversicherungslasten versehenem Arbeitslohn erbringen können[96].

☐ Ggf. Vorfinanzierungen vermögenswirksamer Leistungen unter Beteiligung durch Mitarbeiter im Rahmen eines Beteiligungsmodells[97].

☐ Zeitlich befristete Kooperationsverträge mit Treuhandunternehmen, die auf dem Gebiet der angebotenen Leistungen Nachfragebedarf haben.

D. Fazit

Grundgedanke der ABS-Gesellschaften ist die Überbrückung der Arbeitslosigkeit auf Zeit, nicht aber marktwirtschaftliches Verhalten. Möchte man Arbeitnehmer wieder in den Arbeitskreislauf zurückführen, so muß man sich an der Nachfrage des Marktes orientieren und daran eigene (Um-)Qualifizierungen ausrichten. Da die Trägergesellschaften der ABS-Gesellschaften ihre Aufgaben nur auf eine begrenzte Zeit wahrnehmen wollen, kann die systemimmanente Selbstauflösung der ABS-Gesellschaften letztlich nur durch Ausgliederung und gesellschaftsrechtliche Verselbständigung von Geschäftsbereichen erfolgen, die eine Chance haben, sich am Markt zu behaupten.

Ausgründung als Arbeitnehmer-Outplacement mit nachfolgender partnerschaftlicher Mitarbeiterkapitalbeteiligung – sei es als MBO mit oder ohne Arbeitnehmerkapitalbeteiligung oder als Belegschaft Buy-Out – ist ein geeignetes Mittel, Arbeitslosigkeit nicht zu verwalten, sondern Arbeitskräfte zu reaktivieren und zu motivieren.

96 *Wagner/Loritz,* DStZ 1992, 779
97 s. o. § 23

7. Kapitel: Strafrechtliche Risiken beim MBO

§ 26 Einleitung

Von Management Buy Out (MBO) spricht man, sofern der Manager das Unternehmen kauft, bei dem er bisher beteiligt war bzw. noch ist. Dieser Kauf kann in der Weise erfolgen, daß der Manager selbst oder durch eine eigens dafür neu gegründete Gesellschaft die Vermögensgegenstände der bisherigen Firma (sogenanntes Zielunternehmen) erwirbt (sog. asset deal) oder stattdessen die Geschäftsanteile des Zielunternehmens erwirbt (sog. share deal).

In letzerem Falle ist häufig – insbesondere bei MBO's in den neuen Bundesländern – festzustellen, daß die Manager die Geschäfts- bzw. Gesellschaftsanteile direkt erwerben, der Kaufpreis dafür aber nicht von ihnen entrichtet wird, sondern entweder aus dem cash flow des Zielunternehmens aufgebracht wird oder der Kaufpreis für den Anteilskauf fremdfinanziert wird, dann aber die Besicherung der Finanzierung auf dem Gesellschaftsvermögen des Zielunternehmens erfolgt bzw. die Kreditrückführung (Annuität) ebenfalls durch den Anteilskäufer nicht mit eigenen Mitteln, sondern aus dem cash flow des Zielunternehmens vorgenommen wird.

Eine Trennung von Gesellschaft und Gesellschafter erfolgt oft nicht, und der Anteilskäufer bezahlt die ihn treffenden Verpflichtungen mit Mitteln einer fremden Person, nämlich der juristischen Person/Rechtssubjekt des Zielunternehmens.

Solche share deals in Form unmittelbarer Beteiligungen sind in hohem Maße haftungsrechtlich, steuerrechtlich aber auch strafrechtlich brisant, und zwar nicht nur für den Geschäftsanteile erwerbenden Manager, sondern auch für den Verkäufer derselben wie auch für die Finanziers, was oftmals verkannt wird. Die stattdessen insbesondere in den alten Bundesländern anzutreffenden share deals als mittelbare Beteiligung haben denn auch das Ziel, u. a. solche Risiken zu vermeiden. Merkwürdigerweise ist jedoch verbreitet der Eindruck vorhanden, bei share deals aufgrund mittelbarer Beteiligungsmodelle handele es sich in erster Linie um steuerrechtlich motivierte Konzeptionen, womit erneut verdrängt wird, daß dies nur ein sekundäres Motiv sein kann: Zuvor gilt es, die haftungsrechtlichen und strafrechtlichen Risiken eines share deals zu vermeiden.

Dieser Beitrag hat denn auch zum Ziel, dieses Thema aus strafrechtlicher Sicht zu sensibilisieren.

§ 27 Die Rechtsprechung des BGH

A. BGH, Urteil vom 29. 05. 1987[1] (GmbH)

Der BGH in Strafsachen verwies in dieser Entscheidung auf den allgemeinen Grundsatz, das Vermögen der GmbH als juristischer Person sei für den/die Gesellschafter der GmbH Fremdvermögen auch dann, wenn alle Geschäftsanteile sich in der Hand eines Gesellschafters vereint hätten (Ein-Mann-GmbH)[2]. Dies hängt mit dem insbesondere bei Kapitalgesellschaften stets zu beachtenden Grundsatz der Trennung von Gesellschafts- und Gesellschafterebene zusammen.

Der Geschäftsführer der GmbH hat, wie § 43 Abs. 1 GmbHG ausweist, die Angelegenheiten der Gesellschaft und nicht die des Gesellschafters mit der Sorgfalt eines ordentlichen Kaufmanns wahrzunehmen, was zugleich die in § 266 StGB angesprochenen Treuepflichten impliziert. Wie der BGH zutreffend ausführt, soll dadurch die GmbH als eigene Rechtspersönlichkeit geschützt werden, da Träger der geschützten Vermögensinteressen die GmbH als juristische Person selbst sei und nicht ihre Gesellschafter.

In diesem Zusammenhang offengelassen hatte der 3. Strafsenat des BGH die Beantwortung der Frage, ob auch die Gläubigerinteressen über § 266 StGB strafrechtlich quasi mit geschützt würden – was z. B. der 1. Strafsenat des BGH verneint[3] – oder ob Gläubigerinteressen abschließend über die §§ 283 ff. StGB geschützt seien.

Von diesen Betreuungspflichten des Geschäftsführers gegenüber der GmbH – so der BGH – könne dieser vom Gesellschafter nicht strafrechtlich dispensiert werden, wenn die Zustimmung von Gesellschaftern ihrerseits gesetzeswidrig oder ungetreu sei, was umgekehrt bedeutet, daß Treuepflichten insoweit relativierbar sein sollen, als der Geschäftsführer

1 BGH wistra 1987, 334 = BGHSt 34, 379 = BGH DB 1987, 1930
2 BGH DB 1987, 1930 u. H. a. BGHSt 3, 32, 39 f.; BGH bei *Holtz,* MDR 1979, 806; BGH NStZ 1987, 279
3 BGH, Urteile vom 24. 02. 1976 – 1 StR 602/75 –

auf Weisung von Gesellschaftern für die GmbH handelt und diese Weisungen ihrerseits weder gesetzwidrig sind, noch gegen eigene Treuepflichten von Gesellschaftern gegenüber der Gesellschaft (GmbH)[4] verstoßen. Folglich ist die strafrechtliche Würdigung eventueller Verstöße der Geschäftsführer gegen eigene Betreuungspflichten stets in zwei Stufen zu prüfen: Hat der Geschäftsführer entgegen seinen aus § 43 Abs. 1 GmbHG resultierenden Pflichten zum Nachteil der Gesellschaft gehandelt, ohne daß er die Zustimmung der Gesellschafter gehabt hat, so ist § 266 StGB tatbestandlich erfüllt. Bei gleichem Verstoß, jedoch mit Zustimmung der Gesellschafter, ist die tatbestandliche Einschlägigkeit des § 266 StGB davon abhängig, ob zusätzlich auch die Gesellschafter mit ihrer Zustimmung gegen Gesetze oder eigene Treuepflichten gegenüber der Gesellschaft verstoßen. Damit wird zugleich deutlich, daß Geschäftsführer für die strafrechtliche Beurteilung ihres eigenen Verhaltens dann auch die strafrechtliche Würdigung des Verhaltens der Gesellschafter mit einbeziehen müssen, wenn Geschäftsführer mit Zustimmung der Gesellschafter zum Nachteil der GmbH handeln.

Der BGH erweitert die strafrechtlich relevanten Treuepflichten des § 266 StGB über den Geschäftsführer der GmbH hinaus auf den alleinigen Gesellschafter der GmbH, den er als »faktischer Geschäftsführer« bezeichnet[5]. Insoweit führt der BGH in seiner Entscheidung vom 29. 05. 1987[6] Beispiele auf, die auch für MBO-Fälle relevant werden können: So hat er strafrechtliche Untreue angenommen, wenn der Alleingesellschafter das nach dem Gesellschaftsvertrag ausgewiesene Stammkapital angreift, »also das rechnerisch nach Bilanzierung (erforderlichenfalls mit »Zerschlagungswerten«) die Verbindlichkeiten übersteigende Reinvermögen in Höhe der Stammkapitalziffer«[7]. Vergleichbares soll gelten, wenn die Liquidität einer GmbH in Gefahr gebracht werde[8] oder sonst gegen die Grundsätze eines ordentlichen Kaufmanns verstoßen werde[9]. Auch unabhängig von der Liquiditätslage der GmbH oder der Frage einer späteren Insolvenz sei strafrechtliche Untreue anzunehmen, wenn der alleingeschäftsführende Gesellschafter einer GmbH sich oder anderen willkür-

4 zu den Treuepflichten der Gesellschafter gegenüber der Gesellschaft bei der AG BGHZ 14, 25, 38 und bei der GmbH BGHZ 65, 15, 18 f. Zu den Treuepflichten der Gesellschafter untereinander bei AG BGHZ 103, 184, 194 und bei der GmbH BGHZ 65, 15, 18.

5 zusätzlich zu den in FN 2 genannten Entscheidungen BGH GA 1979, 311, 313

6 FN 1

7 BGHSt 3, 32, 40; BGHSt 9, 203, 216

8 BGH GmbHR 1954, 75

9 BGH Urt. v. 22. 06. 1954 – 1 StR 451/53, S. 23, 29

lich Vermögen der GmbH zugeschoben habe[10], wie z. B. beim Zahlen eines überhöhten Kaufpreises durch die GmbH.

Der BGH verweist schließlich darauf, daß das Verschieben von Vermögenswerten von der GmbH in das Vermögen des Alleingesellschafters dann ein »grober, die Gesellschafterstellung mißbrauchender Verstoß gegen die Grundsätze eines ordentlichen Kaufmanns und damit auch ein mißbräuchliches oder pflichtwidriges Verhalten im Sinne des § 266 StGB sei, wenn dies unter Nichtbuchen oder Falschverbuchen geschehe«; die Zustimmung eines Gesellschafters sei in diesem Falle ein Mißbrauch der Gesellschafterstellung. Ob die entzogenen Beträge ohne Beeinträchtigung der Liquidität als Gewinn hätten ausgeschüttet werden können, sei strafrechtlich irrelevant.

B. BGH, Urteil vom 24. 08. 1988[11] (GmbH)

Die Entscheidung vom 29. 05. 1987 fand ihre Fortsetzung in der vom 24. 08. 1988. Der BGH befaßte sich mit seiner in der Vorentscheidung aufgestellten – und allenthalben stark angegriffenen – These, ob alleine das Nichtbuchen bzw. Falschverbuchen bereits zum Verstoß gegen § 266 StGB auch dann führen könne, wenn es sich bei dem Geldtransfer von der GmbH zu ihrem Gesellschafter um Beträge handele, auf die der Gesellschafter ohne Beeinträchtigung der Liquidität der Gesellschaft im Wege einer Gewinnausschüttung ohnehin Anspruch gehabt hätte. Insoweit korrigierte der BGH nunmehr seine Aussage aus der Entscheidung vom 29. 05. 1987, indem es nunmehr für § 266 StGB nicht mehr alleine auf die Falschverbuchung oder das Nichtbuchen ankomme, sondern darauf, ob der Gesellschaft ein Schaden entstehe. Ein solcher sei aber dann nicht gegeben, wenn »Gesellschaftern« Beträge aus einem tatsächlich vorhandenen Reingewinn oder im Vorgriff auf einen mit Sicherheit alsbald erzielten Reingewinn ausgekehrt werden. Dies bedeute für die GmbH kein rechtswidriger Nachteil, und zwar selbst dann nicht, wenn die entnommenen Beträge zu Tarnzwecken falsch gebucht worden seien.

Der BGH schränkt dies jedoch für den Fall ein, daß die insoweit an sich mögliche Entnahme zu einer Existenzgefährdung der GmbH führe.

Also ist für den alleinigen Gesellschafter als faktischer Geschäftsführer § 266 StGB tatbestandlich verwirklicht, wenn er mit dem oben Ausge-

10 BGHSt 28, 371, 372; BGH, Urt. v. 20. 05. 1981 – 3 StR 94/81, S. 7 -; BGH GA 1979, 311, 313; BGH, Urt. v. 27. 03. 1979 – 5 StR 836/78 – und v. 13. 12. 1979 – 5 StR 814/78 -; BGH Beschl. v. 21. 10. 1980 – 1 StR 407/80 –

11 BGH wistra 1989, 23 = GmbHR 1988, 477

führten Vermögensverschiebungen vornimmt bzw. veranlaßt, die das Stammkapital der GmbH angreifen, deren Liquidität gefährden, die Gefahr einer Insolvenz begründen und zu einem Verstoß des Gesellschafters gegen seine Treuepflichten gegenüber der GmbH führen. Hierzu gehört nunmehr auch die formalrechtlich zulässige Gewinnentnahme, wenn damit eine Existenzgefährdung der GmbH verbunden sein kann.

C. BGH, Beschluß vom 11. 08. 1989[12] (GmbH)

In weiterer Fortführung der zuvor angesprochenen Entscheidungen weist der BGH in diesem Beschluß darauf hin, daß selbst bei Einverständnis aller Gesellschafter unter strafrechtlichen Aspekten (§ 266 StGB) seitens des Geschäftsführers bzw. des faktischen Geschäftsführers (= alleinigen Gesellschafters) über Vermögen der GmbH nicht verfügt werden dürfe, wenn bzw. soweit nicht nur das Stammkapital der GmbH aufgezehrt werde, sondern darüber hinaus bei der GmbH eine Überschuldung entstehe oder vertieft werde.

D. BGH, Urteil vom 17. 03. 1987[13] (KG)

Der BGH in Zivilsachen verweist zunächst darauf, daß § 266 StGB Schutzgesetz im Sinne des § 823 Abs. 2 BGB sei, so daß die strafrechtliche Einschlägigkeit des § 266 StGB auch zu deliktsrechtlichen Haftungsfolgen gemäß § 823 BGB führe[14].

Desweiteren verweist er – u. H. a. entsprechende Rechtsprechung der Strafsenate des BGH[15] – darauf, daß § 266 StGB auch bei einer GmbH & Co. KG verwirklicht sein könne, wenn die Schädigung des Gesamthandsvermögen der KG gleichzeitig das Vermögen der einzelnen Gesellschafter berühre, denn die Kommanditgesellschaft sei in den Schutzbereich des Vertrages gegenüber der Komplementär-GmbH und deren Geschäftsführer einbezogen, deren wesentliche Aufgaben in der GmbH die Geschäftsführung der KG sei[16].

Während jedoch mit oben Ausgeführtem die strafrechtliche Untreue von Geschäftsführern zu Lasten der *GmbH* im Regelfall nicht durch die Zustimmung des Alleingesellschafters zum Handeln des Geschäftsführers

12 BGH wistra 1990, 99
13 BGH wistra 1988, 113 = BGHZ 100, 190
14 so bereits RGZ 118, 312, 313; BGHZ 8, 276, 284; BGH NJW 1963, 486
15 BGH, Beschl. v. 02. 10. 1981 – 2 StR 544/81 –; BGH wistra 1984, 226; BGH MDR 1984, 277; BGH BB 1987, 145, 146. Neuerdings ebenso BGH wistra 1991, 183
16 BGHZ 75, 321, 322 f.; 76, 326, 337 f.

entfällt, da das Vermögen der Gesellschaft und nicht das des Gesellschafters geschützt wird, gibt es bei einer GmbH & Co. KG kein Gesellschaftsvermögen. Soweit bei Personenhandelsgesellschaften – wie z.B. der GmbH & Co. KG – verkürzt von »Gesellschaftsvermögen« gesprochen wird, handelt es sich in Wirklichkeit um das gesamthänderisch gebundene Vermögen der Gesellschafter. Dies erklärt denn auch, warum eine strafrechtliche Untreue gemäß § 266 StGB abgelehnt wird, wenn zum Nachteil dieses gesamthänderisch gebundenen Vermögens der Gesellschafter gehandelt wird und alle Gesellschafter damit einverstanden sind[17].

§ 28 Die Situation beim MBO

Gleicht man die gängigen MBO-Konzeptionen des share deal an diesen strafrechtlichen Vorgaben einmal ab, so wird folgendes deutlich:

MBO ist der Kauf des Unternehmens durch das Management. Hierfür bieten sich unterschiedliche Vertragsgestaltungen an, deren vorrangiges Ziel es in der Praxis allerdings ist, das Vermögen des zu kaufenden Unternehmens (= Zielgesellschaft) als Besicherungsgrundlage für die Finanzierung des vom Käufer zu zahlenden Kaufpreises einzusetzen. Dies ist aus rechtlichen Gründen nicht so ohne weiteres möglich, weil gesellschaftsrechtlich zwischen dem Vermögen der Gesellschaft einerseits und dem getrennt davon zu sehenden Vermögen des Gesellschafters andererseits zu unterscheiden ist.

Kaufgegenstand des Unternehmenserwerbs können entweder das Vermögen der Gesellschaft mit allen Aktiva und Passiva[18] oder der Erwerb aller Anteile bzw. Beteiligungen sein. Letzteres ist nicht zuletzt auch deshalb verbreiteter, weil praktikabler[19] und soll hier alleine weiter erörtert werden.

Da Führungskräfte in der Regel selbst nicht über so viel Kapital verfügen, daß sie den Kaufpreis für den Erwerb der Anteile/Beteiligungen bezahlen könnten, gilt es, Ressourcen zu nutzen und zu finanzieren. Dabei ist es nicht unproblematisch, in eigene Finanzierungsüberlegungen den cash flow des Unternehmens zur Rückführung der von Managern aufgenommenen Finanzierungen bzw. das Vermögen des Unternehmens zur Besicherung der von Managern aufgenommenen Finanzierungen verwenden

17 BGHSt 3, 23, 25; BGH wistra 1988, 113, 115
18 *Otto* in: Handbuch des Kapitalanlagerechts, 1990, § 26 Rdn. 106
19 *Otto* (FN 18), § 26 Rdn. 101

zu wollen. Die damit zusammenhängenden negativen zivil- und strafrechtliche Folgen[20] werden hier darzustellen sein.

A. Direkte Beteiligungen

I. Aktienerwerb

1. Manager kauft Aktien – AG zahlt Kaufpreis

Würden Manager die Aktien einer AG erwerben und die Kaufpreiszahlungsverpflichtungen aus dem cash flow der AG bedienen wollen, dann wären Rechtsbeziehungen der AG zum kaufenden Manager einerseits sowie zum veräußernden Aktionär bzw. einem dritten Kreditgeber angesprochen. Würde der Manager, der besagte Aktien gekauft hat, im Anschluß daran seine Kaufpreiszahlungsverpflichtungen aus dem cash flow der AG bezahlen, dann läge darin nach § 57 Abs. 1 AktG eine unzulässige verdeckte Einlagenrückgewähr an den Manager-Aktionär[21], wie auch dieser sich als neuer Vorstand bei Verstößen gegen § 57 Abs. 1 AktG gemäß § 93 Abs. 3 Ziff. 1 AktG zudem schadensersatzpflichtig machen könnte. Eine dem zugrunde liegende Vereinbarung zwischen AG und dem kaufenden Manager-Aktionär wäre gemäß § 134 BGB nichtig[22], die AG hätte gegen den kaufenden Manager-Aktionär Ausgleichsansprüche gemäß § 62 Abs. 1 Satz 1 AktG[23]. Darüber hinaus würde aber auch der verkaufende Aktionär, soweit er Kenntnis davon hat, daß der Kaufpreis aus dem cash flow der AG gezahlt wird, die Nichtigkeit der Verträge im Zusammenhang mit dem Verkauf der Aktien[24] zur Kenntnis nehmen müssen, so daß er keine Kaufpreisansprüche gegen den kaufenden Manager-Aktionär und erst recht nicht gegen die AG hätte, vielmehr umgekehrt mit Rückzahlungsansprüchen der AG bei schon – aus dem cash flow – geleisteten Kaufpreisen auf die Dauer von 30 Jahren rechnen müßte (§ 195 BGB)[25].

---

20 Bei der Aktiengesellschaft kann ein Verstoß gegen das Verbot der Einlagenrückgewähr gemäß § 57 Abs. 1 AktG bzw. die Nichtigkeitsfolge des § 71 a AktG gegeben sein, bei der GmbH können Verstöße gegen die Kapitalerhaltungsvorschriften der §§ 30, 31 GmbHG gegeben sein, wenn dadurch eine Unterbilanz bzw. Überschuldung entsteht oder verstärkt wird, mit entsprechenden haftungsrechtlichen Folgen. Dazu: *Lutter/Wahlers,* AG 1989, 1, 8 ff. und 13 ff.; *Kerber,* WM 1989, 473, 475; *Rutke,* WM 1989, 806; *Wagner,* KaRS 1989, 82, 88;

21 *Lutter/Wahlers,* AG 1989, 1, 8

22 *Lutter* in: Kölner Kommentar zum AktG, 2. Aufl., § 57 Rdn. 61, 62,64 ff. m.w.N.

23 dies gilt gleichermaßen für die schuldrechtlichen wie dinglichen Ansprüche – *Lutter* (FN 22) § 57 Rdn. 63

24 schuldrechtliches und dingliches Rechtsgeschäft

25 *Lutter* (FN 22) § 57 Rdn. 74. Immerhin könnten in solche Ansprüche Dritte hineinpfänden.

Vorstandsmitglieder einer AG, die an solchen Transaktionen mitwirken, würden gegen ihre gesetzlichen Pflichten aus § 76 Abs. 1 AktG verstoßen und damit die Vermögensinteressen der AG verletzen. § 266 StGB wäre tatbestandlich verwirklicht. Auch (kaufende) Manager der AG, die nicht dem Vorstand angehören, können als Täter § 266 StGB verwirklichen, sofern sie in einem besonderen Pflichtverhältnis zur AG stehen, andernfalls sie strafrechtlich Teilnehmer sein können.

2. Manager kauft Aktien – Finanzierung des Kaufpreises über Kreditvertrag AG/Bank – Sicherheitenbestellung durch AG

Nicht wesentlich anders als die zuvor dargestellte Rechtslage ist die rechtliche Beurteilung hier, nur etwas diffiziler im Detail durch die Einschaltung eines externen Kreditgebers.

Wird zur Finanzierung des Kaufpreises, den der kaufende Manager für Aktien an den Verkäufer zu zahlen hat, durch die AG ein auch auf dem Vermögen der AG besicherter Kredit aufgenommen und werden die Mittel daraus seitens der AG dem kaufenden Manager zur Kaufpreiszahlung zur Verfügung gestellt, dann handelt es sich um einen Fall des § 71 a Abs. 1 Satz 1 AktG. Kreditvertrag und Absicherung sind nichtig, mit der Folge, daß die AG gegenüber dem Kreditinstitut die Freistellung von daraus entstandenen Belastungen verlangen kann.

Rechtliche Streitfragen bestehen z. Zt. allenfalls insoweit, ob dieses Ergebnis dann anders aussieht, wenn die entsprechenden Verträge erst dann abgeschlossen und die Besicherung erst dann vorgenommen wird, *nachdem* der Aktienerwerb durch den kaufenden Manager bereits abgeschlossen ist, er also bereits Aktionär ist[26].

Auch für Vertreter der bei der Finanzierung eines MBO in dieser Konstellation mitwirkenden Personen von Kreditinstituten bzw. Kapitalbeteiligungsgesellschaften besteht *persönlich* ein relevantes strafrechtliches bzw. haftungsrechtliches Risiko. Zwar können sie § 266 StGB nicht als Täter verwirklichen, da strafrechtliche Untreue wegen des erforderlichen Pflichtenverhältnisses zur AG ein Sonderdelikt[27] ist, sie können aber Teilnehmer des § 266 StGB sein und sich insoweit strafbar machen; diesbezüglich würden sie zudem *persönlich* zivilrechtlich haften[28].

26 zum Meinungsstand in Rechtsprechung und Literatur siehe *Lutter/Wahlers*, AG 1989, 1, 9 f. m.w.N.

27 BGHSt 13, 330

28 § 823 Abs. 2 BGB i.V.m. §§ 266, 26-28 StGB i.V.m. §§ 830 Abs. 2, 840 Abs. 1 BGB

3. Zwischenergebnis

Der Aktien kaufende Manager, der, statt den Kaufpreis selbst zu zahlen, diesen über die AG besichern, finanzieren oder bezahlen läßt, hat ebenso wie der verkaufende Aktionär die Nichtigkeit aller Maßnahmen mit entsprechenden Ansprüchen der AG zu gewärtigen, wobei die finanzierenden Kreditinstitute in diesen Risikobereich einbezogen sind. Man mag sich nicht damit trösten, daß der kaufende Manager-Aktionär, wenn er das gesamte Aktienpaket kauft, wohl kaum gegen sich selbst entsprechende rechtliche Schritte einleiten werde, so daß der Grundsatz gelten würde, wo kein Kläger, da kein Richter, denn eine solche Betrachtungsweise würde zum einen die Aufsichtspflichten des Aufsichtsrats außer acht lassen und zum anderen die Möglichkeiten potentieller Gläubiger unberücksichtigt lassen, in entsprechende Ansprüche der AG gegenüber dem Manager-Aktionär bzw. verkaufenden Aktionär hineinzupfänden, sich überweisen zu lassen, um dann aus diesen Ansprüchen seitens der Gläubiger direkt vorgehen zu können.

Hinzu kommen die dargestellten strafrechtlichen Risiken, die – da § 266 StGB ein Offizaldelikt ist – von Amts wegen zu verfolgen sind sowie die *persönlichen* deliktischen Haftungsrisiken.

II. Erwerb von GmbH-Geschäftsanteilen

1. Manager kauft Geschäftsanteile – GmbH zahlt Kaufpreis

Während bei der AG gerade auch wegen der gesetzlichen Regelungen der §§ 57 Abs. 1, 71 a Abs. 1 Satz 1 AktG im Hinblick auf die angesprochenen Nichtigkeitsfolgen vieles transparenter erscheint, ist dies bei einem MBO von GmbH-Geschäftsanteilen nicht der Fall. Dies hängt damit zusammen, daß im Gegensatz zur AG, wo das gesamte Gesellschaftsvermögen in den §§ 57 ff. AktG einer gesonderten Bindung unterliegt, bei der GmbH die §§ 30 ff. GmbHG nur die Erhaltung des Stammkapitals sichern helfen sollen[29], und zwar in seinem rechnerischen Wert[30], so daß mit § 30 Abs. 1 GmbHG nur solche Zuwendungen mit der *Haftungsfolge* des § 31 Abs. 1 GmbHG[31] angesprochen sind, durch die eine Unterbilanz bzw. Über-

29 stellvertretend *Lutter/Wahlers,* AG 1989, 1, 13 m.w.N.

30 *Joost,* ZHR 148 (1984), 27 f.; *Lutter,* Kapital, Sicherung der Kapitalaufbringung und Kapitalerhaltung in den Aktien- und GmbH-Rechten der EWG, 1964, S. 52 f.; *Lutter/Wahlers,* AG 1989, 1, 13

31 nicht wie bei §§ 57 Abs. 1 und 71 a Abs. 1 Satz 1 AktG mit Nichtigkeitsfolgen

schuldung entsteht oder verstärkt wird[32], ohne daß deshalb die Unwirksamkeitsfrage vergleichbar zum Aktienrecht gestellt ist.

Dies hat zur Folge, daß, wenn im Rahmen eines MBO sämtliche Geschäftsanteile erworben werden und nicht gegen vorgenannte Kapitalerhaltungsgrundsätze sowie Satzungsregelungen verstoßen wird, gesellschaftsrechtlich das Vermögen der GmbH und damit auch deren cash flow zur Kaufpreiszahlung im Rahmen eines MBO eingesetzt werden kann[33].

Wird dagegen gegen obige Kapitalerhaltungsgrundsätze verstoßen, haftet der die Geschäftsanteile kaufende Manager gemäß § 31 Abs. 1 GmbHG, die Wirksamkeit der geschlossenen Verträge wird aber davon nicht berührt.

Kauft der Manager dagegen nur einen Teil der Geschäftsanteile, nutzt aber den cash flow der GmbH zur Zahlung seines Kaufpreises gegenüber dem Verkäufer, dann kann, wenn dem nicht alle anderen Gesellschafter zustimmen, darin eine Pflichtwidrigkeit durch Sich-Verschaffen von Sondervorteilen auf seiten des kaufenden Managers liegen, die bis zur Nichtigkeit der Verträge bei Vorliegen des Mißbrauchs der Vertretungsmacht reichen kann[34].

Was die strafrechtliche Seite betrifft, ist der Zugriff des Geschäftsanteile kaufenden Managers auf den cash flow der GmbH, um damit seinen Kaufpreis zu bezahlen, etwas völlig anderes, als eine zulässige Gewinnentnahme, denn cash flow[35] und ausschüttungsfähiger Gewinn sind bei weitem nicht das gleiche. Also gelten die oben dargestellten allgemeinen Grundsätze: Würde beispielsweise der Geschäftsanteilskäufer für seine Kaufpreiszahlungsverbindlichkeit zugleich auch eine Zahlungsverbindlichkeit der GmbH selbst begründen und würde der Kaufpreis aus dem cash flow der GmbH bezahlt und die Stammkapitalkennziffer angegriffen, so würde der Geschäftsführer der GmbH bzw. der faktische Geschäftsführer den Tatbestand des § 266 StGB erfüllen; der daran mitwir-

32 *Baumbach/Hueck,* GmbHG, 15. Aufl., § 30 Rdn. 7; *Fischer/Lutter/Hommelhoff,* GmbHG, 12. Aufl., § 30 Rdn. 2; *Flume,* ZHR 144 (1980), 18 f.; *Hachenburg/Goerdeler/Müller,* GmbHG, 7. Aufl., § 30 Rdn. 3; *K. Schmidt,* Gesellschaftsrecht, S. 846 f.; *Winter,* ZHR 148 (1984), 579, 582 – der Unterbilanz wird die Überschuldung der GmbH von folgenden Autoren gleichgestellt: *Kerber,* WM 1989, 473, 476; *K. Schmidt,* Gesellschaftsrecht, S. 847; *Westermann* in: Scholz, GmbHG, 7. Aufl., § 31 Rdn. 14

33 *Lutter/Wahlers,* AG 1989, 1, 17

34 *Lutter/Wahlers,* AG 1989, 1, 15-17

35 Jahresüberschuß + nicht auszahlungswirksame Aufwendungen (z. B. Abschreibungen, Rückstellungen) – nicht einzahlungsrelevante Erträge (z. B. Zuschreibungen)

kende Verkäufer der Geschäftsanteile könnte strafrechtlich Teilnehmer zu § 266 StGB sein.

§ 266 StGB können in Täterschaft bzw. Teilnahme auch dann gegeben sein, wenn die Zahlung des Kaufpreises des Geschäftsanteilskäufers mittels des cash flow der GmbH bei dieser zur Liquiditätsgefährdung, Existenzgefährdung oder zur Verwirklichung eines Insolvenztatbestandes führen kann.

Alleine der vielleicht zivilrechtlich noch zulässige Zugriff auf den cash flow der GmbH zwecks Zahlung der den Geschäftsanteilskäufer treffenden Kaufpreiszahlungsverbindlichkeit exculpiert mithin von strafrechtlicher Verantwortlichkeit nicht, vielmehr sind die strafrechtlichen Kriterien gesondert zu prüfen, möchte man Strafbarkeit und *persönliche* deliktsrechtliche Haftung vermeiden.

2. Manager kauft Geschäftsanteile – Finanzierung des Kaufpreises über Kreditvertrag GmbH/Bank – Sicherheitenbestellung durch GmbH

Zum vorgenannten Sachverhalt ist insoweit ein Unterschied gegeben, als die Darlehensaufnahme durch die GmbH bei ihr zu passivieren ist und zu einer Unterbilanz bzw. zu einer Überschuldung[36] führen kann, womit – bei Gleichstellung von Unterbilanz und Überschuldung[37], was § 30 Abs. 1 GmbHG betrifft – das Auszahlungsverbot des § 30 Abs. 1 GmbHG mit entsprechenden Haftungsfolgen des § 31 Abs. 1 GmbHG – nicht mit Nichtigkeitsfolgen – angesprochen wäre[38]. Die GmbH hätte dann Freistellungsansprüche gegen den Manager-Gesellschafter sowie zusätzliche Rückgewähransprüche gemäß § 43 a GmbHG, da der Geschäftsanteilskäufer beim MBO ja neben seiner Gesellschafterstellung oft zugleich Geschäftsführer war und bleibt.

Was die Sicherheitenbestellung an dem Vermögen der GmbH für einen Kredit betrifft, der der Finanzierung des Kaufpreises für den Geschäftsanteilserwerb des Managers im Rahmen eines MBO dient, bestehen div. rechtliche Streitfragen, die hier nur angedeutet, nicht aber vertieft werden sollen: Dabei handelt es sich insbesondere um die Frage, ob die Bestellung einer Sicherheit bereits eine verbotene Auszahlung im Sinne des § 30

36 Unterbilanz = Reinvermögen (Aktiva minus Verbindlichkeiten) deckt nicht mehr das Stammkapital; Überschuldung = Verbindlichkeiten übersteigen das Aktivvermögen

37 s. o. FN 32

38 *Kerber,* WM 1989, 473, 476 m. w. N. wobei noch zwischen Abschluß des Kreditvertrages und Auszahlung des Darlehens differenziert werden kann.

GmbHG darstellt, wie auch darüber diskutiert wird, wie man wann zur Beantwortung dieser Frage sich mit welchen Wertansätzen befassen muß[39].

Das zuvor strafrechtlich Ausgeführte gilt hier entsprechend, jedoch mit der Besonderheit, daß die Personen der den Kaufpreis finanzierenden Kreditinstitute als Teilnehmer § 266 StGB dort erfüllen können, wo der Geschäftsanteilskäufer als Täter § 266 StGB verwirklicht, auch hier mit dem Risiko zusätzlicher *persönlicher* deliktischer Haftungsschuldnerschaft[40].

3. Zwischenergebnis

Auch hier läßt sich mithin feststellen, daß der GmbH-Geschäftsanteile kaufende Manager, der, statt den Kaufpreis selbst zu zahlen, diesen über die GmbH besichern, finanzieren oder bezahlen läßt, zwar nicht mit der stringenten Nichtigkeitsfolge wie oben beim Aktienkauf rechnen muß, was auch die Kreditinstitute bei GmbH-Geschäftsanteilskäufen im Rahmen eines MBO rechtlich weitergehend absichert, aber der kaufende Manager ist auch hier vor Haftungsinanspruchnahmen keineswegs sicher und zudem insoweit oft von wenig transparenten Bewertungsfragen abhängig. Und auch hier stellen sich für den MBO-Manager und seine Finanzierungspartner relevante strafrechtliche Probleme, die es jeweils zuvor abzuklären gilt.

III. Erwerb von Beteiligungen an einer Kommanditgesellschaft

Würden Manager die Beteiligungen der Kommanditisten/Komplementäre einer Kommanditgesellschaft erwerben und ihre an die Verkäufer zu zahlenden Kaufpreise aus dem cash flow der KG bezahlen wollen, dann stellt sich die nicht unumstrittene Frage, ob die KG überhaupt eigenes Vermögen hat oder ob bei einer Personenhandelsgesellschaft – anders als bei einer Kapitalgesellschaft – Gesellschafts- und Gesellschaftervermögen identisch zu sehen sind; denn wäre letzteres der Fall, dann könnten die kaufenden Manager als Gesellschafter ja allenfalls sich selbst »schädigen«.

Eine Kommanditgesellschaft ist ebenso wie eine Offene Handelsgesellschaft *keine* juristische Person, vergleichbar den Kapitalgesellschaften

39 *Kerber,* WM 1989, 473, 477 ff. m. w. N. – a. A. *Rutke,* WM 1989, 805; *Lutter/Wahlers,* AG 1989, 1, 13-15
40 s. o. FN 28

(GmbH, AG). Träger der Rechte und Pflichten sind vielmehr die Gesellschafter der Kommanditgesellschaft selbst, jedoch in ihrer gesamthänderischen Verbundenheit als Gesellschafter. Die KG kann aber gemäß §§ 161 Abs. 2, 124 Abs. 1 HGB unter ihrer Firma (also unter ihrem Firmennamen) eigene Rechte erwerben, so daß ihr, also der KG, auch eigene Rechte zustehen können[41]. Würde also das Gesellschaftsvermögen der Kommanditgesellschaft betroffen, damit also das Gesamthandsvermögen der einzelnen Gesellschafter, dann soll nach der Entscheidung des BGH vom 17. 03. 1987[42] folgendes gelten:

»Bei Schädigung des Gesellschaftsvermögens kann nicht einmal ein eigener Anspruch des Gesellschafters wegen Verletzung seines Gesamthandseigentums oder wegen Verkürzung seines Auseinandersetzungsanspruchs anerkannt werden, da die Verselbständigung des Gesellschaftsvermögens im Rahmen des § 124 HGB und die damit verbundene eigene Anspruchsberechtigung und Verpflichtungsfähigkeit der Personenhandelsgesellschaft einer solchen Möglichkeit entgegenstehen (BGHZ 10, 91, 100). Ersatzansprüche, die den Gesellschaftern einer Personenhandelsgesellschaft dadurch entstehen, daß ihr in der Gesellschaft zusammengefaßtes Gesamthandsvermögen geschädigt wird, fallen in dieses Sondervermögen, so daß auch nur die Gesellschaft die daraus entstehenden Schadensersatzansprüche geltend machen kann.«

Daraus wird deutlich, daß das Gesellschaftsvermögen ein Sondervermögen der Gesellschafter ist. Mithin können Manager den Kaufpreis ihres Beteiligungserwerbs aus dem cash flow der KG bezahlen und eine Finanzierung auf dem Vermögen der KG sichern, wenn sie zu 100% das Gesellschaftsvermögen erworben haben und entsprechend zu Finanzierungszwecken einsetzen wollen, dies geht jedoch nicht, wenn dies zu Lasten eines verbliebenen Gesellschafters erfolgen soll, der damit nicht einverstanden ist.

Strafrechtlich wurde oben[43] bereits darauf verwiesen, daß jedenfalls dann keine Probleme des § 266 StGB anstehen, wenn alle Gesellschafter einer KG darin einwilligen, daß der/die Beteiligungen verkaufende Gesellschafter seinen Kaufpreis von der KG erhalten soll bzw. daß die Beteiligungen kaufenden Manager ihre Finanzierung auf gesamthänderisch gebundenem Gesellschaftsvermögen absichern.

41 BGHZ 100, 190, 194
42 BGHZ 100, 190, 194
43 s. o. § 27 D.

Ist jedoch nur ein Gesellschafter der KG[44] damit nicht einverstanden, ist eine Inanspruchnahme des cash flow bzw. Gesellschaftsvermögens der KG für Kaufpreis-, Finanzierungs- bzw. Sicherungszwecke strafrechtlich relevant.

B. Indirekte Beteiligungen

Um zuvor aufgezeigten Problemen aus dem Wege zu gehen, werden in der Praxis vermehrt MBO-Konzeptionen in Form der indirekten Beteiligungen gewählt. Der Unterschied in seiner strafrechtlichen Auswirkung soll am Beispiel der indirekten Beteiligung mittels ausschüttungsbedingter Teilwertabschreibung verdeutlicht werden[45].

Manager gründen eine neue GmbH (sogenannte »Manager-GmbH«) und erwerben mit dieser statt der Assets die Geschäftsanteile der Zielgesellschaft (z. B. GmbH). Würde nun die Zielgesellschaft auf die Manager-GmbH verschmolzen[46], um sich den cash flow und die stillen Reserven der Zielgesellschaft seitens der Manager-GmbH zunutze zu machen, wären allerdings einige Nachteile in Kauf zu nehmen:

Die Manager-GmbH müßte in der Handelsbilanz die Buchwerte der Wirtschaftsgüter der Zielgesellschaft fortführen, so daß eine steuerneutrale Buchwertaufstockung nicht möglich wäre[47]. Die Folge wäre, daß in der Regel die fortzuführenden Buchwerte der Wirtschaftsgüter der Zielgesellschaft niedriger anzusetzen sein werden, als die bei der Manager-GmbH vor Verschmelzung in Höhe der Kaufpreise bilanzierten erworbenen Geschäftsanteile an der Zielgesellschaft (GmbH), so daß die Manager-GmbH folglich in Höhe dieses Differenzbetrages in der Handelsbilanz einen Verlust ausweisen müßte, welcher bei einem geringen Eigenkapitalanteil zur Überschuldung der Manager-GmbH führen kann[48]. Indem die Manager-GmbH vor der Verschmelzung die Anteile der Zielgesellschaft erworben hätte, wäre die Vermeidung der Überschuldung durch Verschmelzung mittels Kapitalerhöhung nicht möglich (§ 23 Abs. 1 KapErhG).

---

44 daß § 266 StGB nicht nur bei einer GmbH & Co. KG, sondern auch bei einer GbR und damit auch bei einer einfachen KG relevant sein kann, ist mittelbar BGH wistra 1988, 350 zu entnehmen.

45 zu weiteren Konzeptionen indirekter Beteiligungen siehe *Otto* in: Handbuch des Kapitalanlagerechts, 1990, § 26 Rdn. 111 ff.

46 vorausgesetzt, es wird die Mehrheit des § 340 c Abs. 2 AktG (3/4 Mehrheit des Grundkapitals oder höhere Mehrheit nach Satzung) oder des § 20 Abs. 2 Satz 1 KapErhG (3/4 Mehrheit der abgegebenen Stimmen) erreicht

47 § 348 Abs. 1 AktG, § 27 Abs. 1 KapErhG

48 *Otto* (FN 45), § 26 Rdn. 129; *Widmann/Mayer,* Umwandlungsrecht, Rdn. 1759

Steuerrechtlich könnte zwar abweichend von der handelsrechtlich untersagten Buchwertaufstockung eine solche durchaus durchgeführt werden (§ 14 UStG), aber nicht steuerneutral, so daß man auf der Ebene der Zielgesellschaft durch Auflösung stiller Reserven einen körperschaftssteuerpflichtigen und gewerbesteuerpflichtigen Übertragungsgewinn realisieren würde[49].

Ein weiterer Nachteil dieser Konzeption liegt darin, daß gemäß § 7 UmwG bzw. § 26 KapErhG den Gläubigern der Zielgesellschaft binnen einer 6-Monatsfrist Sicherheit zu leisten hat und für den Fall, daß Gläubiger der Zielgesellschaft im Zuge der Verschmelzung geschädigt würden, die Geschäftsführer und ggf. der Aufsichtsrat der Zielgesellschaft persönlich zum Schadensersatz verpflichtet sein können (§ 28 KapErhG).

In Anbetracht dieser Schwierigkeiten ist denn auch die Konzeption des share deal durch indirekte Beteiligung mittels Verschmelzung nicht sonderlich attraktiv, so daß man sich stattdessen folgender Konzeption zugewandt hat, um einerseits das Vermögen der Zielgesellschaft seitens der Manager für eigene Finanzierungszwecke zu nutzen und andererseits auch eine steuerrechtliche Optimierung (steuerneutrale Buchwertaufstokkung) zu erreichen:

Die Manager-GmbH nimmt eine Finanzierung zur Kaufpreiszahlung auf. Sodann erwirbt sie die Geschäftsanteile an der Zielgesellschaft (mbH) von den dortigen Gesellschaftern; der Kaufpreis wird gestundet. In einem weiteren Schritt erwirbt die Manager-GmbH die Aktiva und Passiva der Zielgesellschaft und zahlt dafür an die Zielgesellschaft, deren alleiniger Gesellschafter sie (inzwischen) geworden ist, den Kaufpreis für die erworbenen Aktiva und Passiva. In einem nächsten Schritt wird der so bei der Zielgesellschaft erzielte Veräußerungsgewinn an die Manager-GmbH als ihren Alleingesellschafter ausgeschüttet, die nunmehr den Kaufpreis an die Verkäufer der Geschäftsanteile bezahlt und bezüglich der von ihr an der Zielgesellschaft gehaltenen Geschäftsanteile bei sich eine ausschüttungsbedingte Teilwertabschreibung vornimmt. Später wird die Zielgesellschaft liquidiert[50].

Hier nun steckt ein vermeintlich strafrechtliches Risiko konzeptionsbedingt darin, daß der BGH in seiner Entscheidung vom 24. 08. 1988[51] den Straftatbestand des § 266 StGB dann als verwirklicht ansieht, wenn zwar

49 *Otto* (FN 45), § 26 Rdn. 131; *Holzapfel/Pöllath,* Recht und Praxis des Unternehmenskaufs, 5. Aufl., Rdn. 230

50 *Otto* (FN 45), § 26 Rdn. 135; zu den steuerrechtlichen Besonderheiten siehe *Holzapfel/Pöllath* (FN 49), Rdn. 244 ff.

51 s. o. § 23 B.

formalrechtlich eine zulässige Gewinnentnahme möglich ist, *damit* aber eine Existenzgefährdung der GmbH verbunden sein kann. Ist solches aber nicht auch dann gegeben, wenn die vorgenannte MBO-Konzeption letztlich die Existenzvernichtung des Zielunternehmens durch Übertragung des gesamten Vermögens auf die Manager-GmbH mit einschließt, nur um bei der Manager-GmbH dann gesellschaftsrechtlich nach derzeitiger Rechtsauffassung die Finanzierung des Anteilskäufers (der Manager-GmbH) auf dem Vermögen der Manager-GmbH zulässigerweise abzusichern und aus ihrem cash flow die von ihr aufgenommene Fremdfinanzierung bedienen zu können? Immerhin hat der BGH in seiner Entscheidung vom 29. 05. 1987[52] deutlich gemacht, es komme strafrechtlich bezüglich § 266 StGB nicht auf die Frage der Gefährdung von Gläubigerinteressen an, sondern auf die Frage der Gefährdung des Vermögens der GmbH als solcher. Wie also ist es vor diesem Hintergrund strafrechtlich einzuschätzen, wenn die hier dargestellte gängige indirekte MBO-Konzeption letztlich davon ausgeht, daß die Ziel-GmbH liquidiert wird und deren gesamtes Vermögen auf deren Gesellschafter, die Manager-GmbH, übertragen wird?

Auch wenn es den Anschein haben mag, als ob diese Konzeption § 266 StGB strafrechtlich ausfüllt, ist dem m. E. nicht so. Der Entscheidung des BGH vom 24. 08. 1988[53] wird man unterstellen dürfen, daß die Existenzgefährdung oder -vernichtung der GmbH im Hinblick auf § 266 StGB dann strafrechtlich relevant ist, wenn dadurch die geschäftlich tätige bzw. werbende GmbH betroffen ist. Damit ist jedoch nicht gemeint, daß Geschäftsführer oder faktische Geschäftsführer/Gesellschafter strafrechtlich verantwortlich sein sollen, wenn sie beabsichtigen, die GmbH zu liquidieren, denn es leuchtet wohl ein, daß die im GmbH-Gesetz vorgesehene zulässige Liquidation einer GmbH kein Fall des § 266 StGB sein soll. So setzt denn § 266 StGB auch die Pflichtwidrigkeit des eigenen Handelns voraus[54], was dann nicht gegeben ist, wenn entsprechend den gesetzlichen Anforderungen der §§ 60 ff. GmbHG eine Liquidation durchgeführt wird bzw. entsprechend verfahren wird.

§ 29 MBO's in den neuen Bundesländern

Die Mehrzahl sogenannter MBO's in den neuen Bundesländern sind direkte Beteiligungen, indem Geschäftsführer bzw. Führungskräfte von

52 s. o. § 23 A.
53 BGH wistra 1989, 23; s. o. § 23 B.
54 *Scholz/Tiedemann*, GmbHG, 7. Aufl., Vor §§ 82 ff. Rdn. 11

GmbH's von der Treuhandanstalt Geschäftsanteile erwerben bzw. erworben haben. Die strafrechtliche Beurteilung richtet sich nach dem oben[55] Ausgeführten, und zwar für die Vertreter der Treuhandanstalt, die Geschäftsanteilskäufer und die Vertreter der Finanzierungsinstitute. Rein *rechtlich* besteht kein Unterschied, jedoch ist die *tatsächliche* Ausgangslage risikoträchtiger. Denn ist die GmbH bereits überschuldet oder kann in Anbetracht der tatsächlichen Verhältnisse die Inanspruchnahme von cash flow und Vermögen der Gesellschaft zur Bedienung von Kaufpreisen bzw. Finanzierungen und Besicherungen derselben beim MBO dort eher zur Liquiditäts-, Existenz- bzw. Insolvenzgefährdung oder zum Angreifen des Stammkapitals der GmbH führen, dann sind damit auch die strafrechtlichen Risiken eher vorhanden. Hinzu kommen die bereits beschriebenen Risiken *persönlicher* Haftungsinanspruchnahmen aus Delikt.

§ 30 Fazit

MBO-Konzeptionen, einerlei ob als westdeutsche Finanzierungs- oder ostdeutsche Sanierungskonzeptionen[56], sollten nicht alleine steuerrechtlich bzw. nach den Bedürfnissen der Kreditgeber ausgerichtet werden, sondern *zunächst* einmal danach, wie strafrechtliche und haftungsrechtliche Risiken vermieden werden können. Soweit dies bisher nicht (in ausreichendem Maße) geschehen ist, sollten MBO-Konzeptionen nachgebessert werden, denn an der Vermeidung solcher Risiken müssen alle am MBO Beteiligten interessiert sein. Erst wenn dies gelungen ist, mag an die steuerrechtliche Orientierung von MBO-Konzeptionen gedacht werden, bei denen es jedoch wiederum nicht nur um die steuerliche Optimierung, sondern auch um die *damit* verbundenen strafrechtlichen Risiken geht[57].

---

55 s. o. § 28 A. II. 1. und 2.

56 *Wagner,* KaRS 1991, 190 und 279; *Wagner,* DWI 1991, 610

57 z. B. zu Fragen der strafrechtlichen Untreue bei verdeckten Gewinnausschüttungen *Reiß,* wistra 1989, 81; *Hellmann,* wistra 1989, 214; *Lipps,* NJW 1989, 502; *Braummsen,* DB 1989, 1609; *Ulmer,* Festschr. f. Pfeiffer, 1988, 853; *Gribbohm,* ZGR 1990, 1

8. Kapitel: Rechtspolitische Überlegungen

§ 31 Zukunftsperspektiven der Beteiligung der Nichtselbständigen am Produktivvermögen – Investitionsförderung statt Sparförderung

von Loritz/Wagner

A. Bestehende Situation

I. Einleitung

Obwohl die Beteiligung der Mitarbeiter am Produktivvermögen, wenn sie betrieblicher Art ist, ein sehr sinnvolles Instrument unternehmerischer Personal- und Finanzpolitik darstellen kann und sowohl die betriebliche als auch die außerbetriebliche Beteiligung der Nichtselbständigen am Produktivvermögen beachtlichen gesellschaftspolitischen Nutzen hat, gibt es nur wenige tausend Unternehmen, die die betriebliche Beteiligung in den alten Bundesländern praktizieren. Demgegenüber besteht in den neuen Bundesländern erhebliches Interesse. Die Gründe für die relativ geringe Verbreitung in den alten Bundesländern sind bekannt und sollen hier nicht nochmals im einzelnen dargelegt werden. Einige Hinweise mögen genügen: Die staatliche Förderung der Mitarbeiterbeteiligung in Gestalt der Förderung des Produktivkapitalsparens hat viel zu spät, nämlich erst mit dem 1. Vermögensbeteiligungsgesetz (VermBeteilG) im Jahre 1983 eingesetzt. Zudem ist die Förderung, obwohl mit Wirkung vom 01. 01. 1989 eindeutig das Produktivkapitalsparen im Vordergrund steht, nach wie vor sehr heterogen, betragsmäßig zu gering und zu kompliziert. Viele Arbeitgeber und Arbeitnehmer verstehen die schwierigen gesetzlichen Regelungen nicht, und selbst Steuerberater und Rechtsanwälte sind vielfach überfordert. Nur wenige Spezialisten sind in der Lage, ein alle Rechtsfragen berücksichtigendes Beteiligungsmodell zu erstellen. Die Tarifparteien haben die Mitarbeiterbeteiligung bisher so gut wie nicht gefördert. Der DGB spricht sich nach wie vor gegen die *betriebliche* Mitarbeiterbeteiligung aus. Die Bundesvereinigung der deutschen Arbeitgeberverbände hat die Mitarbeiterbeteiligung immer befürwortet. Doch bekanntlich bedarf die Arbeitgeberseite zu allen tariflichen Vorhaben des Konsenses mit der Arbeitnehmerseite. Auch die Diskussionen in der Metallindustrie in der neueren Zeit sind bisher noch nicht in die Praxis umgesetzt worden.

Der Gesetzgeber hat nie den Versuch unternommen, die Beteiligung der

Arbeitnehmer am Produktivvermögen in einem Gesamtkonzept zu regeln. Ja selbst die Diskussion in den parlamentarischen Gremien, in der Wissenschaft und Praxis hat sich sehr häufig nur Einzelaspekten gewidmet. Auch im 2. VermBeteilG hat sich der Gesetzgeber auf die Regelung der staatlichen Förderung durch das Vermögensbildungsgesetz (VermBG) – inzwischen haben wir das 5. VermBG – und durch § 19 a EStG beschränkt. Die gesellschafts- und arbeitsrechtlichen sowie zahlreiche spezifisch bei Beteiligungsmodellen auftretenden steuerrechtlichen Fragen wurden überhaupt nicht aufgegriffen.

Derzeit ist mit einer grundlegenden Neuorientierung der gesetzgebenden Körperschaften, geschweige denn mit einem Gesamtkonzept auf politischer Ebene, nicht zu rechnen, im Gegenteil. Die seit mehreren Monaten laufende Diskussion hat gezeigt, daß man mit dem vordergründigen Hinweis auf Sparmaßnahmen sogar in die schon bestehende Förderung des § 19 a EStG im Entwurf eines Steueränderungsgesetzes 1992 eingreifen wollte[1]. Ob hierin ein Ansatz des Staates zu sehen ist, sich mittel- oder längerfristig ganz aus der Sparförderung der Vermögensbeteiligung zurückzuziehen, ist schwierig zu sagen, undenkbar erscheint es nicht. Es wäre gesellschaftspolitisch äußerst schädlich und falsch.

Da von staatlicher Seite also leider mit einer fundamentalen Reform oder auch nur mit Reformüberlegungen nicht gerechnet werden kann, erscheint eine private Initiative angebracht, die zeigt, daß es möglich ist, ein sinnvolles Gesamtkonzept für die seit Jahrzehnten bestehende Idee einer breiteren Beteiligung weiter Bevölkerungskreise am Produktivkapital unter Beachtung insbesondere der betrieblichen Beteiligung zu erstellen. Nachfolgend soll im ersten Teil die bestehende Situation kurz dargelegt werden. Im zweiten Teil werden einige Mängel und Unzulänglichkeiten der bisherigen Idee der Beteiligung der Nichtselbständigen am Produktivvermögen sowie des bisherigen Fördersystems und der rechtlichen Rahmenbedingungen aufgegriffen. Schließlich wird im dritten Teil der Vorschlag einer Neuorientierung unterbreitet.

II. Die derzeitige duale Förderung durch das 5. VermBG und die steuerliche Förderung durch § 19 a EStG

I. Kurze Darstellung der Historie

Die Förderung der Beteiligung der Arbeitnehmer am Produktivvermögen ist relativ jung. Sie hat erst mit dem Inkrafttreten des 1. VermBeteilG vom

1 hierzu *Loritz/Wagner,* Handelsblatt v. 25. 06. 1991, S. 6

22. 12. 1983[2] am 01. 01. 1984 ihren eigentlichen »Durchbruch« erzielt. Bis dahin hatte der Staat mit den insgesamt vier Vermögensbildungsgesetzen einseitig die Vermögensbildung in Arbeitnehmerhand allgemein gefördert, u. a. das Bausparen, das Versicherungssparen, mit dem Bausparprämiengesetz zusätzlich das Kontensparen und mit dem noch heute geltenden Wohnungsbauprämiengesetz den Wohnungsbau. Gezielt begünstigt wurde durch § 8 KapErhStG, der Vorgängerform des heutigen § 19 a EStG, nur die Überlassung von Belegschaftsaktien. Das Kapitalerhöhungssteuergesetz in der Fassung vom 30. 12. 1959[3] ergänzte das Gesetz über die Kapitalerhöhung aus Gesellschaftsmitteln (Kapitalerhöhungsgesetz) vom 23. 12. 1959[4]. § 8 wurde in das Kapitalerhöhungssteuergesetz eingefügt und § 69 Abs. 1 AktG damaliger Fassung (heute § 71 Abs. 1 Nr. 2 AktG 1965) dahingehend erweitert, daß eine AG bis zum Gesamtbetrag von 10% ihres Grundkapitals eigene Aktien erwerben darf, wenn diese ihren Arbeitnehmern zum Erwerb angeboten werden sollen. § 8 KapErhStG stellte die unentgeltliche Überlassung von Belegschaftsaktien bis zur Höhe von DM 500,– steuerfrei. Dieser Freibetrag wurde dann durch das 2. Haushaltsstrukturgesetz (HStruktG) vom 22. 12. 1981[5] auf DM 300,– reduziert. Diese Regelung galt erstmals für Aktien, die nach dem 31. 12. 1981 überlassen wurden.

Die Regelung war, da sie nur Aktiengesellschaften einbezog, für den Großteil der deutschen Unternehmen und für ihre Arbeitnehmer nicht anwendbar.

Dieser Zustand änderte sich mit dem Erlaß des **1.** VermBeteilG vom 22. 12. 1983[6]. Die bisher auf Aktien beschränkte Regelung des § 8 KapErhStG wurde aufgehoben und durch § 19 a EStG ersetzt, der nunmehr acht verschiedene Arten der Vermögensbeteiligung der Nichtselbständigen in die steuerliche Förderung einbezog. Der maximale Freibetrag in Höhe von DM 300,– des vormaligen § 8 KapErhStG wurde in § 19 a EStG übernommen. Die Regelung galt erstmals für Vermögensbeteiligungen, die einem Arbeitnehmer nach dem 31. Dezember 1983 überlassen wurden[7].

Der Gesetzgeber verfolgte damals vor allem folgende Ziele: die stärkere Beteiligung der Arbeitnehmer am Produktivvermögen, insbesondere auch

---

2 BGBl. I 1983, 1592
3 BGBl. I 1959, 834
4 BGBl. I 1959, 789
5 BGBl. I 1981, 1523, dort Art. 30
6 BGBl. I 1983, 1592
7 so § 52 Abs. 21 b EStG i. d. F. der Bekanntmachung vom 24. 01. 1984, BGBl. I 1984, 113

durch Erwerb privaten Eigentums, die partnerschaftliche Integration der Arbeitnehmer in das arbeitgebende Unternehmen, die Verbesserung der Kapitalstruktur der Wirtschaft mit Auswirkung auf die Arbeitsplatzsituation sowie die Eigenvorsorge der Arbeitnehmer[8].

Das 2. VermBeteilG vom 19. 12. 1986[9] erweiterte den Katalog der steuerbegünstigten Vermögensbeteiligungen auf insgesamt elf Arten und erhöhte den Freibetrag von DM 300,– auf DM 500,–. Die einschlägige Vorschrift des § 19 a EStG n. F. war für Vermögensbeteiligungen anwendbar, die nach dem 31. 12. 1986 überlassen wurden.

§ 19 a EStG wurde sodann wiederum geändert. Insbesondere wurden mit Wirkung ab 01. 01. 1990 Gewinnschuldverschreibungen und Genußscheine der Kreditinstitute, die keine Gewinnschuldverschreibungen oder Genußscheine des Arbeitgebers sind, aus dem Katalog der geförderten Anlageformen gestrichen[10]. Um Mißbrauchsmöglichkeiten zu unterbinden, wurde mit Wirkung ab 01. 01. 1989 die Förderung der Beteiligung als stille Gesellschafter auf die Beteiligungen am arbeitgebenden Unternehmen und an einer Mitarbeiterbeteiligungsgesellschaft beschränkt, außerbetriebliche stille Beteiligungen wurden also von der Förderung ausgeschlossen, ebenso wie außerbetriebliche nicht börsennotierte Genußscheine[11].

Parallel zu dieser Entwicklung verlief die Änderung des Vermögensbildungsgesetzes. Auch dieses wurde durch das 1. VermBeteilG dahingehend geändert, daß zunächst verstärkt die Produktivkapitalbeteiligung neben den anderen Formen des Sparens gefördert wurde. Seit 01. 01. 1989 ist auch in diesem Gesetz dem Produktivkapitalsparen absolute Priorität eingeräumt. Die geförderten Anlageformen der Mitarbeiterbeteiligung decken sich mit denen des § 19 a EStG.

Betrachtet man die Historie insgesamt, so kann festgehalten werden, daß die Förderung der Mitarbeiterbeteiligung wie sie heute besteht, aus einer Sparförderung für die Nichtselbständigen entstanden ist. Der Gesetzgeber hat nie hinsichtlich seiner Zielrichtung unterschieden zwischen der Förderung des Sparens weiter Bevölkerungskreise, zunächst vorrangig in

8 s. *Altehoefer,* DStZ 1984, 61; *ders.* in: Gusky/Schneider, Mitarbeiterbeteiligung (MAB), Fach 7890, Rdn. 2

9 BGBl. I 1986, 2595

10 durch das Steuerreformgesetz 1990 vom 25. 07. 1988, BGBl. I, 1093; das Gesetz trat mit Wirkung vom 01. 01. 1990 in Kraft

11 Haushaltsbegleitgesetz 1989 vom 20. 12. 1988, BGBl. I, 2262; s. hierzu bereits die Ankündigung im schriftlichen Bericht des Finanzausschusses BT-Drs. 11/2536, S. 62

Form des Prämiensparens, des Versicherungssparens und des Bausparens, dann auch des Sparens in Produktivkapital einerseits und der Beteiligung der Mitarbeiter am arbeitgebenden Unternehmen andererseits, obwohl es zwischen beiden ganz erhebliche Unterschiede gibt. Beides ist notwendig, aber weder die wirtschaftlichen Grundlagen, noch die dabei auftretenden rechtlichen Fragen sind identisch. Um beide Bereiche auch terminologisch abzugrenzen, soll im folgenden der Terminus Mitarbeiterbeteiligung nur für die Beteiligung am arbeitgebenden Unternehmen einschließlich aller Formen der indirekten Beteiligung sowie der Beteiligung an einem Konzernunternehmen gewählt werden. Mit dem Begriff Produktivkapitalbeteiligung der Arbeitnehmer sollen sowohl die betriebliche als auch die außerbetriebliche Beteiligung der Arbeitnehmer am Produktivkapital allgemein bezeichnet werden.

Während sich die Förderung durch das 5. VermBG, nämlich die Anlage vermögenswirksamer Leistungen durch den Arbeitgeber, in breitem Maße durchgesetzt hat und zahlreiche Tarifverträge entsprechende Regelungen über vermögenswirksame Leistungen enthalten, hat die Mitarbeiterbeteiligung am arbeitgebenden Unternehmen, wie dargelegt, in den alten Bundesländern nur eine relativ geringe Verbreitung erfahren. Aber selbst bei außerbetrieblicher Produktivkapitalbeteiligung, die man derzeit auch als Produktivkapitalsparen bezeichnen kann, nutzen bis heute viele Unternehmen die steuerlichen Vorteile des § 19 a EStG nicht. Da infolge der für die alten Bundesländer relativ niedrigen Einkommensgrenze von DM 27.000,– für Ledige und DM 54.000,– für zusammenveranlagte Verheiratete ein Großteil der Arbeitnehmer aus der Förderung durch das 5. VermBG herausgefallen oder nie hineingekommen ist – dies gilt insbesondere für die leitenden Angestellten und für Organmitglieder der Unternehmen –, läuft diese Förderung gerade bei den sog. besserverdienenden Nichtselbständigen, die bereit und in der Lage sind, einen Teil ihres Einkommens in Form des Produktivkapitalsparens zu investieren, ins Leere. Für diesen Kreis nützt das 5. VermBG nichts.

Der Gesetzgeber hat letztlich selbst und hinsichtlich des 5. VermBG sicher bewußt die Ursachen für den geringen Erfolg der Mitarbeiterbeteiligung gesetzt. Daß Mitarbeiterbeteiligung vor allem auch ideelle Vorteile hat, ist bisher immer noch vielen Unternehmen zu wenig transparent. Die Angst vor einer weiteren Komplizierung ihrer Beziehungen zu den Arbeitnehmern und mitunter auch zum Betriebsrat (Stichwort: Zwingende paritätische Mitbestimmung nach § 87 Abs. 1 Nr. 8 und/oder Nr. 10 BetrVG) tut ein übriges, daß die verschiedenen staatlichen Förderungen relativ geringen Erfolg haben.

2. Systematische Standortbestimmung der staatlichen Förderung durch das 5. VermBG und durch § 19 a EStG

Die staatliche Förderung beschränkt sich bisher auf die Förderung der Kapitalbeteiligung. Gewinnbeteiligungsmodelle werden nicht gefördert. Gefördert wird ohnehin auch nur die materielle Mitarbeiterbeteiligung, nicht die immaterielle, die in der Tat generell keiner finanziellen Förderung zugänglich ist.

B. Die Unzulänglichkeiten des bisherigen Fördersystems und die Veränderung der wirtschaftlichen Rahmenbedingungen als Ausgangspunkt für die Neuformulierung der Zielsetzungen

Die bestehenden und bereits erwähnten Mängel in der Technik der staatlichen Förderung, insbesondere ihre Kompliziertheit und vor allem die Tatsache, daß wichtige gesellschaftsrechtliche Beteiligungen, namentlich die Kommanditbeteiligungen und die atypisch stillen Beteiligungen, ja schlichtweg jede Beteiligung, die nach heutigem Verständnis zur steuerrechtlichen Mitunternehmerschaft i. S. d. § 15 Abs. 1 S. 2 Nr. 2 EStG führt, gezielt aus dem Förderkatalog des 5. VermBG und des § 19 a EStG ausgeklammert wurden, wären sicher schon Grund genug, über eine Neuorientierung der Förderung nachzudenken. Weitaus entscheidender sind allerdings Veränderungen hinsichtlich der tatsächlichen Gegebenheiten und Mängel am Konzept der bestehenden Förderung, die eine grundlegende Neuorientierung schon vom gedanklichen Ansatz her erfordern.

Die Gründe lassen sich in drei Kategorien einteilen.

I. Mängel der Zielrichtung der bestehenden Förderung

Wie die Darstellung der Historie ergeben hat, stand am Anfang nach dem Kriege die Sparförderung weiter Bevölkerungskreise. Sie sollten sich zunächst an das Geldsparen gewöhnen, was der Name »Sparförderung« schon verdeutlicht. Es stellte sich aber heraus, daß mit zunehmendem Wohlstand breite Teile der Bevölkerung ohnehin und von selbst sparen, es dieser Förderung also eigentlich gar nicht mehr bedurft hätte. Es war von daher konsequent, zu überlegen, wie man Arbeitnehmer dazu bringen könnte, das an Einkünften, was sie nicht zum Konsum benötigten, der Wirtschaft zur Verfügung zu stellen. Der Schritt der Umlenkung der Sparförderung vom Geldsparen zum Produktivkapitalsparen schien von daher naheliegend. Zeitgleich wurde ja auch das Gesetz über Unternehmensbeteiligungsgesellschaften eingeführt, womit man glaubte, ein Instrumentarium geschaffen zu haben, das auch in breiterem Umfange außerbetriebliche Produktivkapitalbeteiligungen der Nichtselbständigen ermöglichen und anregen sollte. Die viel beklagte, im internationalen Vergleich relativ geringe und zu geringe Eigenkapitalquote der deutschen Unternehmen legte es nahe, auch über die Stärkung der Eigenkapitalbasis nachzudenken. Und da sich die meisten der praktizierten betrieblichen Beteiligungsmodelle bewährt hatten – gescheiterte Modelle, wie Photo-Porst, sind eine verschwindende Ausnahme geblieben –, lag es nahe, Argumente zu suchen, warum auch das »Sparen« im eigenen Unternehmen gefördert wurde.

Betrachtet man diese immer noch in der Diskussion befindlichen Argumente, so wird allerdings deutlich, daß sie – vorsichtig formuliert – zumindest keine allzugroße Durchschlagskraft (mehr) haben. Das Argument der Vermögensbildung wird angesichts der Beträge von DM 624,– bzw. DM 936,– im Jahr in der heutigen Zeit kaum noch jemand ernst nehmen. Mit so geringen Beträgen kann man nicht wirklich Vermögen bilden. Das Argument der gerechteren Verteilung des Produktivvermögens unter Teilhabe der Arbeitnehmer am Produktivitätszuwachs ist sicher gewichtig. Nur trägt die bestehende Förderung dazu nicht bei. Das Argument, die Mitarbeiter sollten durch die Produktivkapitalbeteiligung Interesse an den Vorgängen in der Wirtschaft gewinnen und sie verstehen, hat sich ebenfalls nicht in großer Breite durchgesetzt. Dazu reicht nicht eine staatliche Förderung aus, sondern es bedarf zahlreicher Institutionen, die den Arbeitnehmern das entsprechende Wissen vermitteln. Die Gewerkschaften haben diese Aufgabe bisher überhaupt nicht wahrgenommen, ja nicht einmal als Aufgabe einer Arbeitnehmerkoalition erkannt. Sie verfügen auch durchweg nicht über das entsprechende Know-How und die erforderliche personelle Fachkompetenz in diesen Bereichen, etwa um Schulungen für die Arbeitnehmer durchzuführen. Die Geschäftsbanken und Sparkassen haben verständlicherweise weder das Interesse noch die personellen Mittel, um Arbeitnehmer gerade über das staatlich geförderte Produktivkapitalsparen aufzuklären. Zudem darf nicht verkannt werden, daß es einen erheblichen Aufwand verursacht und die »Betreuung« von Arbeitnehmer-Beteiligungsmodellen durch Banken diesen schwerlich nennenswerte Vorteile bringt. Deshalb blieb das Produktivkapitalsparen bis heute divergent. Nicht zuletzt veranlaßt die dargestellte Kompliziertheit des Fördersystems manche Arbeitgeber, Arbeitnehmer, aber auch ihre Berater dazu, die Spar- und Beteiligungsmodelle – so man sie überhaupt praktiziert – in erster Linie an den Förderkomponenten auszurichten und andere Dinge, wie vor allem die immaterielle Komponente, zu sehr in den Hintergrund zu stellen.

Die grundlegende Schwäche der bisherigen Zielsetzungen zeigt sich auch darin, daß natürlich derjenige, der spart, das Geldsparen mit Produktivkapitalsparen vergleicht und dabei – vor allem, weil die meisten Nichtselbständigen der komplizierten Vorgänge des Wirtschaftslebens und vor allem der Börse unkundig sind – zwei Vorteile des Geldsparens feststellen: zum einen ist es eine risikolose Art des Sparens und zum anderen gibt es die schnelle Möglichkeit des Zugriffs auf das Ersparte, um es, je nach persönlichem Bedarf, verwenden zu können. Deshalb sparen die Bürger nach wie vor häufig lieber ohne staatliche Förderung in Geld als mit staatlicher Förderung in Produktivkapital. Hinzu kommt, daß bei Inanspruchnahme der staatlichen Förderung die Erträge versteuert werden müssen. Zwar unterliegen selbstverständlich auch Erträge aus Geldkonten und festverzinslichen Wertpapieren, wie z. B. Hypothekenpfandbriefe, der Einkommensteuer. Doch zeigte die seinerzeitige Diskussion um die Einführung einer neuen Quellensteuer einmal mehr die allgemeinbekannte Tatsache, daß hier erhebliche Beträge hinterzogen werden. Generell haben die Bürger wenig Verständnis, wenn sie Erträge aus der Anlage von versteuertem Geld versteuern sollen. Es soll hier nicht zu dieser im deutschen Steuersystem sicher verfehlten Vorstellung vieler Bürger Stellung bezogen werden, weil es nur darum geht, die Hintergründe für den geringen Erfolg der staatlichen Fördermaßnahmen zu durchleuchten. Aber man kann die tatsächliche Situation nicht einfach ignorieren.

II. Grundlegender Wandel bei der Einkommens- und Vermögenssituation der Nichtselbständigen in den alten Bundesländern

Nicht zu übersehen ist, daß sich gerade in der jüngsten Zeit ein grundlegender Wandel in der Einkommens- und Vermögenssituation zahlreicher Nichtselbständiger zumindest in den alten Bundesländern vollzogen hat. Die Zeiten, in denen die Nichtselbständigen jeweils zu einem großen Teil zur »schlechter verdienenden« Bevölkerungsgruppe gehören und deshalb relativ wenig Geld für Kapitalanlagen jeder Art zur Verfügung haben, gehören längst der Vergangenheit an. Bedenkt man, daß alleine an Erträgen aus bestehenden privaten Kapitalanlagen jährlich über 200 Mrd. zu Neuanlagen anstehen und daß in den kommenden Jahren erhebliches durch Erbschaft erworbenes Vermögen hinzukommt, dann wird deutlich, welche beachtlichen Finanzmassen hier für sinnvolle Investitionszwecke eingesetzt werden können. Der Staat kann und darf an diesen Fakten nicht vorbeigehen, nicht zuletzt, weil bekanntlich Bund, Länder und Gemeinden einen Verschuldensgrad erreicht haben, der sie an die Grenze ihrer Leistungs- und Zahlungsfähigkeit gebracht hat. Nicht zuletzt bedingt durch Aufbauleistungen, die in den neuen Bundesländern erbracht werden müssen, und zwar innerhalb kurzer Zeit, gilt es, die Vorstellung zu verabschieden, daß alle öffentlichen Aufgaben, geschweige denn alle Aufgaben, die für das Gemeinwesen sinnvoll sind, alleine durch den Staat bewältigt werden können. Man muß privaten Kapitalanlegern Anreize geben, in Bereiche zu investieren, die sinnvoll sind. Dabei dürfte außer Frage stehen, daß für ein Industrieland wie die Bundesrepublik Deutschland, deren Reichtum zuvörderst in der Überlegenheit bei der Produktion von Gütern und Dienstleistungen im Weltmarkt besteht, die Investition breiter Bevölkerungskreise in Produktivkapital zu diesen sinnvollen Bereichen zählt. Man darf sich dabei nicht etwa vom Mißverständnis leiten lassen, der Staat müsse »Lockmittel« ersinnen, um an die Spargroschen seiner Bürger heranzukommen, vielmehr stellt sich die Situation so dar, daß zahlreiche Bürger und immer weitere Teile der Bevölkerung überlegen, wie sie ihr Geld sinnvoll anlegen können und durchaus bereit wären, jedenfalls einen Teil ihres Geldes nicht in den »klassischen« Formen des Geldsparens anzulegen, wenn sie eine entsprechende Anleitung und Beratung hätten und vor allem die dabei auftretenden Vorteile und Risiken überschauen könnten. Doch wäre es zum gegenwärtigen Zeitpunkt sicher eine Illusion, zu glauben, es gäbe ein Fördersystem, das einerseits überschaubar bliebe und andererseits in der Lage wäre, das Kapital gezielt in sinnvolle Bereiche zu lenken. Ein solches System würde letztlich zu einem Staatsinterventionismus großen Ausmaßes degenerieren. Staatliche Förderung kann und muß sich immer auf einige elementar wichtige Bereiche beschränken, die sich im Laufe der Zeit selbstverständlich ändern können. Daß dazu die Förderung der Investition der Nichtselbständigen in das Produktivvermögen gehört, läßt sich durch ein weiteres Faktum belegen.

III. Veränderung der Arbeitsbeziehungen, insbesondere der Rahmenbedingungen für die Tarifpolitik

Die letzten Jahre haben deutlich gemacht, daß in den Arbeitsbeziehungen eine fundamentale Veränderung eingetreten ist. Seit Bestehen des Tarifsystems und vor allem in der Nachkriegszeit war es u. a. das erklärte Ziel der Gewerkschaften, den Arbeitnehmern bei immer höheren Löhnen den Vorteil immer kürzerer Arbeitszeit (Wochenarbeitszeiten und Jahresarbeitszeiten) zu verschaffen. Inzwischen sind wir insoweit an einem »kritischen« Punkt angelangt. Dabei soll an dieser Stelle zunächst nicht einmal die sicher nicht zu vernachlässigende Konkurrenzfähigkeit im internationalen Wettbewerb in den Vordergrund gestellt werden. Vielmehr muß sich die gewerkschaftliche Tarifpolitik heute fragen lassen, ob es dem Willen des überwiegenden Teils der Arbeitnehmer entspricht, wenn sie zu immer kürzeren Arbeitszeiten per Tarifvertrag »gezwungen« werden und andererseits Facharbeitskräfte sehr knapp sind. Gerade jüngere Arbeitnehmer sehen sich mit der 37,5- und in Kürze 35-Stundenwoche nicht als ausgelastet an. Sie wollen in jungen Jahren lieber mehr arbeiten und mehr verdienen. Dabei stellen sich ihnen und ihren Arbeitgebern allerdings durch Tarifverträge sowie durch das Steuer- und Sozialversicherungssystem erhebliche Hinternisse in den Weg. Mehrere Tarifverträge erlauben längere Wochenarbeitszeiten nur für einen begrenzten Anteil aller Arbeitnehmer. Es ist ferner allgemein bekannt, daß bereits in den sog. mittleren Lohn- und Gehaltsgruppen den Arbeitnehmern von zusätzlichen Vergütungen bzw. von Lohn- und Gehaltserhöhungen nur noch ein relativ geringer Anteil verbleibt, was motivationshemmend wirkt. Gerade die Mitarbeitermotivation wird aber als Teil der Personalpolitik immer wichtiger und läßt sich durch Lohnerhöhungen, vor allem bei Führungskräften, immer weniger erreichen. Hinzu kommt, daß die Leistungsfähigkeit unseres Sozialversicherungssystems auf Dauer nur unter großen Mühen aufrechterhalten werden kann. Es ist kaum damit zu rechnen, daß Renten in der derzeitigen prozentualen Höhe zu den Löhnen auch in den nächsten Jahrzehnten noch bezahlt bzw. erwirtschaftet werden können. Die private Altersversorgung nimmt von daher immer breiteren Raum ein.

Diese Entwicklungen lassen es ebenfalls sinnvoll erscheinen, darüber nachzudenken, wie den Arbeitnehmern nahegebracht werden kann, einen Teil der ihnen aus den Unternehmenserträgen »zugewiesenen Beträge« nicht in Form der Barlöhne zu vereinnahmen und zu konsumieren oder als Geldvermögen zu sparen, sondern in Produktivkapital zu investieren.

Eine besondere Situation stellt sich in den neuen Bundesländern. Hier wäre es dringend notwendig, über neue Formen der Tarifpolitik nachzudenken, weil das Ziel einer möglichst schnellen Anpassung der Löhne an das Niveau der alten Bundesländer für viele Betriebe wirtschaftlich ruinös ist, andererseits aber auf Dauer ein Lohngefälle größeren Ausmaßes zu gesellschaftspolitischen Komplikationen führen kann.

C. Vorschlag für eine Neuregelung: Investitionsförderung statt Sparförderung

I. Neue Zielsetzungen

Hat sich die Zielsetzung der Sparförderung in Form des Geldsparens in den alten Bundesländern[12] überlebt, weil es dazu heute keines staatlichen Anstoßes mehr bedarf, so war es konsequent, diese Förderung aufzugeben. Soweit heute noch Sparen in anderen Formen als in Produktivkapital

12 in den neuen Bundesländern stellt sich die Situation in Teilen (noch) anders dar, was hier, wo es um Zukunftsperspektiven geht, zunächst nicht vertieft werden soll

gefördert wird, bietet es sich an, über die Abschaffung oder sinnvolle Änderung nachzudenken, was hier allerdings nicht weiter vertieft werden soll.

Es gibt heute zahlreiche Gründe, die Arbeitnehmer an einer Beteiligung am Produktivvermögen zu interessieren:

(1) Die deutsche Wirtschaft braucht **Kapital.** Fremdkapital ist über Banken in ausreichendem Umfange vorhanden, aber die Risiken einer hohen Fremdfinanzierung sind allgemein bekannt. Mehr Eigen- bzw. Risikokapital ist daher sicher nach wie vor sinnvoll.

(2) In einer **Industriegesellschaft,** in der über 89,1% (einschließlich der Staatsbediensteten) Nichtselbständige sind, ist es auf Dauer gesellschaftspolitisch verfehlt, sie an Investitionen in der Wirtschaft weiterhin uninteressiert zu belassen, obwohl davon der Wohlstand aller abhängt. Der mündige Bürger einer der führenden Industrienationen der Welt sollte sich für die Zusammenhänge des Wirtschaftsgeschehens interessieren und an ihnen partizipieren. Und wie erreicht man dies besser, als wenn man ihn dazu bewegt, sich finanziell mit zu engagieren?

(3) Die **Tarifpolitik,** wie sie heute nach wie vor von manchen Gesellschaften betrieben wird, ist zum Teil anachronistisch geworden. In der Bundesrepublik Deutschland ist die Gleichheit nicht nur vor dem Gesetz, sondern die Gleichwertigkeit aller Menschen in der Gesellschaft und damit gerade auch der Nichtselbständigen weitaus besser und deutlicher verwirklicht als nahezu in jedem anderen Land der Welt. Der Arbeitnehmer fühlt sich längst als vollwertiger Wirtschaftsbürger, und seine immer bessere Qualifikation läßt sich täglich seinen Wert im modernen Wirtschaftsleben erkennen. Der Unterschied zwischen Arbeitnehmer und Unternehmer ist nicht zuletzt auch dadurch längst nicht mehr in den historischen Dimensionen vorhanden, weil der »klassische« Einzelunternehmer des vergangenen Jahrhunderts vor allem in Großunternehmen durch den Fremdmanager ersetzt ist, dem die Produktionsmittel ebensowenig wie dem Arbeitnehmer gehören. Und auch der mittelständische Unternehmer, der zugleich Eigentümer seines Betriebes ist, bei dem also das klassische Unternehmerbild noch existiert, weiß längst, wie wichtig es ist, qualifizierte und motivierte Arbeitnehmer zu haben.

Angesichts dieser gesellschaftspolitisch hochrangigen Stellung des deutschen Arbeitnehmers mutet es anachronistisch an, daß in manchen Tarifbereichen nach wie vor der Arbeitskampf als Mittel der Lohnfindung, also die Festlegung der Bedingungen, unter denen der Leistungsaustausch stattfindet, als herausragendes Mittel propagiert wird. Man muß allerdings realistischerweise sehen, daß Arbeitskampf in der Bundesrepublik Deutschland nur noch in zwei großen Tarifbereichen der gewerblichen Wirtschaft und gelegentlich im öffentlichen Dienst vorkommt. In anderen Bereichen ist er die seltene Ausnahme. Paßt es aber, so muß man fragen, zum Menschenbild des heutigen Arbeitnehmers, daß die Verbesserung der Arbeitsbedingungen einseitig nur über die »Lohnschiene« erreicht wird und daß er dafür riskiert, als Ausgesperrter vor den Werkstoren zu stehen? Gewiß, der Arbeitskampf wird auch weiterhin als Ultima ratio, als letztes Mittel, unverzichtbar bleiben. Aber man muß sich darüber im klaren sein, daß Arbeitgeber und Arbeitnehmer das, was sie an Produktionsausfällen durch Arbeitskämpfe herbeiführen, schon nicht verteilen können. Gerade in erfolgreichen Branchen wie etwa der Chemie hat man vom Arbeitskampf denn auch längst Abstand genommen und ab einer gewissen Hierarchieebene im Unternehmen sind die Angestellten aller Branchen von vornherein zum Arbeitskampf nicht bereit. Auch wenn sie im arbeitsrechtlichen Sinne noch keine Organe und damit unternehmerähnliche Personen sind, so fühlen sie sich doch eher als Teil des Managements denn als Teil der Arbeitnehmerschaft, die im Arbeitskampf plötzlich vom Miteinander mit dem Management zum Gegeneinander glaubt überschwenken zu müssen.

Wenn wir immer mehr von Arbeitskämpfen als Konfliktlösungsmechanismen Abstand genommen haben, dann dürfen und müssen wir es wagen, den Arbeitnehmer nicht nur im Arbeitsverhältnis zum Wirtschaftsbürger zu machen, sondern ihn auch für die Kapitaleignerseite des Wirtschaftslebens zu interessieren. Und Interesse weckt man bekanntlich nie besser als durch Verschaffen der Stellung der Selbstbetroffenheit. Wer selbst auf der Kapitaleignerseite steht, wird sich für das Schicksal des Unternehmens weit aus stärker interessieren, als wenn ihn dessen Auf und Ab nur mittelbar betrifft, weil vielleicht zunächst sogar die Arbeitsplätze anderer abgebaut werden, wenn die Auftrags- und Ertragssituation des Unternehmens schlecht ist. Vor allem den großen Abstand der ostdeutschen Unternehmen kann man nicht durch Angleichung der Arbeitsbedingungen an das »Westniveau« ohne entsprechende Steigerung der Unternehmensproduktivität erreichen, sondern nur durch letztere. Und dieses wiederum wird am besten gelingen, wenn schnell möglichst viele Arbeitnehmer die wirtschaftlichen Zusammenhänge nicht nur verstehen, sondern unmittelbar in sie einbezogen werden.

(4) Die **Sicherung der Wettbewerbsfähigkeit der deutschen Wirtschaft** ist eine stete Herausforderung, über die man in Zeiten der Hochkunjunktur

in besonderer Weise nachdenken muß, weil in diesen »die Gedanken freier« sind als in den Zeiten der Rezession, wo so manche Politiker doch nur allzuleicht der Versuchung erliegen, mit mehr oder weniger tauglichen Mitteln auch unrentable Arbeitsplätze zu erhalten. Das muß scheitern. Wir müssen heute überlegen, wie man vermeidet, daß Arbeitsplätze unrentabel werden. Wenn es offenbar immer schwerer zu gelingen scheint, das Interesse vieler Arbeitnehmer an der Arbeit zu vergrößern, dann zeigt dies zwar einerseits ein hohes Maß an Zufriedenheit mit dem Erreichten auf seiten der Arbeitnehmer. Es zeigt andererseits aber auch, daß viele glauben, das Engagement im beruflichen Bereich bringe weniger Steigerung an Lebensqualität als das Engagement im privaten Bereich. Der Wettbewerbsfähigkeit der deutschen Unternehmen ist eine solche Haltung stark abträglich, und wir können uns damit nicht zufrieden geben. In Zeiten der alsbald kommenden 35-Stunden-Woche, in denen also die Menschen nur noch 20,83% der Woche mit Arbeit verbringen, werden wir die Arbeitnehmer durch Aussicht auf noch weniger Arbeit schwerlich motivieren. Die Aussicht auf mehr Lohn und Gehalt ist leider ab einer gewissen Einkommenshöhe ebenfalls wenig motivationsfördernd, weil, wie dargelegt, die Steuern und Abgaben dann doch den Großteil davon wieder nehmen. Motivationsförderung läßt sich am ehesten noch erzeugen durch Verständnis für die Wirtschaftsabläufe und durch die Partizipation an ihnen. Der **Mitarbeiter als Mitinvestor im Unternehmen und in der Wirtschaft generell** ist gefragt. Das wird er nicht, wenn er am Bankschalter eine Aktie kauft, deren Kurs er allenfalls noch verfolgen kann, wobei er schon die Ursache für dessen Steigen und Fallen kaum nachzuvollziehen mag.

(5) Immer stärker zeigt sich auch, daß für viele Arbeitnehmer die **Vorsorge** immer wichtiger wird. In Zeiten, in denen die Grenzen die staatlichen Altersversorgungssystems immer offener zu Tage treten, wird die private Vorsorge zunehmend wichtiger. Angesichts der Alterspyramide der Bevölkerung wird der Staat schon in absehbarer Zeit nicht mehr in der Lage sein, eine Versorgung durch die Rentenversicherung in einer Höhe sicherzustellen, die einen erheblichen wirtschaftlichen Abstieg des Arbeitnehmers mit dem Eintritt ins Rentenalter zu verhindern geeignet ist. Bei den sogenannten Besserverdienenden ist das bereits heute der Fall. Gewiß gibt es mit der Direktzusage, der Direktversicherung, der Pensionskasse und der Unterstützungskasse 4 vom Gesetzgeber auch in steuerlicher Hinsicht anerkannte Möglichkeiten der betrieblichen Altersversorgung. Doch hat die verfehlte und leider der wirtschaftlichen Realitäten vielfach nicht hinreichend kundige Rechtsprechung des BAG viele Unternehmer von diesen Formen der Vorsorge für ihre Arbeitnehmer abgeschreckt. Die

nicht kontinuierliche staatliche Steuergesetzgebung in diesem Bereich hat ein übriges getan, um Unternehmen und Arbeitnehmer erheblich zu verunsichern. Nicht zuletzt ist der Aufbau eines Versorgungswerkes, wenn die noch bestehenden steuerlichen Möglichkeiten ausgenutzt und die von der Rechtsprechung hervorgerufenen arbeitsrechtlichen Risiken zumindest in erträglichem Umfang gehalten werden sollen, reichlich kompliziert. Wir finden hier insbesondere bei der in jüngster Zeit eine Renaissance erlebenden Unterstützungskasse, namentlich in Gestalt der überbetrieblichen Unterstützungskasse, ein Flickwerk arbeits- und steuerrechtlicher Regelungen, die den in rechtsstaatlichen Kategorien denkenden Juristen zu äußerster Vorsicht ermahnen. Von daher muß man fragen, ob nicht ein Neubeginn in diesem Bereich erforderlich ist. Dieser Neubeginn ist in einem Industrieland aber volkswirtschaftlich am sinnvollsten zu verwirklichen, wenn der Arbeitnehmer und Unternehmer, welche eine betriebliche Altersversorgung der Arbeitnehmer wollen, nahegebracht wird, diese in Gestalt der Investition in Produktivkapital vorzunehmen. Anders als die staatlichen Versorgungssysteme, die mit ihrem Umlageverfahren heute Zusagen geben, die morgen oftmals nicht mehr zu erfüllen sind, bedeutet private Altersversorgung in Gestalt der Investition in Produktivkapital, daß der zu versorgende Arbeitnehmer auf diese Weise am Produktivitätszuwachs teilnimmt und sich so seine Altersversorgung gleichsam von selbst dynamisiert.

Als wichtige Ziele sind also zusammengefaßt, die bessere Kapitalausstattung der Unternehmen, das verstärkte Interessieren weiter Bevölkerungskreise an den wirtschafltichen Zusammenhängen, eine neue Dimension zeitgemäßer Verteilungsmechanismen und ein Neubeginn bei der betrieblichen Altersversorgung herauszustellen.

II. Die Mittel hierzu: Investitionsförderung statt Sparförderung

1. Grundlegender Ansatz

All diese Ziele lassen sich durch die bisherige Förderung des Sparens im Produktivkapital nicht erreichen. Denn wer spart, will sein Geld sicher anlegen bei möglichst hoher und kontinuierlicher Rendite. Hier fällt der Vergleich mit dem Geldkapitalsparen klar zu Gunsten des letzteren aus. Derzeit bieten Banken und Sparkassen bereits für einmonatige Festgeldanlagen ab DM 5.000,– Zinsen in Höhe von mindestens 7%. Demgegenüber erfordert das Sparen im Produktivkapital, soll es staatlich gefördert werden, eine 6-jährige, z. T. sogar 7-jährige Sperrfrist. Für viele Arbeitnehmer ist eine solche Anlage zudem wenig transparent und ihre Rendite ungewiß. Letztlich besteht die Gefahr, daß heute nur in Produktivkapitalanlagen gespart wird, weil es die staatliche Förderung gibt. Ziel einer staatlichen Förderung muß es indes sein, Produktivkapital dorthin zu lenken, wo es volkswirtschaftlich am sinnvollsten eingesetzt wird. Es ist aber mitunter nicht sinnvoll, wenn Kapital in »schlechten« Anlagen 6 Jahre gebunden wird, nur damit der Arbeitnehmer die Sparförderung nicht verliert. Zudem wird dadurch zwar dem Arbeitnehmer das Risiko der Produktivkapitalbeteiligung aufgebürdet, nicht aber ihm die Freiheit gegeben, sein Kapital zurückzuziehen, wenn die Investition wirtschaftlich in den jeweiligen Unternehmen nicht mehr sinnvoll oder zu risikoreich erscheint. Nicht zuletzt wegen dieser 6-jährigen Bindung stellt sich auch verstärkt das Problem der Sicherungsbedürftigkeit der Mitarbeiterbeteiligung, das bisher völlig ungelöst ist[13]. Es darf nicht übersehen werden, daß die Größenordnungen, in denen der einzelne Arbeitnehmer in Produktivkapital mit den steuerlich geförderten Beträgen sparen kann, relativ gering sind. Mit DM 936,– pro Jahr – das sind in 10 Jahren DM 9.360,– und in 30 Jahren, also nach einem ganzen Arbeitsleben, DM 28.080,–, jeweils ohne Zins und Zinsenszinsen – kann man kein nennenswertes Produktivvermögen bilden. Das wird vor allem für den besserverdienenden Arbeitnehmer immer nur eine relativ geringe Größe bleiben. Warum sollte er sich wegen solcher Beträge überhaupt für die wirtschaftlichen Vorgänge interessieren, die als Hintergrundwissen für den Investor erforderlich sind? Er wird im Regelfall sein Geld nach Ablauf der Sperrfrist entweder zum Konsum verwenden oder dort investieren, wo ihm der Markt transparent erscheint und hohe Rendite verspricht, etwa in einer eigenen Immobilie oder in Sparguthaben. Oftmals ist dann, wenn er nicht durch eine betriebliche Beteiligung motiviert und eng an das arbeitgebende Unternehmen gebunden wird, die Vermögensbeteiligung nach dem 5. VermBG nur ein »Durchlaufposten« für Geld, das man »an sich« lieber zu etwas anderem verwendet hätte, aber wegen der Sparförderung eben für 6 Jahre einen »Umweg« durchlaufen läßt.

Durch eine bloße Sparförderung wird auch nicht das erreicht, was heute die Chance des Wirtschaftens im unternehmerischen Bereich ausmacht: Man setzt nicht nur Eigenkapital ein, sondern verwendet dieses als Grundlage, um dann zusammen mit Fremdkapital die finanziellen Größenordnungen zu erreichen, die für eine bestimmte erfolgreiche unternehmerische Aktivität notwendig sind. Oder anders ausgedrückt: Wer spart, erhält nur die Zinsen für das Geld, das er unmittelbar als Darlehen oder »über« eine Bank oder Sparkasse einem anderen zur Verfügung stellt. Sinnvollerweise wird er von einem Privatmann sogar Sicherheiten, etwa in

13 hierzu *Wagner,* Sicherungsbedürftigkeit von Mitarbeiterbeteiligungen?, 1990

Form von Grundschulden, Sicherungsübereignungen und dergl. verlangen. Dem gegenüber wartet ein Unternehmer nicht, bis er all das Geld, das er für eine Investition benötigt, »angespart« hat, weil er es in den allermeisten Fällen dann nie schaffen könnte, zu investieren. Schon die Inflation alleine würde das angesparte Geld so stark entwerten, daß er die Investition nicht tätigen könnte. Vielmehr wird das Eigenkapital verwendet, um Fremdkapital zu erhalten, um mit beidem zu wirtschaften und auf diese Weise wegen des sog. Leveraged-Effektes eine hohe Eigenkapitalverzinsung zu erreichen, freilich verbunden mit entsprechenden Risiken.

Es zeigt sich also deutlich, daß Sparen und Investieren etwas gänzlich verschiedenes ist. Sparen ist mit unternehmerischer Tätigkeit nicht gleichzusetzen. Das hat man bei der Mitarbeiterbeteiligung bisher nicht bedacht. Dies ist sicher ein wesentlicher Grund, warum hierbei die Dinge verschwommen sind und, um nur ein Beispiel zu nennen, einerseits auf das Risiko hingewiesen wurde, das Arbeitsplatz und Vermögensansammlung im selben Unternehmen bedeuten[14], daß man aber andererseits die Risikoabsicherung – von Arbeitnehmerdarlehen und Wandelschuldverschreibungen des Arbeitgebers (§ 19 a Abs. 3 Nr. 10 und Nr. 2 EStG) abgesehen – bei Mitarbeiterbeteiligungen als mit dem Risikokapitalcharakter unvereinbar empfunden hatte[15].

Erforderlich ist schon beim konzeptionellen Ansatz eine klare Trennung: Will man das Sparen fördern, dann kann man über Sicherheiten sprechen, will man die Förderung unternehmerischer Investitionen, dann beinhalten diese zwangsläufig ein unternehmerisches Risiko, dem aber auch erhöhte Chancen gegenüberstehen müssen. Das heißt nicht, daß bei unternehmerischen Investitionen der Geldeinsatz auch der Arbeitnehmer zum Glücksspiel würde. Jeder gewissenhafte Unternehmer wird vorher seine Chancen und Risiken abwägen. Und wenn Arbeitnehmer zu Investoren werden, dann müssen sie dies ebenfalls machen, und wo sie selbst dazu nicht in der Lage sind, was eher den Regel- als den Ausnahmefall darstellen dürfte, müssen es andere für sie tun, und zwar Fachleute. Risikominderung in diesem Bereich kann aber marktwirtschaftlich nur in Form der Risikostreuung vor sich gehen, nicht in Form der Versicherung. Einer gesonderten Behandlung wird in diesem Zusammenhang allerdings die Risikoabsicherung in den Fällen bedürfen, in denen Investivbeteili-

14 z. B. *Reuter* in: Beuthien (Hrsg.), Arbeitnehmer oder Arbeitsteilhaber?, 1987, S. 9, 93 f.

15 *Albach,* Zur Versorgung der deutschen Wirtschaft mit Risikokapital (IFM-Materialien Nr. 9), 1983, S. 106, zitiert nach *Reuter,* aaO., S. 94, FN 445; *Wien,* in: Laßmann/Schwark, Beteiligung der Arbeitnehmer am Produktivvermögen, 1985, S. 45; a. A. *Oberhauser,* in: Laßmann/Schwark, aaO., S. 38 ff.

gungen als neue und besondere Formen der Altersversorgung eingesetzt werden sollen[16].

2. Was bedeutet Investitionsförderung im einzelnen?

Investitionsförderung bedeutet zunächst einmal Trennung von der klassischen Sparförderung. Will man Bausparen und Versicherungssparen nach wie vor fördern, so ist dies etwas grundlegend anderes, das man auch von der Technik der Förderung her nicht vergleichen kann. Investitionsförderung bedeutet weiterhin, daß, anders als derzeit, nicht der einzelne, der investiert, in den Mittelpunkt der Förderung rückt, sondern die Investition als solche. Da freilich der einzelne Subjekt der Einkommensteuer ist, kommt selbstverständlich die Förderung ihm zu Gute. Rückt aber die Investition als solche in den Mittelpunkt des Interesses, dann wird deutlich, daß die Förderung von vornherein nicht auf bestimmte Zielgruppen von Arbeitnehmern eingeschränkt werden darf oder wie im 5. VermBG gar nur auf Zielgruppen bis zu einem bestimmten Einkommen. Vielmehr muß man fragen, was erforderlich ist, damit die Arbeitnehmer motiviert werden, freiwillig Kapital in Unternehmen zu investieren, was ihnen im Verhältnis zum Sparen erhöhte Chancen bringt. Das wirft folgende konkrete Fragestellung auf:

○ Welche Arten von Investitionen sollen gefördert werden und auf welche Weise (Zulage oder steuerliche Förderung)?

○ Welche Personengruppen (Arbeitnehmer, Unternehmer, beide, oder zusätzlich sogar weitere Gruppen, wie z. B. Banken als Kreditgeber) sollen Anreize erhalten?

Hier stellt sich nicht einmal so sehr die Frage nach den Rechts- bzw. Gesellschaftsformen, die mehr ein Problem der Einzelausgestaltung darstellt. Vielmehr ist zu untersuchen, ob es (1) nur betriebliche, nur außerbetriebliche oder beide Formen zu fördern gilt und (2), ob es branchenspezifische Aussparungen der Förderung geben kann (so wie etwa § 2 a EStG versucht, bestimmte Auslandsinvestitionen steuerlich unattraktiv zu machen).

(1) Soll die Förderung auf eine Investitionsförderung umgestellt werden, so läßt sich dies nur erreichen, wenn man die Investition als solche ins Blickfeld nimmt, und dies ist nur möglich, wenn man die »Zielgesellschaft«, in welcher der Arbeitnehmer Kapital investiert, betrachtet. Dann

16 dies soll allerdings erst in einer weiteren Ausarbeitung geschehen

kann man aber nicht jede außerbertriebliche irgendwie getätigte Investition fördern. Das würde zu einer völligen Zersplitterung und zu einer Verpuffung des Fördereffekts führen. Der Arbeitnehmer, der seinem Nachbarn DM 1.000,– gibt, damit dieser eine Garage baut, die dieser dann vermietet oder verpachtet, würde eine staatliche Förderung sicher gerne »mitnehmen«. Aber der Staat würde hierbei seine Ziele nicht erreichen. Denn weder würde der Arbeitnehmer hierdurch ein besonderes Interesse am Wirtschaftsgeschehen gewinnen noch würde der Staat die bessere Ausstattung der deutschen Wirtschaft mit Risikokapital fördern, noch diente es der besseren Motivation des Arbeitnehmers am Arbeitsplatz, noch dem Abbau der Spannungen in künftigen Tarif bzw. Verteilungskonflikten. Zudem wäre eine solche Förderung verwaltungsmäßig ähnlich aufwendig wie die derzeitige.

Das bedeutet aber nicht, daß damit jede Förderung außer- und überbetrieblicher Investitionen ausscheiden müßte. Ob man solche fördert, ist eine politische Entscheidung, welche sich weder wirtschafts- noch rechtswissenschaftlich verbindlich treffen läßt. Aus wissenschaftlicher Sicht läßt sich allerdings folgendes feststellen: Nur ein Teil aller Unternehmen eignet sich für »reine« betriebliche Beteiligungen. Denn nicht jeder Unternehmer und nicht jeder Arbeitnehmer ist bereit und in der Lage, die Vorteile einer betrieblichen Mitarbeiterbeteiligung zu erkennen. Nicht an jedem Unternehmen ist eine Beteiligung rechtlich zulässig und wirtschaftlich sinnvoll. Bedenkt man z. B. freiberufliche Tätigkeiten, so kommt eine Beteiligung der Mitarbeiter mitunter bereits aus standesrechtlichen Gründen nicht in Betracht (bei Ärzten, Rechtsanwälten, Steuerberatern, Apothekern). Bei anderen Freiberuflern wie z. B. Unternehmensberatern scheidet eine Beteiligung oftmals aus, da kein Kapital benötigt wird. Bei den ca. 4,3 Mio. Bediensteten des öffentlichen Dienstes in den alten Bundesländern (Beamte, Angestellte und Arbeiter) käme eine betriebliche Investitionsförderung ohnehin nicht in Betracht.

Ob man Investitionen auch dieser Personengruppen fördern will, ist eine rechtspolitische Frage. Aber wenn man jedenfalls diese Personengruppen nicht für alle Zukunft aus der Förderung ausklammern will, was ja bedeuten würde, daß deren Kapital für Investitionen in dieser Form nicht zur Verfügung stünde, dann muß das System für bestimmte außerbetriebliche Investivbeteiligungen offengehalten werden. Vor allem lassen sich (mittelbare) betriebliche und außerbetriebliche Anlageformen sehr gut kombinieren, was zugleich zu einer Risikostreuung führt. Auch solche Formen sollten deshalb im folgenden in die Überlegungen mit einbezogen werden.

(2) Die Frage, ob es branchenspezifische Förderungen oder die Ausklammerung bestimmter Investitionen bestimmter Branchen geben soll, ist klar zu verneinen. Tendenziell hat sich in der Vergangenheit gezeigt und zeigt sich immer wieder, daß gerade ein Vorzug des marktwirtschaftlichen Systems ist, bei Investitionen dem freien Spiel der Kräfte oberste Priorität einzuräumen. Dann wird Kapital durchweg dort investiert, wo es die besten Erträge bringt und damit auch volkswirtschaftlich am sinnvollsten eingesetzt wird. Dies setzt allerdings voraus, daß, wie erwähnt, »Anlagefachleute« über die Investitionen entscheiden oder die Investoren jedenfalls sachbezogen beraten. So wäre es z. B. wenig sinnvoll, Immobilieninvestitionen von der Förderung auszuklammern. Denn dann wären logischerweise auch Mitarbeiter von Bau-, Bauträger- und Maklerunternehmen ausgespart. Worum es geht, ist ein gewisser Anlegerschutz. Aber er läßt sich nicht durch die Einschränkung der Förderung erreichen. Man sollte die Förderung einerseits und den Schutz der Arbeitnehmer-Investoren als Anleger vor unsoliden Anlageberatern und Anlageobjekten andererseits möglichst trennen. Bei betrieblichen Anlagen stellt sich das Problem des möglichen Anlagebetruges ohnehin durchweg nicht.

3. Erfordernisse einer Investitionsförderung

Will man Arbeitnehmerinvestitionen fördern und Arbeitnehmern die Chance geben, zu wirklichen Investoren statt nur zu Produktivkapitalsparern zu werden, dann muß man zunächst überlegen, wo, also bei welchen Rechtssubjekten, die Förderung erfolgen muß.

Da Arbeitnehmer ohne den Willen ihres Arbeitgebers niemals zu Investoren am arbeitgebenden Unternehmen werden können und da sie ohne die Beteiligung von Banken niemals in praktikabler Form Fremdkapital erhielten (ohne das, wie dargelegt, bei vielen Investitionen keine entsprechende Eigenkapitalverzinsung zu erzielen ist), muß die Förderung so ausgestaltet werden, daß drei Gruppen an der Arbeitnehmer-Investition Interesse haben: die Arbeitnehmer selbst, die Unternehmen und, bei bestimmten Modellen, die Banken, bei überbetrieblichen Modellen vor allem die Investmentbanken.

Die Förderung geschieht derzeit bekanntlich in Form von staatlichen Zulagen (5. VermBG) und in Form eines steuerlichen Freibetrages des einzelnen Arbeitnehmers (§ 19 a EStG). Beides sind rein individualbezogene Fördermechanismen. Beide sind verwaltungsmäßig aufwendig. Beide Förderungen scheiden in ihrer bestehenden Form bei der Investitionsförderung aus. Denn die Zulage, die jedem Arbeitnehmer bezahlt würde, würde wiederum zu erheblichem Verwaltungsaufwand führen. Wollte man vermeiden, daß der Arbeitnehmer nur die Zulage mitnimmt und dann sogleich im nächsten Veranlagungszeitraum das Geld wieder zum Konsum verwendet, so bedürfte es wiederum der Sperrfristen, die, wie dargelegt, aber den freien Kapitalfluß behindern. Bei einer Förderung in Gestalt eines Freibetrages gilt im Prinzip nichts anderes. Generell bedeutet jede Förderung, daß nicht die Investition, also das Belassen von Kapital im Unternehmen und das Wirtschaften mit diesem, gefördert wird, sondern das bloße Investieren, also das Hineingeben des Kapitals. Heute wird hauptsächlich das Investieren, nicht aber das »Durchhalten« gefördert. Volks- und betriebswirtschaftlich steht aber im Vordergrund, daß Kapital im Unternehmen belassen wird, nicht nur, daß es dort hineingegeben und dann wieder abgezogen wird. Die bisherige Förderung hat hier in Wahrheit denn auch ein Mischsystem kreiert, indem sie zwar als Gegenstände der Förderung das Hineingeben des Kapitals bzw. den bloßen Erwerb der Beteiligung ausreichen ließ, die Herausnahme der Beteiligung vor Ablauf der Sperrfrist aber, von Ausnahmefällen abgesehen, durch den Wegfall der staatlichen Vorteile sanktionierte (§ 19 a Abs. 2 EStG, vgl. z. B. § 4 Abs. 2 Nr. 2 5. VermBG).

Will man wirklich die Investition, also das Wirtschaften des Kapitals im Unternehmen fördern, dann muß es attraktiv sein, Kapital im Unternehmen zu belassen, d. h. die Förderung muß sich idealerweise über die gesamte Zeit der Investition erstrecken. Damit kommt nur eine steuerliche Förderung in Betracht, welche insbesondere die Erträge, die das Kapital der Arbeitnehmer im Unternehmen erwirtschaftet, steuerlich besser stellt als wenn der Arbeitnehmer sie anderweitig anlegt bzw. spart. Wenn das gefördert werden soll, dann braucht naturgemäß die Frage, wo denn die Mittel des Arbeitnehmers herkommen, ob sie oder gar die Beteiligung selbst als Sachbezug vom Arbeitgeber unentgeltlich oder teilunentgeltlich überlassen wurde, ob sie aus dem Tariflohn oder dem über- oder außertariflichen Lohn, aus einer Gewinnbeteiligung oder aus einer Vermögensbeteiligung stammen, keine Rolle mehr zu spielen. Und damit würden auch die zahlreichen Einzelfragen bezüglich der Aufbringung der Mittel, die heute bei der Förderung nach dem 5. VermBG und vor allem bei § 19 a EStG bestehen, der Vergangenheit angehören. Hingewiesen sei nur nochmals auf das Problem der Unentgeltlichkeit bei § 19 a EStG, die voraussetzt, daß dem Arbeitnehmer nicht zunächst das Geld zugewendet wird, damit er selbst die Beteiligung erwirbt, wohingegen beim 5. VermBG gerade der Arbeitgeber für den Arbeitnehmer, also mit dessen Geld, die vermögenswirksame Anlage tätigen muß. Beseitigt würde dadurch auch, daß mit § 19 a EStG dem Arbeitnehmer eine steuerliche Förderung gerade für diejenigen Zuwendungen zuteil wird, die ihm der Arbeitgeber schenkt, obwohl doch die wirtschaftlich größere Leistung sicher darin liegt, daß der Arbeitnehmer eine Investition aus Geld tätigt, das er durch Arbeitsleistung erworben hat.

Es läßt sich also festhalten: Bei der Förderung ist die Zielgesellschaft ins Blickfeld zu nehmen, in welche die Mittel der Arbeitnehmer investiert werden oder welche die Mittel zumindest »sammelt«, um sie in das arbeitgebende Unternehmen zu investieren. Eine branchenspezifische Begrenzung der Förderung empfiehlt sich nicht. Desweiteren sollte die Förderung so gestaltet werden, daß sie auch für außerbetriebliche und überbetriebliche Beteiligungen zumindest für die Zukunft, wenn nicht bereits derzeit offengehalten wird bzw. offensteht.

4. Welche Maßnahmen sind für eine Investitionsförderung sinnvoll?

a) Zulagen oder steuerliche Förderung?

Grundsätzlich kommen staatliche Zulagen (wie derzeit im 5. VermBG) und eine steuerliche Förderung (wie derzeit bei § 19 a EStG) in Betracht. Staatliche Zulagen erfordern einen hohen Verwaltungsaufwand (Geld wird den Bürgern zunächst vom Staat im Wege der Steuern und Sonderabgaben abverlangt und sodann wieder ausgezahlt) und nützen erfahrungsgemäß wenig, weil das Volumen betragsmäßig gering sein wird. Ein höheres Volumen ist durchweg schon politisch nicht durchsetzbar. Zudem läßt sich in Zeiten, in denen allseits der Subventionsabbau als sinnvoll proklamiert wird, schwerlich vertreten, daß neue Zulagensysteme initiiert werden. Sinnvoll ist nur eine steuerliche Förderung. Als nächstes ist zu fragen, bei welchen Steuerarten sie erfolgen sollte. Vorrangig sind hier die Einkommen-, Körperschaft- sowie die Gewerbesteuer zu nennen. Die Gewerbesteuer soll hier nicht im einzelnen behandelt werden, weil sie zum einen ohnehin generell in ihrer heutigen Form abgeschafft werden sollte und weil es zum anderen unschwer möglich ist, eine am EStG und KStG ausgerichtete Förderung so fortzuentwickeln, daß auch entsprechende gewerbesteuerliche Entlastungen entstehen. Dasselbe gilt bei der Vermögensteuer. Bagatellsteuern sollten hier nicht behandelt werden.

b) Exkurs: Ein Blick auf das US-amerikanische Förderkonzept: der sog. ESOP als besondere Form der betrieblichen Beteiligung[17]

In den USA werden beteiligungswillige Arbeitnehmer in einem sog. ESOP (= Employer's Stock Ownership Plan), einer juristischen Person amerikanischen Rechts zusammengefaßt. Global und stichwortartig dargestellt

17 zum ESOP s. *Wagner,* KaRS 1989, 82, 85 m. w. N.

läßt sich das System folgendermaßen beschreiben: Das arbeitgebende Unternehmen gründet mit Hilfe einer Bank oder Versicherung einen ESOP-Fonds[18], der durch einen vom arbeitgebenden Unternehmen oder der Bank oder Versicherung gestellten Treuhänder geleitet wird. In einer der mehreren Grundvarianten leistet das arbeitgebende Unternehmen jährlich Mittel an den ESOP, damit dieser sich wiederum durch Erwerb von Aktien des arbeitgebenden Unternehmens an letzterem beteiligen kann. Die vom ESOP gehaltenen Anteile werden den am ESOP beteiligten Arbeitnehmern entsprechend ihrer Beteiligung, also quotenmäßig, gutgeschrieben. Eine Verfügung über dieses jeweilige Depot kann der Arbeitnehmer nach seinem Ausscheiden unter bestimmten Voraussetzungen vornehmen. In einer anderen Variante[19] sichert das arbeitgebende Unternehmen einen vom ESOP aufgenommenen Kredit ab, den dieser wiederum dazu verwendet, sich durch Erwerb von Aktien oder im Zuge einer Kapitalerhöhung am arbeitgebenden Unternehmen zu beteiligen. Die Zins- und Tilgungsleistung erfolgt vom arbeitgebenden Unternehmen.

Die steuerliche Förderung ist dadurch charakterisiert, daß *alle* an der Durchführung des ESOP Beteiligten in den Genuß einer Förderung gelangen: der ESOP selbst unterliegt einer völligen Steuerbefreiung, er hat also die ihm zugewandten Vorteile nicht zu versteuern. Das arbeitgebende Unternehmen kann die von ihm dem Fonds zugewandten Vorteile in Höhe von 15-20% der von ihm an die Belegschaft gezahlten Lohnsumme von der Steuer absetzen. Annuitäten für den ESOP-Kredit sind steuerlich abzugsfähig[20]. Die beteiligten Mitarbeiter werden dergestalt begünstigt, daß die ihnen durch die Beteiligung zukommenden Vermögensvorteile erst zum Zeitpunkt der Übertragung bei ihrem Eintritt in den Ruhestand zu einem Steuersatz, der noch dazu niedriger ist als der Normalsteuersatz, versteuert werden müssen[21]. Die beteiligten Kreditgeber werden begünstigt, indem sie nur 50% der Zinseinkünfte aus der Finanzierung von ESOP-Beteiligungen versteuern müssen, wenn der ESOP Mehrheitsaktionär des arbeitgebenden Unternehmens ist und eine Kreditlaufzeit von 15 Jahren nicht überschritten wird[22]. Auch die Altgesellschafter[23] des arbeitgebenden Unternehmens, die einen ESOP ermöglichen, werden gefördert, indem der Verkaufserlös im Falle der Wiederanlage in Wertpa-

18 dieser ist eine juristische Person amerikanischen Rechts

19 *Wagner*, KaRS 1989, 82, 85 f.

20 die Zinsen sind voll abzugsfähig, die Tilgung ist anteilig abzugsfähig

21 *Moschner*, ESOP-LBO 1989, S. 310-316

22 diese verkürzt sich auf 7 Jahre, wenn ein Refinanzierungskredit des arbeitgebenden Unternehmens vorliegt

23 ausgenommen juristische Personen und Aktionäre eines börsennotierten Unternehmens

pieren anderer US-Gesellschaften, wenn er innerhalb bestimmter Fristen erfolgt, erst zum Zeitpunkt des Verkaufs der neu erworbenen Wertpapiere versteuert werden muß.

Als Ziele solcher ESOP-Konzeptionen werden genannt: Die Schaffung einer zusätzlichen Altersversorgung für Mitarbeiter, die Kapitalzufuhr beim arbeitgebenden Unternehmen, wenn sich der ESOP an einer Kapitalerhöhung beteiligt, der Belegschaft-Buy-Out zur Nachfolgeregelung, die Abwehr feindlicher Übernahmen bzw. die Übernahme einer sanierungsbedürftigen Firma.

Die weitgehend unveränderte Übertragung des ESOP-Modells auf die Bundesrepublik Deutschland wäre wenig sinnvoll. Denn die wirtschaftlichen und steuerlichen Rahmenbedingungen sind in beiden Ländern sehr unterschiedlich. Dennoch lassen sich wichtige Grundgedanken dieses US-amerikanischen Modells nutzbar machen. Zunächst bestärkt das ESOP-Modell die hier bereits aufgrund anderer Erwägungen gefundene Erkenntnis, daß die Zielgesellschaft, in welche investiert wird, bzw. die das Geld der Arbeitnehmer in anderen Unternehmen investiert, im Blickpunkt der Förderung stehen muß, daß also die Individualförderung abgelöst werden sollte. Sie kann auch ohne weiteres abgelöst werden, weil dennoch die Arbeitnehmer die Vorteile haben und zu Investitionen angeregt werden. Das ESOP-Modell zeigt darüber hinaus auch, daß es notwendig ist, alle Beteiligten zu fördern, nämlich neben den Arbeitnehmern auch die Altgesellschafter und die Banken, falls sie Kredite gewähren.

c) »Steuertechnische« Möglichkeiten als Mittel zum Erreichen verschiedener rechtspolitischer Zielsetzungen

Soll die Investition als solche gefördert werden, dann muß das Kapital, das der Arbeitnehmer in ein Unternehmen investiert, steuerlich besser stehen als bei sonstiger Anlage. Hierzu sind drei Ansätze erforderlich: einmal müssen die *Erträge* aus diesem Kapital steuerlich besser gestellt werden als derzeit. Zweitens darf der *Wertzuwachs* des Kapitals nicht der sofortigen und vollen Einkommensbesteuerung unterliegen, sondern muß idealerweise erst dann versteuert werden, wenn er realisiert ist. Drittens muß sichergestellt sein, daß der Arbeitnehmer die Investition nicht oder jedenfalls *nicht in vollem Umfange aus versteuertem Geld,* das er wie in aller Regel als Einkünfte aus selbständiger Arbeit erworben hat und das zusätzlich noch der Sozialversicherungspflicht unterlegen hat, tätigen muß. Denn dies kann er oftmals nicht.

Betrachtet man diese drei Ansätze näher, so stellt man fest, daß sich Berührungspunkte und Überschneidungen mit Postulaten ergeben, die im

Rahmen der Diskussion um eine Reform der Unternehmensbesteuerung immer wieder erhoben wurden[24]. Die Mitarbeiterbeteiligung kann und muß in eine solche Reform einbezogen werden. Eine der wichtigsten Forderungen der Unternehmenssteuerreform ist die steuerliche Entlastung des risikobehafteten, im Unternehmen investierten Kapitals. Das Zurverfügungstellen solchen Kapitals ist alleine für sich schon eine Leistung, die volkswirtschaftlich nicht nur sinnvoll, sondern unabdingbar notwendig ist. Gelänge eines Tages eine solche Reform, dann könnte die Förderung der Mitarbeiterinvestition nahtlos und völlig systemgerecht daran anknüpfen. Idealerweise sollten Unternehmen Erträge, die im Unternehmen zum Zwecke der Finanzierung von Investitionen verbleiben, solange sie das sind, nicht besteuert werden. Zumindest sollte, soweit die Nichtbesteuerung nicht finanzierbar ist, der Steuersatz wesentlich niedriger als bei Gewinnausschüttungen sein. Die Besteuerung dürfte erst bei der Entnahme dieser Erträge durch die Anteilseigner erfolgen. Dann wäre es attraktiv, die Erträge im Unternehmen zu reinvestieren, um möglichst viel statt möglichst wenig Eigenkapital im Unternehmen zu belassen. Daß dies mit dem Ziel, daß Kleinaktionäre Dividende erhalten sollten, kollidiert, ist offensichtlich. Doch könnte der Gesetzgeber für diese ggf. eine Sonderregelung treffen.

Realistischerweise muß man heute allerdings sagen, daß eine solche Reform angesichts der derzeitigen schlechten Finanzsituation des Staates keine Aussicht auf Verwirklichung im politischen Raum hat. Selbst die Besteuerung dieses Kapitals mit einem wesentlich niedrigeren Steuersatz, als er bei den Anteilseignern im Falle der Gewinnausschüttung anfiele (z.B. eine Besteuerung pauschal mit 15 oder 19%) hat derzeit keine Chance auf Realisierung. Vor allem wäre ein solch niedrigerer Steuersatz auf absehbare Zeit sicher immer noch höher als der Steuersatz der meisten Arbeitnehmer. Aus diesen Gründen muß man heute eigene Konzepte für eine Mitarbeiterbeteiligung entwickeln, wobei diese allerdings sinnvollerweise so zu gestalten sind, daß sie sich in eine spätere Form der Unternehmensbesteuerung systemgerecht einfügen.

Steuertechnisch erreicht man die drei genannten Förderkomponenten in folgender Weise (sie sollen entsprechend den chronologischen Schritten, die das Kapital der Arbeitnehmer nimmt, erörtert werden):

(1) Der Arbeitnehmer investiert Kapital. Dieses kann entweder Kapital des Unternehmens sein, das dieser unentgeltlich auf den Arbeitnehmer überträgt (er schenkt ihm eine Beteiligung), es kann Kapital sein, das der

24 hierzu sei statt aller verwiesen auf *Lang,* StuW 1989, 3, 12

Arbeitnehmer als Arbeitslohn erhält, und es können Spargelder des Arbeitnehmers sein (wobei diese wiederum aus erspartem Arbeitslohn, aber auch aus Erbschaften, Schenkungen und dergl. stammen können, was sich durchweg nicht mehr feststellen lassen wird). Soweit der Arbeitnehmer seine Investition aus Spargeldern tätigt, empfiehlt sich eine Förderung dergestalt, daß man hier die vormalige Ertragsbesteuerung rückgängig macht, also die Spargelder quasi nachträglich »entsteuert«, nicht; denn zunächst läßt sich die Herkunft des Geldes durchweg nicht ermitteln und vor allem nicht der Steuersatz. Im »schlimmsten« Fall erhielte der Arbeitnehmer eine steuerliche Entlastung für Gelder, die aus illegal nicht versteuerten Zinserträgen stammen. Zudem steht der Arbeitnehmer hier jedem anderen Anleger gleich, der aus Spargeldern Investitionen tätigt. Eine Besserstellung wäre daher nicht angebracht. Sie könnte auch schwerlich als spezifisch mitarbeiterbeteiligungsbezogen qualifiziert werden.

Schenkt der Unternehmen dem Arbeitnehmer Unternehmensanteile oder Gelder, damit der Arbeitnehmer solche Anteile erwirbt, so wird hier nur Geld vom Unternehmer auf den Arbeitnehmer transferiert. Dieses »Transferieren« führt nach heutigem Verständnis zu Einkünften aus nichtselbständiger Arbeit, weil der Vermögenszufluß beim Arbeitnehmer durch das Arbeitsverhältnis veranlaßt ist. Aber diese ertragssteuerliche Qualifizierung ist nicht zwingend. In vielen Fällen würde man dies ohnehin systematisch besser als Schenkung qualifizieren. Die Abgrenzung spielt aber für das vorliegende Konzept keine Rolle, wenn man – vom Grundtenor vergleichbar wie heute der Freibetrag des § 19 a EStG – solche Vermögensübertragungen, jedenfalls bis zu einer gewissen Höhe, steuerfrei stellt.

Investiert der Arbeitnehmer aus Arbeitslohn, so muß auch dies bis zu einer bestimmten Höhe aus unversteuertem und sozialversicherungsfreiem Arbeitslohn geschehen können. Ist das Geld dann investiert, so muß die Wertsteigerung der Investition – insoweit liegen Einkünfte aus Kapitalvermögen, derzeit sehr selten aus Gewerbebetrieb vor – steuerfrei bleiben, solange die Investition im Unternehmen verbleibt und nicht zum Konsum verwendet wird (bei Entnahme aus dem Unternehmen und sofortiger Neuinvestition ist die Möglichkeit zu erwähnen, die angesammelten stillen Reserven steuerneutral zu übertragen). Schließlich wirft das investierte Kapital seinerseits Erträge ab. Werden diese reinvestiert bzw. verbleiben sie im Unternehmen, so muß es auch hier eine steuerliche Besserstellung im Vergleich zur Entnahme bzw. Ausschüttung der Erträge geben.

Betrachtet man diese Art der Förderung insgesamt, so liegt ihr Kernstück letztlich gar nicht in einer Subvention. Es wird nur gefordert, was in einem

Land, das auf Investitionen dringend angewiesen ist, selbstverständlich sein soll: die Erträge nämlich, die dem Unternehmen zum Zwecke der Investition verbleiben und damit der Arbeitsplatzschaffung dienen, sollen nicht demselben Steuersatz unterliegen, wie wenn die Unternehmenserträge ausgeschüttet und der privaten Verwendung zugeführt werden.

Eine besondere Förderung des Arbeitgebers ist damit noch nicht gegeben. Er hat nur den Vorteil, daß Kapital in seinem Unternehmen verbleibt. Er hat also z. B. einen Betrag in Höhe von DM 1.000,– an den Arbeitnehmer ausbezahlt und A. investiert diesen Betrag in Höhe von DM 1.000,– wieder in das Unternehmen des Arbeitgebers. Dann verbleibt das Geld im Unternehmen, obwohl die Auszahlung an den Arbeitnehmer zu Betriebsausgaben in Höhe von DM 1.000,– geführt hat. Ein besonderer Anreiz an den Arbeitgeber liegt hierin grundsätzlich noch nicht. Denn dieser hat sich in den Liquiditätszufluß durch die Aufgabe der Eigentümerposition hinsichtlich dieses Betrages bzw. des entsprechenden Unternehmensanteils »verkauft«. Eine wirkliche Förderung setzt erst da ein, wo der Arbeitgeber Steuervorteile über seine realen Ausgaben hinausgehend erhält.

Eine Förderung der Banken kann dadurch geschehen, daß diese die Zinseinkünfte, die aus Krediten, welche einer Mitarbeiterbeteiligungsgesellschaft gewährt werden, stammen, nicht in voller Höhe und/oder nicht mit dem vollen Steuersatz zu versteuern brauchen. Insoweit kann das amerikanische ESOP-Modell durchaus Anregung sein.

Es soll hier nicht verschwiegen werden, daß all diese Investitionen in einer Größenordnung, die einen sofortigen umfassenden Erfolg verspricht, derzeit wohl schwerlich finanzierbar sind. Doch hier geht es darum, überhaupt die Möglichkeiten und Zielrichtungen aufzuzeigen. Zudem sollte man nicht übersehen, daß Steuerausfälle, wenn die Zuwendungen des Arbeitgebers an die Arbeitnehmer steuerfrei gestellt werden, im Vergleich zum heutigen Zustand nicht eintreten, weil heute Arbeitgeber ihren Arbeitnehmern nur höchst selten Unternehmensanteile übertragen.

III. Modellvorschläge

1. Die sog. mittelbare Beteiligung über eine Mitarbeiter-Beteiligungsgesellschaft als Ansatz

Die bisherige Förderung hat, wie mehrfach dargelegt, darunter gelitten, daß sie sehr kompliziert war und viele ungelöste Probleme aufgeworfen hat. Die Modelle wurden zwangsläufig häufig in erster Linie auf die Fördermaßnahmen hin ausgerichtet, ohne daß die zahlreichen arbeits- und gesellschaftsrechtlichen Probleme bedacht wurden. Nach wie vor ist die

Doppelstellung des Arbeitnehmers als beteiligter Mitarbeiter und als Gesellschafter in der Praxis hinsichtlich der Einzelfragen vielfach nicht gelöst. Vor allem aber bedeutet die unmittelbare Beteiligung eines Arbeitnehmers am arbeitgebenden Unternehmen, daß entweder eine Vielzahl von Gesellschaftern bestehen mit allen damit verbundenen Nachteilen, ohne daß man außergesellschaftliche Beteiligungen wählt und damit im Grunde oftmals nicht erreicht, daß Arbeitnehmer tatsächlich investieren und ihnen auch die Ertragszuwächse der Investitionen zufließen. Zudem stehen eine Vielzahl von Arbeitnehmergesellschaftsverhältnissen bunt nebeneinander. Die Arbeitnehmer können z. B. nicht als Gruppe das Eigenkapital als Hebel für die Aufnahme von Fremdkapital benutzen, um tatsächlich mehr als nur minimale Beträge zu investieren oder gar im Falle eines Belegschafts-Buy-Outs, verbunden etwa mit einem Management-Buy-Out, selbst zur Finanzierung nennenswert beitragen zu können.

Viele dieser Probleme werden vermieden oder doch leichter lösbar, wenn man die Arbeitnehmeranteile in einer Mitarbeiter-Beteiligungsgesellschaft bündelt und diese sich dann am Unternehmen des Arbeitgebers und bei überbetrieblichen Beteiligungen auch an anderen Unternehmen beteiligt. Solche Arbeitnehmer-Beteiligungsgesellschaften sind bereits heute bei Beteiligungsmodellen in der Praxis durchaus nicht selten. Da sie allerdings derzeit nur noch sehr eingeschränkt gefördert werden (s. § 19 a Abs. 3 EStG), waren auch die Entwicklungsmöglichkeiten bislang begrenzt.

Es ist auch nicht zu verkennen, daß es für die Arbeitnehmer-Beteiligungsgesellschaft eine ideale Gesellschaftsform im deutschen Gesellschaftsrecht bisher nicht gibt. Eine KG kommt nicht nur wegen der persönlichen Haftung mindestens eines Gesellschafters im Regelfall nicht in Betracht, sondern vor allem auch deshalb nicht, weil die Höhe der Einlagen bzw. der Haftsumme der Arbeitnehmerkommanditisten bekanntlich der Eintragung ins Handelsregister bedarf. Vor allem gilt dies bei einer Anteilsvergrößerung und -veräußerung. Macht man es wie früher bei den Publikumspersonengesellschaften und gründet eine GmbH & Co. KG, wo nicht die Arbeitnehmer Kommanditisten werden, sondern ihre Anteile von einem Treuhänder gehalten werden, so rücken die Arbeitnehmer mit ihrer Beteiligung noch eine Stufe weiter vom arbeitgebenden Unternehmen weg. Die GmbH eignet sich zwar als Mitarbeiterbeteiligungsgesellschaft, aber nur für größere Unternehmen, bei denen der mit der Gründung und Führung verbundene Aufwand in angemessenem Verhältnis zum Ertrag steht. Zudem bedarf hier die Übertragung der Anteile der notariellen Beurkundung (§ 15 Abs. 3 GmbHG). Ein Wertpapiersondervermögen eignet sich für betriebliche Beteiligungen in der derzeitigen

Form, die das Gesetz über Kapitalanlagegesellschaften (KAGG) vorschreibt, nicht, sehr wohl allerdings für außerbetriebliche Beteiligungen, was nachfolgend noch dargelegt wird.

Die Mitarbeiter-Beteiligungsgesellschaft darf auch keine Gesellschaft des bürgerlichen Rechts sein, weil die Mitarbeiter-Beteiligungsgesellschaft, um Kredite aufzunehmen und um sich ihrerseits am Unternehmen des Arbeitgebers beteiligen können, rechtsfähig sein muß. Die ideale Gesellschaftsform gibt es daher heute nicht. Ideal wäre eine Gesellschaft mit eigener Rechtspersönlichkeit, also eine juristische Person, welche in der Lage wäre, Gesellschaftsanteile in Form von Wertpapieren zu verbriefen und an die Arbeitnehmer auszugeben. Da der einzige Zweck der Arbeitnehmerbeteiligung darin besteht, Gelder der Arbeitnehmer im arbeitgebenden Unternehmen und bei überbetrieblichen Beteiligungen in anderen Unternehmen anzulegen, wäre sie verwaltungsmäßig einfach zu handhaben. Sie könnte von der Körperschaftssteuer befreit werden, weil man ohne weiteres sicherstellen kann, daß die Erträge, soweit sie zu versteuern sind, direkt beim Arbeitnehmer versteuert werden. Die Gesellschaft könnte vom arbeitgebenden Unternehmen, von einem Angehörigen der steuerberatenden Berufe, aber auch von einer Bank, Sparkasse oder Investmentbank verwaltet werden. Die steuerlichen Vorschriften über die Bilanzierung könnten ohne weiteres erleichtert werden, insbesondere bei kleineren Gesellschaften. Ob man eine solche neu zu gründende Gesellschaft als kleine Aktiengesellschaft bezeichnet oder als Mitarbeiter-Beteiligungsgesellschaft oder ihr einen anderen Namen gibt, ist letztlich gleichgültig.

2. Darstellung eines konkreten Modellvorschlages

Modellfall:
Herr U und seine Ehefrau F sind Gesellschafter und zugleich Geschäftsführer der X-GmbH, die ein Stammkapital von DM 100.000,– besitzt. Herr U hat daran 70%, Frau F 30% der Gesellschaftsanteile. 200 Arbeitnehmer sind beschäftigt. Sie alle sollen die Möglichkeit haben, sich am Unternehmen zu beteiligen. 180 Arbeitnehmer machen davon Gebrauch.

Die Mitarbeiterbeteiligung könnte dann folgendermaßen vor sich gehen:

Die arbeitgebende GmbH initiiert, vertreten durch die Geschäftsführer U und F, die Gründung der Mitarbeiter-Beteiligungsgesellschaft in der neu zu schaffenden Gesellschaftsform. Herr U und Frau F übertragen, damit diese Gesellschaft sogleich einen bestimmten Grundstock hat, je 2% ihrer Geschäftsanteile auf die Mitarbeiter-Beteiligungsgesellschaft, und zwar zum Zweck, diese Anteile gleichmäßig auf alle Arbeitnehmer zu verteilen, die sich beteiligen wollen. In den kommenden Jahren ist man sich jeweils einig, daß jeder Arbeitnehmer von weiteren Lohnerhöhungen, die im Individualarbeitsvertrag oder Tarifvertrag festgelegt werden, 1% des Lohnes in das arbeitgebende Unternehmen investieren soll. Die Arbeitnehmer sind hierzu bereit, was erforderlich ist, da die Beteiligung ja von seiten der Arbeitnehmer und der Arbeitgeber freiwillig sein muß.

Beträgt das Stammkapital DM 200.000,–, so besitzt die Mitarbeiter-Beteiligungsgesellschaft dann zu Beginn DM 4.000,– dieses Stammkapitals. Im Jahre 01 der Gründung der Mitarbeiter-Beteiligungsgesellschaft hat sich der Arbeitnehmer Al mit 1% seines Jahresbruttolohnes in Höhe von DM 52.440,–, das sind DM 524,40, beteiligt. Beträgt die Lohnsumme für die 180 sich beteiligenden Arbeitnehmer DM 8,5 Mio. im Jahr, dann beträgt die Summe, die die Arbeitnehmer zur Verfügung stellen, DM 85.000,–.

Bei einer rein betrieblichen Beteiligung besteht nun die Möglichkeit, daß das Stammkapital der GmbH erhöht wird und sich die Mitarbeiter-Beteiligungsgesellschaft dann nach Ablauf des Wirtschaftsjahres 01 in Höhe von weiteren DM 85.000,– an der Gesellschaft beteiligt. Hierzu ist eine Kapitalerhöhung nach § 55 GmbHG erforderlich. Der alte Gesellschaftsanteil kann durch Erhöhung des Nennbetrages aufgestockt werden, was nach allgemeiner Ansicht zulässig ist[25].

Dieses Verfahren ist ziemlich umständlich. Sinnvoll wäre eine gesetzliche Änderung dahingehend, daß die Mitarbeiter-Beteiligungsgesellschaft berechtigt ist, der Gesellschaft das Kapital zur Verfügung zu stellen und dann z. B. nur alle 3 Jahre die Kapitalerhöhung durchgeführt werden muß. Die technische Einzelausgestaltung könnte beispielsweise ähnlich wie das genehmigte Kapital bei der Aktiengesellschaft erfolgen.

Die Mitarbeiter-Beteiligungsgesellschaft ihrerseits gibt Anteilscheine an jeden Mitarbeiter über seine Beteiligung aus. Diese Anteilscheine kann man veräußerlich gestalten und die Veräußerung an die Zustimmung der Mitarbeiter-Beteiligungsgesellschaft binden. Es ist möglich, daß die Mitarbeiter, wie dies vereinzelt bereits heute bei Genußscheinmodellen der Fall ist, ihre Anteile an andere Mitarbeiter veräußern können. Möglich ist es auch, daß sich die Mitarbeiter-Beteiligungsgesellschaft verpflichtet, einen bestimmten Prozentsatz der Anteilscheine jährlich zurückzunehmen, was voraussetzt, daß sie sie entweder an andere Mitarbeiter verkaufen oder im freien Markt plazieren darf und kann. Der Mitarbeiter hat ein

25 BGHZ 63,116; *Baumbach/Hueck/Zöllner*, GmbH-Gesetz, 15. Aufl. 1988, § 55, Rdn. 28

Stimmrecht in der Gesellschafterversammlung der Mitarbeiter-Beteiligungsgesellschaft. Deren Geschäftsführung übernimmt, wie dargelegt, z. B. ein vom arbeitgebenden Unternehmen gestellter Geschäftsführer. Zweckmäßigerweise wird man bei größeren Gesellschaften die laufende Beratung, Kontrolle und Überwachung der Geschäftsführung auf einen Beirat übertragen. Man könnte aber auch die Geschäftsführung dem von einer Bank, Sparkasse oder, insbesondere bei nicht ausschließlich betrieblichen Beteiligungsmodellen, einer Investmentbank gestellten Geschäftsführer übertragen, was die Verwaltung, wie noch darzulegen ist, entscheidend verbilligen würde. Da diese Mitarbeiter-Beteiligungsgesellschaft im Grunde nur die Gelder weiterzuleiten hat, fällt, wie erörtert, ein minimaler Verwaltungsaufwand an.

3. Steuerliche Aspekte

Die unentgeltliche Übertragung der Gesellschaftsanteile an die Arbeitnehmer stellt nach geltendem Körperschaftssteuerrecht für die GmbH keine Betriebsausgabe dar, weil die Anteile im Eigentum der Gesellschafter U und F stehen. Zudem ist die Zuwendung an eine Mitarbeiter-Beteiligungsgesellschaft nicht mit der Zuwendung an die Arbeitnehmer gleichzusetzen.

Das Steuerrecht könnte deshalb dahingehend geändert werden, daß Anteilsübertragungen der Gesellschafter an die Mitarbeiter-Beteiligungsgesellschaft diesen u. U. steuerliche Vorteile bringt. Wendet die GmbH der Mitarbeiter-Beteiligungsgesellschaft Mittel zum Zwecke der Beteiligung zu, so müssen diese Zuwendungen Betriebsausgaben sein, vorausgesetzt, die Mitarbeiter-Beteiligungsgesellschaft beteiligt sich mit diesen Mitteln an der GmbH oder verwendet sie im Zusammenhang mit dem Zweck der Beteiligung in sonstiger Weise (etwa als Verwaltungskosten). Zuwendungen der GmbH an die Arbeitnehmer zum Zwecke der Beteiligung sind bereits heute Betriebsausgaben.

Eine zusätzliche Förderung der Gesellschafter, die die Anteile übertragen, oder der GmbH als Arbeitgeberin ist, wie oben erörtert, sinnvoll. Hier lassen sich in systematischer Hinsicht Steuerersparnisse oder nur Steuerstundungen denken. Die Steuerersparnis wird durch einen zusätzlichen Abzug von der Bemessungsgrundlage erreicht, die Steuerstundung z. B. in Form besonderer Rückstellungen oder, systematisch wohl besser in Form neu zu schaffender Arbeitnehmer-Beteiligungsrücklagen, die dann zunächst den Gewinn mindern müßten und über einen gewissen Zeitraum hin wieder gewinnerhöhend aufzulösen wären.

Die Arbeitslöhne, welche der Arbeitnehmer erhält und in die Mitarbeiter-Beteiligungsgesellschaft einbringt, damit sie dann im arbeitgebenden Unternehmen investiert werden, müßten für diesen, jedenfalls bis zu einer gewissen jährlichen Höhe, steuer- und sozialversicherungsfrei bleiben. Das wäre die »Anschub-Förderung«. In Wahrheit entsteht hier nur eine Steuerstundung, wenn das Geld erst versteuert wird, sobald der Arbeitnehmer es aus dem Unternehmen nimmt. Verwendet er es z. B. erst nach dem Ausscheiden bei Eintritt in den Ruhestand, so ließe sich über einen verminderten Steuersatz nachdenken. All dies müßte gesetzlich neu geregelt werden.

Der wichtigere Aspekt ist sodann die Steuerfreiheit während der Investitionsphase, die, wie dargelegt, dazu dienen soll, daß das Geld möglichst im Unternehmen belassen wird. Die Erträge dieser Investition sollten idealiter steuerfrei bleiben, jedenfalls bis zu einer bestimmten Höhe, wenn die Mitarbeiter-Beteiligungsgesellschaft sie im Unternehmen reinvestiert bzw. beläßt. Nur und erst bei Zufluß an den Arbeitnehmer werden sie von diesem versteuert (Einkünfte aus Kapitalvermögen).

Dieses Grundmodell hat folgende Vorteile: Der Arbeitnehmer braucht sich um die Verwaltung der Beteiligung nicht zu kümmern. Er erhält jährlich nur einen Anteilschein mit der Mitarbeiter-Beteiligungsgesellschaft, welcher die Höhe seiner Beteiligung ausweist und eine Mitteilung über die Höhe der Erträge aus dieser Beteiligung enthält. Die Übertragung von Gesellschaftsanteilen der Altgesellschafter erfolgt an die Mitarbeiter-Beteiligungsgesellschaft. Auch die Erträge aus der GmbH fallen zunächst bei der Mitarbeiter-Beteiligungsgesellschaft an. Da bei Erwerb mit Mitteln des Arbeitnehmers diesem die Steuerstundung nur gewährt wird, wenn er die Beteiligung mit laufendem Arbeitslohn bzw. bei entsprechenden Vereinbarungen mit dem im Arbeitsvertrag oder einem Tarifvertrag als Investivlohn bezeichneten und ihm statt Barlohn zugewendeten Geld erwirbt, können die entsprechenden Beträge sogleich vom arbeitgebenden Unternehmen, also der GmbH, an die Mitarbeiter-Beteiligungsgesellschaft ausbezahlt werden. Dies mag zwar etwas umständlich erscheinen. Dennoch empfiehlt es sich nicht, daß die Mitarbeiter-Beteiligungsgesellschaft die Mittel im Unternehmen beläßt, weil dann die Gefahr bestünde, daß eine illiquide Gesellschaft den Arbeitnehmern solche Zahlungen statt Lohn zusagen würde, obwohl sie zur Entrichtung nicht in der Lage und die Zuweisung einer Beteiligung an die Mitarbeiter-Beteiligungsgesellschaft für die Arbeitnehmer längst wertlos wäre. Ist der Arbeitnehmer berechtigt, in die Mitarbeiter-Beteiligungsgesellschaft zusätzliche Mittel zu investieren, die er nicht aus dem Arbeitslohn, sondern aus ersparten Geldern nimmt, so bedarf es besonderer Regelungen nicht, weil hier ja, wie dargelegt, gerade keine Förderung einsetzen soll.

Beläßt die Mitarbeiter-Beteiligungsgesellschaft auf entsprechenden Wunsch des Arbeitnehmers oder ihrer Mehrheit Gewinn der GmbH in dieser, so fielen nach hier vertretenem Konzept ebenfalls keine Steuern und damit kein Verwaltungsaufwand an. Erst wenn ein Mitarbeiter Gewinn aus der Beteiligungsgesellschaft ausgezahlt erhält, fallen Steuern an. Diese könnten entweder durch eine Quellensteuer pauschal abgegolten werden oder die Mitarbeiter-Beteiligungsgesellschaft muß sie unter Beachtung der Jahreslohnsteuertabellen einbehalten oder der Mitarbeiter muß eine Einkommensteuererklärung abgeben.

Ist der Anteil des Arbeitnehmers an der Mitarbeiter-Beteiligungsgesellschaft veräußerlich und veräußert er diesen, dann kann auch hier ein der Einkommensteuerpflicht unterliegender Gewinn anfallen. Um hier zu vermeiden, daß Mitarbeiter in eine hohe Steuerprogression geraten, muß es – wenn man nicht die Lösung der Abgeltung mit einer evtl. auch gestaffelten Quellensteuer bevorzugt – zulässig sein, die Gewinne rechnerisch auf mehrere Veranlagungszeiträume zu verteilen.

4. Aufnahme von Fremdkapital durch die Mitarbeiter-Beteiligungsgesellschaft

Soll der Arbeitnehmer wirklich zum Investor werden und will man nennenswerte Beträge bewegen, dann muß es der Mitarbeiter-Beteiligungsgesellschaft erlaubt und möglich sein, das von den Mitarbeitern stammende Eigenkapital als »Hebel« zur Aufnahme von Fremdkapital einzusetzen. Dadurch könnten dem arbeitgebenden Unternehmen Finanzmittel heute zugeführt werden, die aus künftigen Arbeitslöhnen, aus Gewinnbeteiligungen der Mitarbeiter-Beteiligungsgesellschaft, aus der arbeitgebenden GmbH sowie aus Erträgen der Mitarbeiter-Beteiligungsgesellschaft zurückbezahlt werden. Damit würden die Mitarbeiter zu echten Mitunternehmern. Denn es wird, wie dargelegt, heute vom Unternehmer durchweg mit Fremdkapital gearbeitet, und mit der Unternehmensrendite, die höher sein muß als die Fremdkapitalzinsen, wird Unternehmensgewinn erwirtschaftet, der dann auch zur Rückführung des Fremdkapitals dienen kann.

Die Mitarbeiter-Beteiligungsgesellschaft wird von einer Bank oder Sparkasse nur Geld erhalten, wenn sie nachweisen kann, daß sie das Geld in der GmbH, also im arbeitgebenden Unternehmen, ertragbringend anlegt und daß bei dieser vor allem kein Insolvenzrisiko besteht. Soweit das arbeitgebende Unternehmen Sicherheiten stellt, müssen die Aufwendungen für diese Sicherheiten steuerlich abzugsfähig sein.

Es soll in keiner Weise verschwiegen oder verkannt werden, daß die Aufnahme von Fremdkapital nicht nur eine zusätzliche Chance für die Arbeitnehmer, sondern auch ein erhöhtes Risiko bietet. Ob sie dieses eingehen wollen, bleibt ihnen überlassen. Sie sind es ja, die Gesellschafter der Mitarbeiter-Beteiligungsgesellschaft sind. Und die Beurteilung, ob der Einsatz von Fremdkapital wirtschaftlich vernünftig ist, kann nur von Fachleuten getroffen werden. Gerade deshalb kann es sich anbieten, hier Banken, Sparkassen und Investmentgesellschaften einzuschalten. Die Geldinstitute könnten, wie oben bereits ausgeführt, an solchen Aktivitäten interessiert sein, wenn bei ihnen, zumindest für eine gewisse Zeit, die Zinseinnahmen aus den einer Arbeitnehmer-Beteiligungsgesellschaft gewährten Krediten mit einem niedrigeren Steuersatz als dem normalen Steuersatz besteuert würden (z. B. dreiviertel oder halber Steuersatz).

5. Gemischte betriebliche und außerbetriebliche Beteiligungen sowie ausschließlich außerbetriebliche Beteiligungen

Da für die Arbeitnehmer die Anlage allein im arbeitgebenden Unternehmen naturgemäß risikoreich ist, käme auch in Betracht, der Mitarbeiter-Beteiligungsgesellschaft zu gestatten, die Beträge betrieblich und außerbetrieblich anzulegen. Denkbar ist ferner, daß sich einige Unternehmen zusammenschließen – sie sollten nicht Konkurrenten, sondern aus unterschiedlichen Branchen sein –, um eine gemeinsame Mitarbeiter-Beteiligungsgesellschaft zu gründen. Dann könnte jeweils der Anteil, der auf die Arbeitnehmer jedes dieser Unternehmen entfällt, in dieses reinvestiert werden. Die Mitarbeiter-Beteiligungsgesellschaft würde sich, wenn es sich z. B. um 4 Unternehmen handelt, also an diesen 4 Unternehmen als Gesellschafterin beteiligen. Auf diese Weise träte eine Risikostreuung ein.

Eine noch bessere Risikostreuung gibt es, wenn die Mitarbeiter-Beteiligungsgesellschaft (sie kann nur von einem einzigen oder von mehreren Unternehmen gegründet worden sein und für deren Mitarbeiter zur Verfügung stehen) nur einen Teil des Geldes in das/die arbeitgebende/n Unternehmen investiert und das restliche Geld am freien Kapitalmarkt nach dem Gesichtspunkt der besten Rendite bei möglichst hoher Sicherheit anlegt. Vor allem für Altersversorgungen der Mitarbeiter wäre eine solche Anlage höchst geeignet.

Vergleichbare Anlageformen gibt es bereits derzeit in Gestalt sogenannter Mitarbeiterfonds (die allerdings bisher, soweit ersichtlich, vor allem auf außerbetriebliche Anlagen zielen). Hier werden sogenannte Spezialfonds, das sind Investmentfonds i. S. d. KAGG, gegründet. Jeder dieser Fonds ist ein vom Vermögen der Kapitalanlagegesellschaft unabhängiges Sondervermögen, welches im Miteigentum der Anteilseigner steht. Der Fonds gibt Zertifikate aus. Diese sind bekanntlich Inhaberpapiere und als solche übertragbar. Die Kapitalanlagegesellschaft, welche die Fonds auflegt und verwaltet ist ein Kreditinstitut und unterliegt der Aufsicht durch das Bundesaufsichtsamt für das Kreditwesen. Die Anlagemöglichkeit und die Streuung der Anlagen ergibt sich aus dem KAGG, zuletzt geändert am 9. 11. 1992[26]. Seither können neben den börsennotierten oder an anderen Märkten gehaltenen Wertpapieren auch andere Anlagen getätigt werden. Ende 1990 gab es in Deutschland rund 1.680 Spezialfonds mit einem Volumen von insgesamt DM 116 Mrd. Es gibt also bereits derartige überbetriebliche Anlageformen, welche die Arbeitnehmer an die Investition von Produktivvermögen heranführen und dazu veranlassen sollen. An diese Formen kann man anknüpfen und vor allem auch an ihre Erfahrungen in der Praxis und hraucht dann nur noch die bereits bestehenden Möglichkeiten auszubauen. Die Verwaltung solcher Belegschaftsfonds kostet maximal 0,5% der Erträge, also einen sehr geringen, ja geradezu verschwindenden Bruchteil.

Vor allem für außerbetriebliche Arbeitnehmerbeteiligungen eignen sich ein solches Modell. Mit seiner Hilfe könnten z. B. auch die Mitarbeiter solcher Unternehmen, die sich für eine Mitarbeiterbeteiligung nicht eignen oder bei denen sie nicht zulässig ist, wie etwa bei Freiberuflern und bei Beamten und Arbeitnehmern des öffentlichen Dienstes, die Möglichkeit der Produktivkapitalinvestition erhalten. So kann etwa ein Dienstherr für alle seine Bediensteten oder nur für einen Teil von ihnen ein Beteiligungs-Sondervermögen schaffen. Beteiligungs-Sondervermögen sind ja bereits derzeit in die Förderung nach dem 5. VermBG und § 19 a EStG unter gewissen Voraussetzungen einbezogen. Sie haben sich dennoch relativ wenig durchgesetzt. Ob man solche rein außerbetrieblichen Beteiligungen überhaupt fördern soll, weil, wie dargelegt, hier letztlich nur eine besondere Form des Sparens vorliegt, ist eine rechtspolitische Frage, die im politischen Raum entschieden werden muß.

§ 32 Visionen für kapitalbeteiligte Arbeitnehmer im Rahmen einer Unternehmenssteuerreform
von Wagner/Loritz

Mit dem nachfolgenden Vortrag greifen wir auf unsere Vorschläge anläßlich der am 11. 12. 1991 in Bonn veranstalteten Tagung »Quo vadis

26 BGBl. I, 1853

Vermögenspolitik?« zurück. Zwei Bausteine der von uns in Bonn dargelegten Zukunftsperspektiven der Beteiligung der Nichtselbständigen am Produktivvermögen sollen nachfolgend vertieft werden:

(1) Die Möglichkeit der Änderung des Fördersystems der Mitarbeiterkapitalbeteiligung von einer Sparförderung zu einer *Investitionsförderung* im Rahmen einer Unternehmenssteuerreform.

(2) Die Möglichkeit der Änderung des Fördersystems von der individuellen *direkten* betrieblichen Mitarbeiterbeteiligung zur unternehmensbezogenen *mittelbaren* Mitarbeiterbeteiligung.

A. Einleitung

Die Beteiligung von Mitarbeitern mit Kapital am Kapital von Unternehmen reicht von der Arbeitnehmerbeteiligung über die Führungskräftebeteiligung bis zum Management Buy Out. Staatlicherseits gefördert wird über das 5. VermBG und § 19 a EStG lediglich die Arbeitnehmerbeteiligung in Form einer Anschubförderung, um dadurch einen Anreiz zur breiteren Beteiligung von Arbeitnehmern am Produktivkapital der deutschen Wirtschaft zu geben und zu einer größeren Verteilungsgerechtigkeit beizutragen. In Anbetracht dieses Ansatzpunktes war die Arbeitnehmerkapitalbeteiligung in der Vergangenheit weniger Gegenstand steuerpolitischer als vielmehr vermögenspolitischer Überlegungen.

Es stellt sich aber die Frage, ob diese Art der staatlichen *Spar*förderung noch zeitgemäß ist oder ob nicht in Anbetracht der anstehenden Aufgaben es sinnvoller wäre, statt dessen *Investitionen* bzw. ***das Investieren*** zu fördern[27]. Ginge man davon aus und würde man bei der Arbeitnehmerkapitalbeteiligung die Betonung auf die *Beteiligung am Kapital* von Unternehmen legen, so würde sich die Frage so formulieren lassen, in welcher Weise *Investitionen* gefördert werden könnten, zu denen auch kapitalbeteiligte Arbeitnehmer beitragen.

Hierzu haben wir schon frühzeitig einen Vorschlag unterbreitet[28], der nunmehr im Rahmen der Unternehmenssteuerreform unter dem Titel der

27 *Loritz/Wagner,* Zukunftsperspektiven der Beteiligung der Nichtselbständigen am Produktivermögen – Investitionsförderung statt Sparförderung, AGP-Dokumentation Quo Vadis Vermögenspolitik? 1991/1992, S. 22 ff. = s. o. § 31; *Wagner,* Ist Sparförderung noch zeitgemäß? Überlegungen zu einer Investitionsförderung, DNU 4/91

28 *Loritz/Wagner* (FN 27), S. 46; s. o. § 31 B. II.

»Steuervergünstigung für die investive Verwendung«[29] mit eingebunden werden könnte[30].

Wäre Zielrichtung nicht mehr primär größere Verteilungsgerechtigkeit, sondern die Förderung von Investitionen, könnte ferner die Förderung von der direkten betrieblichen Beteiligung auf die mittelbare Beteiligung verlagert werden.

B. Situationsbeschreibung i. S. Vermögenspolitik

I. Entwicklungen in der Vermögenspolitik

In den fünfziger und sechziger Jahren war die Vermögenspolitik maßgeblich von der Zielsetzung bestimmt, die Bildung von Geldvermögen sowie von Haus- und Grundbesitz zu fördern. Zu diesem Zweck wurden staatliche Sparfördermaßnahmen beim Wohnungsbau eingeführt sowie das Sparprämiengesetz, drei Vermögensbildungsgesetze und der Abschluß vermögenswirksamer Tarifverträge auf der Grundlage des sogenannten 624,– DM-Gesetzes in die Tat umgesetzt[31].

Ende der siebziger Jahre begann sich die Diskussion in der Vermögenspolitik verstärkt der Förderung der Beteiligung an Produktivvermögen zuzuwenden, nachdem Berechnungen ergeben hatten, daß nur 1,7% privater Haushalte rd. 70% des Eigentums an gewerblichen Unternehmen besaßen[32]. Aber es konnte anfangs in der Diskussion kein gemeinsamer Weg gefunden werden, indem DGB und SPD die Bildung überbetrieblicher Tariffonds favorisierten, während die FDP dem nur dann folgen wollte, wenn durch Einbindung solcher Fonds in das Kapitalanlagengesellschaftengesetz sichergestellt werde, daß mit Tariffonds nicht gewerkschaftliche Machtpolitik, sondern Vermögenspolitik für Arbeitnehmer gefördert werde, was aber wiederum von der SPD abgelehnt wurde[33]. In Anbetracht dieser Meinungsunterschiede geriet die Vermögenspolitik ins Stocken und fehlte in der Regierungserklärung der sozial-liberalen Koalition des Jahres 1980 ganz[34].

29 Handelsblatt v. 31. 07./01. 08. 1992, S. 2

30 zur Unternehmenssteuerreform siehe ferner *Lang,* StuW 1990, 107; *Klein,* StuW 1990, 390; *Gattermann,* DStZ 1992, 385; *F. W. Wagner,* Handelsblatt v. 23. 06. 1992, S. 7; *Mayer-Vorfelder,* Handelsblatt v. 23. 07. 1992, S. 6; *Hochmuth, Kassella,* Handelsblatt v. 07./08. 08. 1992, S. 6

31 *Guski/Schneider*, Betriebliche Vermögensbeteiligung, Teil II, 1983, S. 17; *Guski* in: Mitarbeiterbeteiligung MAB, Fach 1300 Rdn. 601

32 *Guski/Schneider* (FN 31) aaO u.H.a. *Krelle/Schunk/Siebke,* Überbetriebliche Ertragsbeteiligung der Arbeitnehmer, 1968, S. 381

33 *Guski/Schneider* (FN 31) S. 18

34 *Guski/Schneider* (FN 31) S. 18

Neue Impulse wurden erst wieder durch den Vorschlag des Sachverständigenrates zur Begutachtung der gesamtwirtschaftlichen Lage im Jahr 1982 gesetzt, wonach Arbeitgeber und Gewerkschaften eine *gemeinsame* Strategie zur Schaffung neuer Arbeitsplätze in Angriff nehmen sollten. Und es wurde bereits damals vorgeschlagen, was heute erneut diskutiert wird: Eine Kombination von Nominallohn, Gewinn- und Kapitalbeteiligung, wobei bei einem niedriger anzusetzenden Barlohn die Arbeitnehmer dafür an einer günstiger verlaufenden Ertragsentwicklung beteiligt werden sollten[35]. Aber die Sozialpartner lehnten diesen Ansatz als zu theoretisch ab.

Gleichwohl war mit dem Vorschlag des Sachverständigenrates neues Leben in die vermögenspolitische Diskussion gekommen, verbunden mit neuen/anderen Vorschlägen insbesondere der Gewerkschaften und der Niedersächsischen Landesregierung:

Vorreiter war damals wie heute die DAG, die einen vermögenswirksamen Tarifvertrag vorschlug, wonach die betriebliche Arbeitnehmervermögensbeteiligung alternativ in Form von Darlehen, Stillen Beteiligungen und eigenen Aktien des Arbeitgebers zum Vorzugskurs tarifvertraglich umgesetzt werden sollte. Der DGB lehnte innerbetriebliche Beteiligungen ab.

Ein weiterer Vorschlag wurde von der Gewerkschaft Textil und Bekleidung (GTB) in Form eines Investivlohnmodells erarbeitet, dessen Ziel die Erleichterung der Kapitalbeschaffung für die durch eine zunehmende wirtschaftliche Verschlechterung betroffenen Textilunternehmen war. Ein Teil der Einkommenserhöhungen sollte als relativ niedrig verzinsliches Darlehen seitens der Arbeitnehmer im Unternehmen belassen werden [36].

Im Sommer 1982 legte die Niedersächsische Landesregierung einen Gesetzesentwurf eines Vermögensbeteiligungsgesetzes zur Förderung der Arbeitnehmerbeteiligung am Produktivvermögen vor, der einerseits dem Ziel einer größeren Verteilungsgerechtigkeit und andererseits einer besseren Eigenkapitalausstattung der Unternehmen dienen sollte.

In der Regierungserklärung vom 04. 05. 1983 kündigte Bundeskanzler Kohl Beschlüsse zur Produktivkapitalbeteiligung der Arbeitnehmer an, dem in der Folgezeit Vermögensbildungsgesetze sowie die Förderung nach § 19 a EStG folgten[37].

35 *Guski/Schneider* (FN 31), S. 19 u.H.a. Jahresgutachten 1981/1982 des Sachverständigenrates zur Begutachtung der gesamtwirtschaftlichen Entwicklung, 1981, Ziff. 337 ff.

36 *Guski/Schneider* (FN 31), S. 20/21

37 *Guski* (FN 31), Fach 1300

Seitdem jedoch trat in der Diskussion der Vermögenspolitik eine gewisse Phase der Ruhe ein. Die gesetzlichen Regelungen wurden verfeinert, ein Durchbruch der Produktivkapitalbeteiligung der Arbeitnehmer erfolgte jedoch nicht, nicht zuletzt auch deshalb, da sich Arbeitgeberverbände und Gewerkschaften entgegen gelegentlicher verbaler Erklärungen des Themas aktiv nicht annahmen.

Die Vermögenspolitik wurde jedoch im Anschluß an die Wiedervereinigung erneut Gesprächsgegenstand, als gerade in Ostdeutschland die Arbeitnehmer in der Assoziation ihres vormaligen Volkseigentums in verstärktem Maße den Wunsch nach Produktivkapitalbeteiligungen äußerten[38]. In Anbetracht an der Produktivität ostdeutscher Unternehmen zu orientierende Entlohnung der Arbeitnehmer kamen Überlegungen von Investivlohnmodellen auf wie sie für Westdeutschland Anfang der achtziger Jahre bezüglich Unternehmen der Textilindustrie bereits angedacht worden waren und es wird derzeit diskutiert, ob nicht in diesem Zusammenhang Förderkomponenten des 5. Vermögensbildungsgesetzes und des § 19 a EStG in solche Überlegungen einbezogen werden können.

II. Die Förderung der Produktivkapitalbeteiligung heute

Mit Vermögensbeteiligungsgesetzen der Jahre 1983 und 1987 sowie der Steuerreform 1990 wurde die frühere Förderung der Geldvermögensbildung durch die der Produktivkapitalbeteiligung ersetzt. Der jetzige Stand läßt sich wie folgt beschreiben:

Arbeitnehmer, die aus eigenen Mitteln Beteiligungen eingehen und damit vermögenswirksame Leistungen (bis maximal DM 936,–) anlegen und deren zu versteuerndes Einkommen DM 27.000,– (Ledige) bzw. DM 54.000,– (zusammenveranlagte Ehegatten) nicht übersteigt[39], erhalten eine Arbeitnehmer*sparzulage* in Höhe von 20%[40], die weder arbeits-, steuer- noch sozialversicherungsrechtlich als Lohn oder Gehalt gilt[41]. Daneben besteht unabhängig von Einkommensgrenzen die Möglichkeit, seitens der Unternehmen, die kostenlos oder verbilligt Kapitalbeteiligungen Mitarbeitern einräumen, im Zusammenhang damit Vergünstigungen bis zu DM 500,– gemäß § 19 a EStG einkommensteuer- und sozialversicherungsfrei zuzuwenden.

38 *Wagner,* DWI 1990, 182
39 § 13 Abs. 1 5. VermBG
40 § 13 Abs. 2 Ziff. 1. 5. VermBG. Bei Bausparen bringt die Sparzulage gem. § 13 Abs. 2 Ziff. 2. 5. VermBG nur 10%
41 § 13 Abs. 3 5. VermBG

Es handelt sich dabei um die zwei Säulen des Vermögensbeteiligungsgesetzes: Das 5. Vermögensbildungsgesetz und § 19 a EStG. Grundvoraussetzung dieser Förderung sind die freie Wahl der Anlage durch den Arbeitnehmer und der Grundsatz der Freiwilligkeit des Arbeitgebers bezüglich der zur Verfügungstellung von Beteiligungen[42].

Wenngleich vorrangig die direkte Beteiligung des Arbeitnehmers am arbeitgebenden Unternehmen gefördert wird, werden daneben auch außerbetriebliche Beteiligungen gefördert wie börsennotierte Aktien[43], Erwerb von Investmentbeteiligungen[44], an der Börse gehandelte Genußscheine[45], Genossenschaftsanteile[46], GmbH-Beteiligungen[47].

Mit dieser auf den einzelnen Arbeitnehmer bezogenen Förderung der Produktivkapitalbeteiligung soll dem derzeitigen vermögenspolitischen Ziel der breiteren Streuung von Produktivkapital entsprochen werden, wobei die staatliche Förderung in Anbetracht der geringen Beträge insoweit nicht direkt der Vermögensbildung in Arbeitnehmerhand dienen, sondern lediglich einen Anschub bzw. Anreiz leisten soll, Vermögen durch Produktivkapitalbeteiligungen zu bilden.

Zur Zeit praktizieren rd. 1.600 Beteiligungsunternehmen materielle Mitarbeiterbeteiligungsmodelle was etwa 2% aller beteiligungsfähigen Unternehmen entspricht. In diesen Unternehmen sind rd. 1,5 Millionen Arbeitnehmer beteiligt und haben ein Investitionsvolumen von rd. DM 14 Milliarden aufgebracht. Wieviele dieser Unternehmen dabei die staatliche Sparförderung in welcher Höhe in Anspruch genommen haben, ist nicht bekannt.

C. Ist Sparförderung noch zeitgemäß?

Nachdem das bisher beschriebene Ziel der Vermögenspolitik (breitere Steuerung von Produktivkapital und Vermögensbildung in Arbeitnehmerhand) nicht zum Durchbruch geführt hat und zudem neue Ziele anstehen, sei die Frage gestellt, ob die bisherige *Spar*förderung des Staates nicht durch eine Investitionsförderung ersetzt werden sollte:

Am Anfang stand bekanntlich eine Sparförderung, mit der das Verhalten von Arbeitnehmern gefördert werden sollte, sich an Geldsparen zu gewöhnen: Deshalb auch *Spar*förderung.

---

42 § 12 5. VermBG
43 § 2 Abs. 1 Ziff. 1 a) 5. VermBG; § 19 a Abs. 3 Ziff. 1 EStG
44 § 2 Abs. 1 Ziff. 1 c)-d) 5. VermBG; § 19 a Abs. 3 Ziff. 4-6 EStG
45 § 2 Abs. 1 Ziff. 1 f) 5. VermBG; § 19 a Abs. 3 Ziff. 3 EStG
46 § 2 Abs. 1 Ziff. 1 g) 5. VermBG; § 19 a Abs. 3 Ziff. 7 EStG
47 § 2 Abs. 1 Ziff. 1 h) 5. VermBG; § 19 a Abs. 3 Ziff. 8 EStG

Nachdem diese Ziele sich verwirklicht hatten und es eigentlich der Förderung des Sparverhaltens von Menschen und insbesondere Arbeitnehmern nicht mehr bedurfte, kam der Gedanke auf, zu überlegen, wie man erreichen könnte, daß insbesondere Arbeitnehmer dasjenige, was sie ansparten, der Wirtschaft zur Verfügung stellten, weil seinerzeit in der Diskussion stand, auch die Eigenkapitalstruktur von mittelständischen Unternehmen zu verbessern. Daß der Durchbruch für Produktivkapitalbeteiligungen trotz dieser Art der Sparförderung bisher nicht gelungen ist, könnte seinen Grund in folgendem haben:

Wer *sparen* möchte und Geldsparen mit Produktivkapitalsparen vergleicht, stellt bezüglich des Geldsparens zwei Vorteile fest: Zum einen eine risikolosere Art des Sparens und zum anderen eine schnellere Zugriffsmöglichkeit auf das Ersparte und damit die Möglichkeit, persönlich flexibler zu reagieren. Es scheint, daß diese beiden Gründe es für viele nach wie vor attraktiver erscheinen lassen, auch ohne Förderung Geldsparen zu betreiben, statt mit Förderung Produktivkapitalsparen und wenn dem so ist, dann mag daraus ersehen werden, daß der Gedanke, die Beteiligung am Produktivkapital mit dem Gedanken des *Sparens* in Verbindung zu bringen, eine Kombination ist/war, die nicht aufgegangen ist.

Dies verstärkt den Gedanken, diesen Systembruch, der von Menschen erlebt wird und an dem sie ihr Verhalten ausrichten, zu korrigieren. Systemgerecht wäre es, nicht die Beteiligung in Produktivkapital mit *»Sparen«* in Verbindung zu bringen, sondern das *Sparen* mit dem Gedanken des Geldes zu verbinden, während Produktivkapital mit dem Begriff der *»Investition«* in Verbindung gebracht werden sollte.

Stellt man diese beiden Begriffspaare gegenüber, so wird verständlicher, daß man Geld spart und in Produktivkapital investiert, was es wiederum verständlicher macht, warum man für das Sparen von Geld als einer relativ sicheren Anlage einen Zins erwarten kann, den man per Sparbuch oder Festgeld erhält, während bei der Investition in Produktivkapital in dem Maße eine höhere »Verzinsung« des Eingesetzten (Dividende) erwarten kann, je risikoträchtiger die Investition ist. Chancen und Risiko bedingen sich als ein Begriffspaar. Da aber beim Geldsparen das Risiko gering ist, kann natürlich auch die Verzinsung des Eingesetzten sich nur daran orientieren, während bei der Produktivkapitalinvestition in Anbetracht eines damit eingegangenen Risikos natürlich eine höhere »Verzinsung« in Form der Dividende als Äquivalent für dieses Risiko im Sinne einer größeren Chance gesehen werden muß.

So ist darauf aufmerksam zu machen, daß der bisherige Begriff des »Produktivkapitalsparens« insoweit ein irreführender Begriff war, als ja der

Betreffende in Produktivkapital investierte und nicht ansparte und er als Investor eigentlich einem Kreditgeber näher stand, denn einem Sparer. Hiervon ausgehend würde es mithin gelten, zu hinterfragen, ob es Gründe geben könnte, den Arbeitnehmer als Investor/Kreditgeber gegenüber dem eigenen arbeitgebenden Unternehmen zu stützen, also sein eigenes Verhalten der *Investition* eigener Mittel in das arbeitgebende Unternehmen zu *fördern*.

Damit ist die Zielfrage gestellt, denn es stellt sich damit nicht mehr die Frage der *Sparförderung*, sondern nunmehr die der *Investitionsförderung*. Welches aber könnten die Gründe sein, *Investitionen* von Arbeitnehmern z. B. in das eigene arbeitgebende Unternehmen zu fördern?

☐ Mit einer Förderung von Investitionen von Arbeitnehmern im bzw. am (eigenen) arbeitgebenden Unternehmen könnte für Arbeitnehmer eine zusätzliche *Altersversorgungskomponente* in Angriff genommen werden, ähnlich wie dies ein Ziel der sogenannten ESOP-Konzeption in den USA ist;

☐ Investitionen der Arbeitnehmer in das arbeitgebende Unternehmen könnten auch zu einer verstärkten Kapitalzufuhr beim arbeitgebenden Unternehmen führen, womit der Gedanke der Unternehmensfinanzierung eine Rolle spielen könnte, um damit einen Beitrag zur stärkeren finanziellen Wettbewerbsfähigkeit arbeitgebender Unternehmen zu leisten;

☐ bestimmte Finanzierungskonzeptionen (z. B. MBO. Spin-Off u. ä.) könnten auch dazu eingesetzt werden, die Nachfolgeregelung mittelständischer Unternehmen, die Abwehr feindlicher Übernahmen bzw. die Übernahme sanierungsbedürftiger Firmen oder die Sanierung des eigenen arbeitgebenden Unternehmens besser in den Griff zu bekommen.

Weitere Ziele wären denkbar.

D. Sparförderung contra Investitionsförderung

Staatliche Zulagen (wie derzeit im 5. VermBG) und staatliche Förderung (wie derzeit bei § 19 a EStG) dienen als Anreiz für die begünstigten Personen, sich mit Kapital vornehmlich am arbeitgebenden Unternehmen zu beteiligen. Dies ist jedoch nur ein zeitlich verzögertes Sparen zu konsumtiven Zwecken, denn mit Ablauf der Sperrfristen[48] wird dem Beteiligungsunternehmen das Sparkapital von Arbeitnehmern wieder entzogen

48 § 4 Abs. 2, § 5 Abs. 2, § 6 Abs. 3, § 7 Abs. 3, § 8 Abs. 2, § 9 Abs. 1 5. VermBG: § 19 a Abs. 1 Satz 2 EStG

(werden können). Aus Sicht des Beteiligungsunternehmens erlangt mithin die Mitarbeiterkapitalbeteiligung so gesehen die Bedeutung einer befristeten Innenfinanzierung, die mit Ablauf der Sperrfrist zurückzuführen ist. Dieser Zustand läßt sich wie folgt beschreiben[49]:

Heute wird hauptsächlich die Aufbringung von Kapital, nicht aber das »Durchhalten« einer damit veranlaßten Investition gefördert. Volks- und betriebswirtschaftlich sollte aber im Vordergrund stehen, daß Kapital nicht durch Gewinnausschüttung dem Unternehmen entzogen wird, sondern statt dessen für Investitionen des Unternehmens eingesetzt wird. Die derzeitige Diskussion der steuerlichen Begünstigung thesaurierter Gewinne wird lediglich Anreize geben, Kapital im Unternehmen zu belassen, um damit zu einer besseren Kapitalausstattung von Unternehmen beizutragen, das Fördern von Investitionen durch das Unternehmen selbst wäre damit aber noch nicht angesprochen. Folglich läßt sich derzeit konstatieren:

Die *bisherige Förderung*[50] begünstigt das Hineingeben von Kapital ins Unternehmen bis zum Ablauf von Sperrfristen als *Spar*förderung für Mitarbeiter. Die *derzeitige Diskussion* präferiert die steuerliche Begünstigung thesaurierter Gewinne zur Stärkung der Kapitalausstattung von Unternehmen. *Unser Vorschlag* zielt auf die steuerliche Begünstigung von Investitionen durch Unternehmen, um damit u. a. die Konjunktur zu stärken und Arbeitsplätze zu sichern.

Für diesen letzteren Aspekt läßt sich auch Kapital verwenden, das von Mitarbeitern aufgrund von Kapitalbeteiligungen dem arbeitgebenden Unternehmen bei betrieblichen Beteiligungen zur Verfügung gestellt wird.

Aber will man wirklich die Investition, also das Wirtschaften des Kapitals im Unternehmen bzw. durch das Unternehmen fördern, dann muß es auch attraktiv sein, Kapital dem Unternehmen zur Verfügung zu stellen bzw. es im Unternehmen zu belassen, d. h. die Förderung müßte sich idealerweise über die gesamte Zeit der Investition erstrecken.

Ein vergleichbarer Gedanke durchzieht derzeit die Diskussion der Unternehmenssteuerreform, wenn ebenfalls unter dem Begriff der *Investitionsförderung* diskutiert wird, Gewinne, die von Unternehmen reinvestiert werden, durch einen günstigeren Steuersatz oder eine Investitionsrücklage zu begünstigen[51].

Unseren Überlegungen und der Diskussion in der Unternehmenssteuer-

49 s. o. *Loritz/Wagner* (FN 27), S. 42, 43; s. o. § 31 B. I.
50 5. VermBG und § 19 a EStG
51 Handelsblatt v. 31. 07./01. 08. 1992, S. 2

reform ist mithin gemeinsam, daß Bezugspunkt eine Förderung der *Investition* durch das jeweilige Unternehmen sein soll. Unterschiede bestehen insoweit, als unser Vorschlag die Investition mit *Kapital von kapitalbeteiligten Arbeitnehmern* als förderwürdig anspricht, während der Diskussionsvorschlag im Rahmen der Unternehmenssteuerreform Investitionen aus dem *Gewinn* des *Unternehmens* vor Augen hat.

Diese Unterschiedlichkeit der Wege bei der Gemeinsamkeit des Ansatzes der Investitionsförderung bedingt auch die Unterschiedlichkeit der einzusetzenden Instrumente. Während für die Investitionsförderung durch reinvestierte Gewinne seitens des Unternehmens ein günstigerer Steuersatz oder eine steuerfreie Investitionsrücklage diskutiert wird, haben wir[52] für die Förderung des zu investierenden Kapitals durch beteiligte Mitarbeiter folgende Vorschläge unterbreitet:

Soll die Aufbringung von Mitarbeiterkapital für Investitionen durch das Unternehmen als solches gefördert werden, dann müßte Kapital, das Arbeitnehmer in ein Unternehmen investieren, steuerlich besser stehen als bei sonstiger Anlage. Hierzu wären drei Ansätze denkbar: einmal wären die *Erträge* aus diesem Kapital steuerlich besser zu stellen als dies derzeit der Fall ist. Zweitens dürfte der *Wertzuwachs* des Kapitals nicht der sofortigen und vollen Einkommensteuer unterliegen, sondern müßte idealerweise erst dann versteuert werden, wenn er realisiert würde. Drittens müßte sichergestellt sein, daß Arbeitnehmer ihren Investivbeitrag nicht oder jedenfalls *nicht in vollem Umfange aus versteuertem Geld* tätigen müßten, das sie wie in aller Regel, als Einkünfte aus nichtselbständiger Arbeit erworben hätten und das zusätzlich noch der Sozialversicherungspflicht unterliegen würde; denn dazu wären u.U. die meisten Arbeitnehmer nicht in der Lage.

Betrachtet man diese drei Ansätze näher, so stellt man fest, daß sich Berührungspunkte und Überschneidungen mit Postulaten ergeben, die im Rahmen der Diskussion um die Unternehmenssteuerreform schon sehr früh angesprochen wurden[53]. Die Mitarbeiterbeteiligung könnte und sollte in eine solche Reform einbezogen werden. Zu den Forderungen einer Unternehmenssteuerreform sollte mithin auch gehören, das Kapital steuerlich zu entlasten, welches seitens kapitalbeteiligter Mitarbeiter für investive Zwecke dem Unternehmen zur Verfügung gestellt würde.

Würde eine solche Reform gelingen, dann könnte die Förderung der Mitarbeiterinvestition nahtlos und systemgerecht daran anknüpfen. Steuer-

---

52 s. o. *Loritz/Wagner* (FN 27) = s. o. § 31
53 stv. *Lang*, StuW 1989, 3, 12

technisch könnte man die drei Förderkomponenten in folgender Weise erreichen (sie sollen entsprechend den chronologischen Schritten, die das Kapital der Arbeitnehmer nimmt, erörtert werden):

Arbeitnehmer würden dem arbeitgebenden Unternehmen für investive Zwecke Kapital zur Verfügung stellen. Dies könnte entweder Kapital sein, das der Arbeitnehmer im Zuge der verbilligten Überlassung einer Kapitalbeteiligung dem Unternehmen zur Verfügung stellt, es könnte aber auch Kapital sein, das der Arbeitnehmer aus Arbeitslohn aufbringt oder Spargelder des Arbeitnehmers.

Im ersteren Falle könnte die Förderung der Aufbringung von Mitarbeiterkapital vergleichbar dem Systemansatz des § 19 a EStG erfolgen, jedoch nicht beschränkt auf die 6- bzw. 7-jährige Sperrfrist in § 19 a Abs. 1 Satz 2 EStG, sondern auf die Dauer der vom Unternehmen zu tätigenden Investition, wobei dann allerdings auch über höhere Freibeträge nachzudenken ist, als dies derzeit bei § 19 a EStG der Fall ist. Würde der Arbeitnehmer dagegen aus Arbeitslohn dem arbeitgebenden Unternehmen Kapital zu investiven Zwecken zur Verfügung stellen, so müßte auch dies bis zu einer bestimmten Höhe aus unversteuertem und sozialversicherungsfreiem Arbeitslohn geschehen können.

Erträge aus diesem seitens des Mitarbeiters auf die eine oder andere Weise für Investitionen zur Verfügung gestellten Kapitals sollten dann wiederum steuerlich begünstigt werden können, wenn diese zu Reinvestitionen dem Unternehmen zur Verfügung gestellt werden, so daß auch insoweit eine steuerliche Besserstellung im Vergleich zu Entnahmen bzw. Ausschüttungen von Erträgen gegeben wäre.

E. Steuervergünstigung für investive Verwendung

Es wird damit deutlich, daß die Förderung der Mitarbeiterkapitalbeteiligung zukunftsorientiert Bestandteil einer steuerlich orientierten Investitionsförderung werden könnte. Wenn in diesem Zusammenhang Arbeitnehmern für die Zurverfügungstellung von Investivkapital gewisse Vorteile gewährt würden, so deshalb, um damit eine Anschubförderung für einen Personenkreis zu geben, der sonst von den Möglichkeiten der Mittelaufbringung her nicht in der Lage wäre, sich *relevant* mit Kapital am Kapital für investive Zwecke des Unternehmen zu beteiligen.

Ein Gesamtkonzept der Förderung investiver Verwendungen könnte mithin von folgenden Eckpunkten ausgehen:

I. Förderung der Zurverfügungstellung von Kapital zu investiven Zwecken durch Mitarbeiter

Kapital, das seitens Mitarbeitern in ein Unternehmen investiert wird, sollte steuerlich besser behandelt werden, als die Investition in sonstige Anlagen. Würden Mitarbeiter Kapital dem arbeitgebenden Unternehmen für dessen Investitionen zur Verfügung stellen, käme ihnen dies entsprechend im Rahmen eines gesonderten Bestandteils eines steuerlichen Investitionsförderkonzepts im Rahmen einer Unternehmenssteuerreform zu Gute. Dazu könnten als Ansätze die von uns genannten Punkte zählen:

☐ *Anschubförderung* entsprechend § 19 a EStG mit höheren Freibeträgen.

☐ *Erträge* aus diesem Kapital wären steuerlich besser zu stellen als derzeit.

☐ *Wertzuwächse* aus diesem Kapital wären erst bei ihrer Realisierung zu versteuern.

☐ Für kapitalbeteiligte Arbeitnehmer sollte die Möglichkeit geschaffen werden, die Zurverfügungstellung von Kapital zwecks Investitionen des Unternehmens auch (teilweise) aus *unversteuertem Gehalt ohne Sozialversicherungslast* zu tätigen.

II. Förderung der Investition durch das Unternehmen mittels des zu investiven Zwecken zur Verfügung gestellten Kapitals

Unsererseits[54] wurde darauf verwiesen, daß nicht nur der einen Anreiz erhalten sollte, der Kapital zu investiven Zwecken zur Verfügung stellt, sondern auch der, der mit diesem Kapital letztlich investiert. Insoweit greift der Diskussionsansatz der Unternehmenssteuerreform zu kurz, dies alleine davon abhängig zu machen, wenn *Gewinne* thesauriert oder reinvestiert werden. Letzteres kann hinzukommen. Unabhängig davon sollte aber (auch) der Einsatz von Beteiligungskapital zu investiven Zwecken steuerlich begünstigt werden, um für Unternehmen einen Anreiz für Beteiligungsmodelle zu schaffen.

Hier könnte der Vorschlag von *Mayer-Vorfelder*[55] aufgegriffen werden, im Falle von Investitionen durch ein Unternehmen im Zeitpunkt der Investitionsentscheidung zu Lasten des steuerpflichtigen Gewinnes steuer-

54 s. o. *Loritz/Wagner* (FN 27), S. 48; s. o. § 31 B. III.

55 Handelsblatt v. 23. 07. 1992, S. 6, Zur steuerlichen Entlastung von Investitionen siehe auch *F. W. Wagner,* Handelsblatt v. 23. 06. 1992, S. 7

freie Rücklagen[56] zuzulassen, die entweder im Zuge der Inanspruchnahme der für Investitionen erhöhten Abschreibungen aufgelöst oder in Höhe der steuerfreien Rücklage die Bemessungsgrundlage für künftige Abschreibungen mindert.

III. Förderung der Investitionen durch reinvestierte Gewinne

Dieser im Rahmen der Unternehmenssteuerreform diskutierte Ansatz wäre die dritte – nicht die einzige – Säule eines Gesamtkonzeptes der Steuervergünstigung für investive Verwendungen. Im Gegensatz zur steuerfreien Rücklage zu Lasten des steuerpflichtigen Gewinns würde hier der Steuersatz des steuerpflichtigen Gewinns selbst bei reinvestiertem Gewinn niedriger anzusetzen sein als bei nicht reinvestiertem Gewinn.

Während im zuvor genannten Fall die *Investition* des Unternehmens *als solche* Auslöser für eine steuerlich günstigere Behandlung des Unternehmens darstellt, wäre hier der Auslöser die *Reinvestition von Gewinn* der Auslöser steuerlicher Vergünstigung.

F. Förderung der mittelbaren betrieblichen Beteiligung statt Individualförderung

Die im Grundsatz auf die individuelle direkte betriebliche Beteiligung von Mitarbeitern ausgerichtete Sparförderung nach dem 5. VermBG und § 19 a EStG weist insbesondere folgende Hemmnisse aus:

☐ *Psychologische Hemmnisse* bei Unternehmern, Mitarbeiter am »Stammhaus« zu beteiligen.

☐ *Rechtliche Probleme*[57] in der Kumulation von Arbeitnehmer- und Beteiligtenstatus, wenn dies beim arbeitgebenden Unternehmen direkt erfolgt: Ist der kapitalbeteiligte Mitarbeiter *mehr* Arbeitnehmer oder *mehr* Beteiligter oder im gleichen Maße beides und wie wirkt sich dies auf das Gesellschaftsrecht, Betriebsverfassungsrecht, Tarifvertragsrecht, Sozialversicherungsrecht und Steuerrecht aus?

Vor diesem Hintergrund haben wir vorgeschlagen, die Förderung von der direkten auf die mittelbare Beteiligung *mittels Arbeitnehmerbeteiligungsgesellschaften* zu verlagern, ohne deshalb schon den von den Gewerk-

---

56 *Knobbe-Keuk,* Bilanz- und Unternehmenssteuerrecht, 8. Aufl., S. 94

57 dazu *Loritz,* Die Mitarbeit Unternehmensbeteiligter, 1984, *Wagner,* Die Massenkommanditgesellschaft als Mittel zur Vermögensbeteiligung der Arbeitnehmer, 1985

schaften geforderten weiteren Schritt zu über- bzw. außerbetrieblichen Tariffonds gehen zu müssen[58].

(1) Ideal wäre eine Gesellschaft mit eigener Rechtspersönlichkeit (= juristische Person), welche in der Lage wäre, Gesellschaftsanteile in Form von Wertpapieren zu verbriefen, die an Arbeitnehmer auszugeben wären *und* einfach sowie kostengünstig zu handhaben wären[59]. Hier wäre z. B. an die von *Albach/ Lutter* 1988 im Rahmen des von ihnen vorgeschlagenen 3-Stufen-Modells artikulierte »Private« bzw. kleine Aktiengesellschaft zu denken[60].

Die auch von *Albach/Lutter* als Alternative zur GmbH für den Mittelstand vorgeschlagene kleine Aktiengesellschaft würde sich mithin in besonderer Weise auch als Rechtspersönlichkeit für Mitarbeiterbeteiligungsgesellschaften anbieten.

(2) Zweck dieser privaten Mitarbeiterbeteiligungs-AG wäre, sich mit Geldern der bei ihr beteiligten Arbeitnehmern am/im arbeitgebenden Unternehmen zu beteiligen bzw. wo vom arbeitgebenden Unternehmen nicht gewollt, überbetrieblich sich an/in anderen Unternehmen zu beteiligen.

(3) Entsprechend den Vorschlägen von *Albach/Lutter* wäre eine solch kleine AG kostengünstiger und verwaltungsmäßig einfacher zu handhaben, als dies derzeit bei der (normalen) AG oder GmbH der Fall ist.

(4) An folgende steuerlichen Förderkomponenten könnte man dabei denken:

□ Stellt die Arbeitnehmerbeteiligungs-Gesellschaft gegen Zins- und Gewinnbeteiligung Gelder dem arbeitgebenden Unternehmen zu investiven Zwecken zur Verfügung, könnte man bei *ihr* an eine *Befreiung* von der *Gewerbesteuer* denken, da der der Gewerbesteuer zugrunde liegende Ge-

---

58 diesem können wir so lange nichts abgewinnen, so lange die Frage nicht geklärt ist, wer denn als Nachfrager für Gelder solcher Fonds in Frage kommt: Wenn Tariffonds ihren Anlegern (= Arbeitnehmer) verpflichtet sein sollen, *rentierlich* und *sicher* anzulegen, kämen nur solche Unternehmen bzw. Institutionen in Frage, die Kredite auch von anderer Seite erhalten, nicht aber diejenigen, die für Rentierlichkeit *und* Sicherheit Zweifel aufkommen lassen

59 warum dies für die KG, GmbH & Co. KG, GmbH, GbR, Investmentfonds bei *betrieblichen* Beteiligungen sich nicht anbietet, siehe *Loritz/Wagner* (FN 27), S. 50 = s. o. § 31 C. I.

60 *Albach, Corte, Friedewald, Lutter, Richter,* Deregulierung des Aktienrechts, Das Drei-Stufen-Modell, Entwurf zur Modifizierung des Aktienrechts, Bertelsmann Stiftung 1988, S. 36-37, 206

danke, ein Gewerbebetrieb verursache ja für die Gemeinde unmittelbare und mittelbare Lasten[61], bei einer reinen Beteiligungs-AG bzw. Gesellschaft nicht zutrifft.

☐ Hinzutreten könnte eine *Befreiung* von der *Körperschaftssteuer,* weil sichergestellt werden könnte, daß Erträge, soweit sie zu versteuern sind, beim beteiligten Arbeitnehmer direkt versteuert werden.

☐ Wendet das arbeitgebende Unternehmen der Mitarbeiterbeteiligungs-AG bzw. Gesellschaft Mittel oder Sicherheiten zum Zwecke der Beteiligung zu, so müßten diese beim arbeitgebenden Unternehmen *Betriebsausgaben* sein.

☐ Denkbar wäre ferner, daß *Anteilsübertragungen* von Gesellschaftern des arbeitgebenden Unternehmens an die Mitarbeiterbeteiligungs-AG bzw. Gesellschaft *steuerlich begünstigt* werden. Dies könnten entweder für den veräußernden Anteilseigner *Steuerersparnisse* durch einen zusätzlichen Abzug von der Bemessungsgrundlage sein oder *Steuerstundungen* z.B. in Form neu zu schaffender Arbeitnehmer-Beteiligungsrücklagen, die zunächst den steuerpflichtigen Gewinn mindern würden, dann jedoch über einen gewissen Zeitraum wieder gewinnerhöhend aufzulösen wären.

(5) Für die Förderung des Mitarbeiters bei der Zurverfügungstellung von Kapital in die Mitarbeiterbeteiligungs-AG bzw. Gesellschaft wird ebenso auf das oben[62] dargelegte verwiesen wie bei der Verwendung dieser Mittel durch das arbeitgebende Unternehmen, wenn sie ihm durch die Mitarbeiterbeteiligungs-AG bzw. Gesellschaft zur Verfügung gestellt würden[63] [64].

G. Fazit

Um die Kosten eines solchen Gesamtförderkonzeptes überschlägig prognostizieren zu können, wäre per Saldo zu ermitteln, wie sich Kapitalaufbringung, Gewinnverwendungs- *und Investitionsverhalten* für den Haushalt ohne und mit Gesamtförderkonzept auswirken würden. Würden sich per Saldo in der Prognose relevante Belastungen bei Einführung eines Gesamtförderkonzeptes ergeben, so wäre zu überlegen, ob man dieses nicht in Stufen realisiert. Dabei würde es sich anbieten, im Rahmen einer Unternehmenssteuerreform mit der Förderung der Zurverfügungstellung

61 *Tipke,* Steuerrecht, 11. Aufl., S. 416: z. B. Erschließung von Baugelände, Schaffung von Verkehrsflächen, Schaffung von Infrastruktur etc.

62 s. o. § 31 C. III. 1.-3.

63 s. o. § 31 C. III. 1.-3.

64 zum gesamten *Loritz/Wagner* (FN 27), S. 51 – 54 = s. o. § 31 C. I

von Mitarbeiterkapital zu investiven Zwecken zu beginnen. Würde man für Beteiligungsmodelle nicht nur den kapitalbeteiligten Mitarbeitern sondern auch den Beteiligungsmodelle einführenden/unterhaltenden Unternehmen Anreize bieten wollen, um damit jedenfalls im Bereich der Mitarbeiterkapitalbeteiligung ein unternehmenssteuerreformorientiertes Investitionsförderkonzept darzustellen, so wäre mit der 1. Stufe die zuvor dargestellte 2. Stufe[65] anzuschließen. Die dargestellte 3. Stufe[66] könnte dann nachgeschoben werden, wenn über die dort dargestellten Fragen hinaus auch Konsens über die Höhe des Steuersatzes und die steuerlich vergleichbare Belastung bei Kapital- und Personengesellschaften hergestellt worden wäre. Sodann könnte auch die angesprochene Thematik eines Förderkonzeptes für Mitarbeiterbeteiligungsgesellschaften geklärt werden[67].

So gesehen könnte die Förderung der Mitarbeiterkapitalbeteiligung statt im Bereich der Vermögenspolitik künftig in dem der Steuerpolitik angesiedelt werden.

Ein solcher erster Ansatz der Einbindung der Förderung der Mitarbeiterkapitalbeteiligung in die Unternehmenssteuerreform könnte später durch zusätzliche Bausteine erweitert werden, worauf wir Ende 1991 hingewiesen haben[68] und die hier lediglich als Thesen zusammengefaßt werden sollen:

☐ Wenn die Zurverfügungstellung von Mitarbeiterkapital dann verstärkt gefördert wird, sofern vom arbeitgebenden Unternehmen investiv eingesetzt, wird die Frage zweitrangig, woher die von Mitarbeitern aufgewandten Mittel kommen, ob sie oder die Beteiligung vom Arbeitgeber als Sachbezug teilunentgeltlich überlassen wurde, ob sie aus Tariflohn, über- oder außertariflichem Lohn, aus Gewinn- oder Vermögensbeteiligung stammen[69].

☐ Wenn Mitarbeiterkapital dann verstärkt gefördert wird, wenn es zu investiven Zwecken eingesetzt wird, könnte die Förderung auch auf außer- bzw. überbetriebliche Mitarbeiterkapitalbeteiligungen erstreckt werden[70].

☐ Vergleichbar zum US-amerikanischen ESOP-Konzept könnte die steuerliche Begünstigung auf alle – in unterschiedlicher Weise und in un-

65 s. o. § 32 E. II.
66 s. o. § 32 E. III.
67 s. o. § 31 C. III. 1-3.
68 s. o. *Loritz/Wagner* (FN 27) S. 22 ff. = § 31
69 s. o. *Loritz/Wagner* (FN 27) S. 43 = s. o. § 31 B. I.
70 s. o. *Loritz/Wagner* (FN 27) S. 43 = s. o. § 31 B. I.

terschiedlichem Ausmaß – ausgeweitet werden, die ein Mitarbeiterbeteiligungsmodell zu investiven Zwecken begleiten/fördern (z.B. auch die dies kreditierenden Banken, die dies aktiv unterstützenden Altgesellschafter etc.)[71].

☐ Und schließlich ließe sich vor diesem Hintergrund der Förderung aufzubringenden Mitarbeiterkapitals zu investiven Zwecken auch zwecks Erweiterung des Investitionsvolumens darüber diskutieren, ob dies auch die Aufbringung von Eigenkapital als Hebel des für investive Zwecke aufzunehmenden Fremdkapitals betreffen soll, um damit den sogenannten leveraged-Effekt in größerem Umfange ausnutzen zu können[72].

Eine solche weiterführende Betrachtungsweise einer expansiven Förderung führt aber auch zur Steigerung der Risikoanfälligkeit von Mitarbeiterkapitalbeteiligungen, so daß in diesem Bereich die Diskussion um die *Förderung* nicht ohne begleitende Betrachtung der *Sicherung* von Mitarbeiterkapitalbeteiligungen geführt werden sollte[73].

§ 33 Modelle für eine betriebliche und tarifliche Investivlohnpolitik

A. Einleitung

Modelle für eine *künftige* betriebliche bzw. tarifliche Lohnpolitik werden im wesentlichen von den *Zielen* bestimmt werden, die damit verfolgt werden sollen. Folgendes wird in diesem Zusammenhang erörtert:

☐ Mit einem Investitionsfonds, der kapitalmäßig von Arbeitnehmerseite geschaffen werden könnte, wäre der Wiederaufbau der Wirtschaft finanzierbar[74]

☐ Errichtung eines Investitionsfonds, der kapitalmäßig von Arbeitgeberseite zu schaffen wäre. Dadurch Verbesserung der Einkommensverteilung durch Beteiligung der Arbeitnehmer am volkswirtschaftlichen Zins- und Gewinneinkommen[75].

---

71 s. o. *Loritz/Wagner* (FN 27) S. 45 = s. o. § 31 B. II.

72 s. o. *Loritz/Wagner* (FN 27) S. 49 = s. o. § 31 C. I.

73 *Wagner*, Sicherungsbedürftigkeit von Mitarbeiterkapitalbeteiligungen, 1990

74 so Grundgedanken des 1951 vom damaligen Ministerpräsidenten (NRW) Arnold entwickelten »4-Pfennig-Modells«

75 Tarifmodell IG Bau-Steine-Erden 1992, S. 3

- ☐ Änderung der Vermögensbeteiligung zu Gunsten der Arbeitnehmer[76].

- ☐ Erhöhung der Attraktivität von Branchen und Steigerung der Bindung qualifizierter Kräfte und Facharbeiter[77].

- ☐ Erweiterung des tarifpolitischen Gesamtspielraums[78].

- ☐ Angleichung der Einkommensverhältnisse in den neuen Bundesländern[79].

- ☐ Teilhabe am Produktivvermögen bzw. Produktivkapital[80].

- ☐ Mit Arbeitnehmerkapital sollen Mittel zur Verfügung gestellt werden, um regionale Wirtschafts- und Strukturpolitik – z. B. in den neuen Bundesländern – zu unterstützen[81].

- ☐ Einsatz von Investivlohngeldern in einer »Bank für Wiederaufbau und Infrastruktur«[82].

- ☐ Neue Lösungsansätze für Verteilungsproblematiken der 90er Jahre[83].

Die in der Öffentlichkeit vorgenommene Beschreibung der *Ziele* ist, soweit sie überhaupt erfolgt, eher beiläufig. Der Schwerpunkt der Diskussion liegt denn auch mehr bei der Unterschiedlichkeit der *Instrumente*. Dies erweckt den Eindruck, die Aufbringung von Arbeitnehmerkapital sei ausgemacht und die Argumente um die richtigen Gestaltungen dienten in erster Linie dem Abstecken von Macht- und Einflußsphären in möglichst plausibler Weise.

Wenngleich vor diesem Hintergrund die Praxis mehr die Modelle und ihre Ausgestaltung interessiert, sei doch empfohlen, zunächst das *Ziel* exakt zu beschreiben, dem das Modell dienen soll. Denn dem Kapital aufbringenden Arbeitnehmer gegenüber stehen die Modell-Gestalter in der Bringschuld, zuvor exakt zu erklären, zu welchen Zwecken deren Kapital

---

76 Tarifmodell IG Bau-Steine-Erden 1992, S. 3; SPD-Antrag v. 17. 06. 1992 BT-Drucks. 12/2839, S. 1
77 Tarifmodell IG Bau-Steine-Erden 1992, S. 3
78 Tarifmodell IG Bau-Steine-Erden 1992, S. 3
79 Tarifmodell IG Bau-Steine-Erden 1992, S. 4
80 SPD-Antrag (FN 76), S. 2
81 *Terbrack (IG* Chemie-Papier-Keramik), wiedergegeben in Handelsblatt v. 04. 03. 1992, S. 4 und 21. 09. 1992, S. 3
82 IG Chemie wiedergegeben in: Handelsblatt v. 04. 03. 1992, S. 4
83 *Dressler,* Handelsblatt v. 07. 09. 1992, S. 4

verwandt werden soll, wie sicher und rentierlich dies erfolgt und ob und wann der betreffende Arbeitnehmer es zurück erhält. Diese Art der *Zielbeschreibung* fehlt allerdings bisher in der öffentlichen Diskussion. Auf die daraus resultierenden Konsequenzen wird im einzelnen einzugehen sein.

Es ist das Verdienst von *Dahlmanns*[84], der Diskussionen um Investivlöhne auf betrieblicher und tariflicher Ebene, die Zielfrage vorab in das Bewußtsein gebracht zu haben:

»Es geht dabei in erster Linie um das Erreichen naheliegender, miteinander in Wechselwirkung stehender, Ziele wie den Erhalt von Arbeitsplätzen, die verbesserte Eigenkapitalausstattung der Betriebe und die Eröffnung weiterer Chancen für eine solide Wohlstandsmehrung auf seiten der Arbeitnehmer.«[85]

Um diese Ziele zu verwirklichen, muß die Möglichkeit der Umgestaltung des Lohnsystems in Richtung gewinnabhängiger Lohnelemente und müssen die Modalitäten der Anlage eines Lohnanteils im »eigenen« arbeitgebenden Unternehmen im Vordergrund stehen[86].

Es wird im folgenden (auch) zu zeigen sein, daß in der Diskussion um die geeigneten Instrumente die damit verfolgten *Ziele* oft unbeantwortet bleiben. Und so bietet es sich an, bei denen noch darzustellenden Modellen = Instrumenten zu hinterfragen, ob die von *Dahlmanns* beschriebenen Zielsetzungen jeweils (unausgesprochen) zutreffen bzw. welche anderen Ziele die »Erfinder« der Modelle statt dessen verfolgen.

B. Beteiligungslohn – Investivlohn

Diese von *Olaf Sievert*[87] geprägte Begrifflichkeit ist im Bereich der Mitarbeiterkapitalbeteiligung unter dem Oberbegriff der materiellen Mitarbeiterbeteiligung mit Unterbegriffen »Erfolgs-Beteiligung« und »Kapital-Beteiligung« bekannt[88].

84 *Dahlmanns* in: Olaf Sievert, Für Investivlöhne, Plädoyer für ein vernachlässigtes Konzept, 1992, S. 12
85 *Dahlmanns* (FN 84)
86 *Olaf Sievert* (FN 84), S. 26
87 s. o. (FN 84)
88 *Wagner* in: Guski/Schneider, Mitarbeiterbeteiligung (MAB), Fach 1500, S. 45

Bild 10

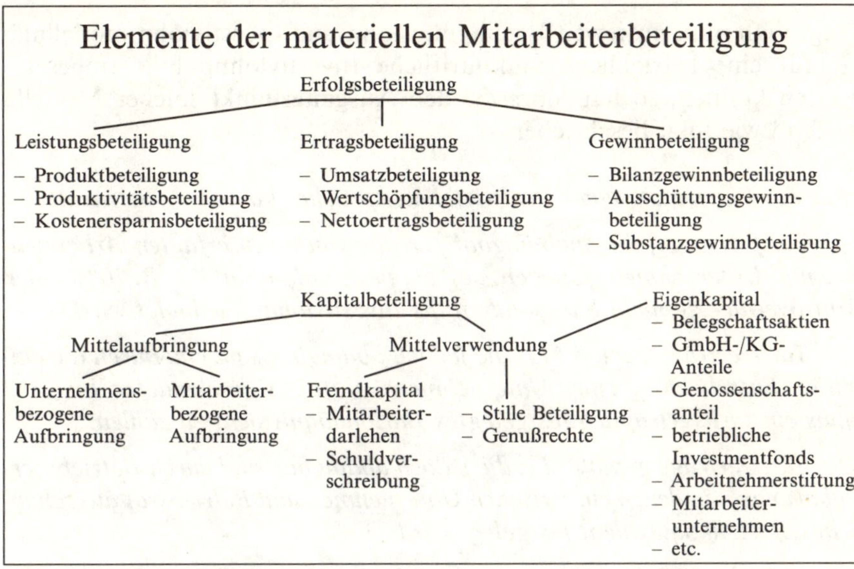

Die *Erfolgsbeteiligung* besteht aus den drei Grundtypen der Leistungs-, Ertrags- und Gewinnbeteiligung und setzt seitens des Arbeitnehmers seine Mitarbeit, nicht aber seine Beteiligung am Kapital des Unternehmens voraus. Das Beteiligungsergebnis wird dem beteiligten Mitarbeiter in der Regel bar ausgeschüttet, kann aber – je nach Modellgestaltung – vom Mitarbeiter wieder investiert im arbeitgebenden Unternehmen angelegt werden[89]. Ein aus einer *Erfolgsbeteiligung* abgeleiteter *»Beteiligungslohn«* ist mithin eine Teilhabe aus der Beteiligung des Mitarbeiters am Erfolg des Unternehmens ohne eigene Kapitalbeteiligung.

Unter *Investivlohn* wird im Gegensatz dazu die Verwendung von Lohn zu investiven Zwecken verstanden, um sich nämlich mit diesem Kapital am Kapital des Unternehmens zu beteiligen (= *Kapitalbeteiligung*).

Über das staatliche Fördersystem des 5. VermBG/§ 19 a EStG wird nur die Kapitalbeteiligung, nicht aber die Erfolgsbeteiligung, gefördert. In der Praxis finden sich oft Kombinationen beider materiellen Mitarbeiterbeteiligungsmodelle, sei es zeitlich nacheinander oder parallel geschaltet, sowie an unterschiedliche Mitarbeiteradressaten gerichtet, *einmal* als Erfolgs-, das *andere* Mal als Kapitalbeteiligungsmodell.

89 *Guski/Schneider,* MAB, Fach 3700, Rdn. 3

C. Modelle

Fragt man nun, inwieweit Beteiligungslohn und Investivlohn modellmäßig für eine betriebliche und tarifliche Investivlohnpolitik eingesetzt werden können, so hat *Sievert*[90] den Ausgangspunkt solcher Modelle treffend wie folgt beschrieben:

»Für die Entstehung eines Investivlohnanspruches kommt in Betracht:

(1) Tarifverträge, die unabdingbar für alle von ihnen erfaßten Arbeitnehmer und Unternehmen festlegen, daß ein bestimmter Teil – z. B. 10% – der Bruttoverdienste nicht bar, sondern als Investivlohn geschuldet wird.

(2) Tarifverträge gemäß (1), die jedoch abdingbar sind und durch die einseitige Entscheidung eines Unternehmens, statt des geschuldeten Investivlohns ein tarifvertraglich festgelegtes Barlohnäquivalent zu zahlen.

(3) Tarifverträge gemäß (1), die jedoch abdingbar sind durch Betriebsvereinbarungen, in denen ein zwischen Unternehmen und Betriebsrat ausgehandeltes Barlohnäquivalent festgelegt wird.

(4) Betriebsvereinbarungen, in denen ein bestimmter Teil des Tariflohnanspruchs in einen Investivlohnanspruch umgewandelt wird (i. V. m. Tarifverträgen, die dies durch eine Öffnungsklausel zulassen).

(5) Betriebsvereinbarungen über Investivlohnansprüche als übertarifliches Arbeitsentgelt.

(6) Individuelle Arbeitsverträge über Investivlohnansprüche als übertarifliches Arbeitsentgelt.«

Dem haben *Wagner/Loritz*[91] das sogenannte »Regelungsmodell« hinzugefügt, wonach die Mittelaufbringung aus Invesitvlohn im Tarifvertrag, die Beteiligungskomponenten dagegen in einem schuldrechtlichen Vertrag zugunsten Dritter – den beteiligungswilligen Arbeitnehmern – geregelt werden.

I. Betriebliche Modelle

1. Erfolgsbeteiligung = Beteiligungslohn

Ziel der Erfolgsbeteiligung ist, das Bewußtsein von Mitarbeitern an wirtschaftlichen Vorgängen i. V. m. dem Unternehmen – je nach Art der Erfolgsbeteiligung – zu schärfen, um damit zugleich auch das Interesse

90 (FN 86), S. 29, 30
91 *Wagner/Loritz,* MAB, Fach 6910, S. 25 f.

und die Motivation der Mitarbeiter an dem Erfolg ihrer Leistung zu mehren. Mitarbeiter sollen an einer »durch gezielte Mitwirkung zustande gekommenen Ergebniserhöhung« beteiligt werden[92]. Geregelt wird sie entweder in einer einseitigen Zusage der Unternehmensleitung, in einer Betriebsvereinbarung oder in einer (ergänzenden) Regelung im Einzelarbeitsvertrag[93]. Folgende Grundmodelle betrieblicher Investivlohnpolitik sind im Bereich der Erfolgsbeteiligung

a) Leistungsbeteiligung

Die Erfolgsbeteiligung setzt hier als Bezugsgröße für Erfolg eine zu definierende Gesamtleistung voraus, die entweder von einem Team, einer Abteilung oder der Gesamtbelegschaft zu erbringen ist. Über Formen des Akkord- und Prämienlohns wird die individuelle Leistung des der jeweiligen Gruppe zugehörenden Mitarbeiters honoriert[94].

b) Ertragsbeteiligung

Zusätzlich zu den Leistungsmerkmalen der Leistungsbeteiligung werden Einflüsse des Marktes in die Beteiligung einbezogen[95]. Der beteiligte Mitarbeiter erfährt auf diese Weise, daß Erfolg nicht nur von der eigenen Leistung abhängig ist, sondern auch davon, daß der Markt diese Leistung nachfragt und honoriert.

c) Gewinnbeteiligung

Während Leistungs- und Ertragsbeteiligungen unabhängig davon ausgezahlt werden, ob das Unternehmen einen wie auch immer definierten Gewinn erwirtschaftet, setzt die Gewinnbeteiligung das Erwirtschaften eines Gewinns voraus. Insoweit kann die Beteiligung des Mitarbeiters am Erfolg nur vom – näher zu definierenden – Gewinn abhängig gemacht werden oder mit Leistungs- bzw. Ertragsbeteiligungskomponenten kombiniert werden[96].

d) Erfolgsbeteiligung und Lean-Production

Unter Lean-Production wird ein neues Management-Konzept mit abgeflachten Hierarchien sowie der Delegation von Verantwortung in Arbeitsgruppen vor Ort verstanden. Bisher an anderer Stelle angesiedelte Vorbereitungs- und Kontrollfunktionen werden in die Projekt-Teams bzw.

---

92 *Maaßen,* MAB, Fach 3710, Rdn. 2
93 *Guski/Schneider,* MAB, Fach 3700, Rdn. 4
94 *Guski/Schneider,* (FN 93), Rdn. 5
95 *Guski/Schneider,* (FN 93), Rdn. 20
96 *Guski/Schneider,* (FN 93), Rdn. 36-37

Arbeitsgruppen verlagert, womit zugleich angestrebt wird, Ausschuß und Fehler nicht erst am Ende eines Produktionsprozesses, sondern bereits innerhalb desselben zu vermeiden[97].

Wird durch diese Delegation von Verantwortung eine Erfolgsoptimierung mittels Projekt-Teams oder Arbeitsgruppen erreicht, dann liegt es nahe, die Mitarbeiter dieser Teams bzw. Gruppen an dem von ihnen mit geschaffenen optimierten Erfolg zu beteiligen, so daß die Erfolgsbeteiligung die vergütungsmäßige Entsprechung dieses Management-Konzepts darstellt.

Maaßen hat anschaulich dargestellt, wie der Erfolg auf Unternehmen, Markt und Mitarbeiter aufgeteilt werden kann[98]:

So ließe sich z. B. Erfolg in der Weise aufteilen, daß an diesem Mitarbeiter und Unternehmen mit je 40% der Markt mit 20% beteiligt wird: Das Unternehmen stellt für den Erfolg Kapital und Technik zur Verfügung, die Mitarbeiter ihr Know-How und ihre Leistung, um am Ergebnis zu partizipieren. Da Mitarbeiter und Unternehmen aber nur dann erfolgreich sein können, wenn dies der Markt zuläßt, kann auch dieser am Ergebnis »beteiligt« werden. *Maaßen* nennt als Beispiel nachträgliche Vergütungen für Kunden, Preisnachlässe, Rückstellungen für zusätzlichen Werbeaufwand oder sonstige umsatzfördernde Maßnahmen.

Erfolgsbeteiligung bedeutet gerade hier, daß es sich nicht um eine Fixierung von Lohnzulagen handelt, sondern ein flexibles Anpassen an die definierten Erfolgsvorgaben erfolgt.

2. Betriebliche Investivlohnmodelle

Hierunter wird die Beteiligung von Mitarbeitern mit Kapital am Kapital verstanden. Die gängigen Modelle direkter oder mittelbarer betrieblicher Kapitalbeteiligungen sind eine Mischung von Investivlohn und Lohn *aus* Beteiligung. Der Begriff des Beteiligungslohns wird mithin – neben dem Investivlohn – auch hier relevant, wobei sich aber folgende Differenzierung feststellen läßt:

☐ Bei der Erfolgsbeteiligung erhält der Mitarbeiter einen »Lohn« aus Beteiligung am Erfolg.

☐ Bei der Kapitalbeteiligung erhält der Mitarbeiter einen »Lohn« aus Beteiligung am Kapital.

---

97 *Maaßen,* (FN 92) Rdn. 3
98 *Maaßen,* (FN 92) Rdn. 10

Letzterer Beteiligungslohn ist im steuerlichen Förderkonzept des 5. VermBG und § 19 a EStG mit Investivlohnansätzen vornehmlich bei betrieblichen Mitarbeiterkapitalbeteiligungsmodellen wie folgt verknüpft:

Indem der Arbeitgeber für den Arbeitnehmer vermögenswirksame Leistungen anlegt, damit der Arbeitnehmer sich u. a. auch zwecks Erlangung der Arbeitnehmersparzulage[99] in einer der Beteiligungsformen des § 2 5. VermBG beteiligt, werden den Arbeitnehmern insoweit die vermögenswirksamen Leistungen quasi zu Zwecken des *Investivlohns* zugewandt[100], indem diese vermögenswirksamen Leistungen zwecks Erlangung einer Beteiligung reinvestiert werden. Indem aber dieser Lohn z. B. in Verbindung mit eigenen Einlagen von Arbeitnehmern dazu verwandt wird, im Hinblick auf § 19 a EStG verbilligte Beteiligungen einzugehen, die z. B. eine Gewinnbeteiligung ermöglichen, liegt insoweit eine Kombination von Investivlohn (aufgrund 5. VermBG) und Beteiligungslohn (aufgrund § 19 a EStG) aus Beteiligung am Kapital vor. Dies läßt sich sogar mit Beteiligungslohn aus Beteiligung am Erfolg kombinieren, wenn Mitarbeiter z. B. das ihnen aus einer Erfolgsbeteiligung ausgezahlte als eigene Einlage neben vermögenswirksamen Leistungen, Arbeitnehmersparzulagen und Verbilligungen bei der Beteiligungseinräumung dazu verwenden, neue/weitere Beteiligungen einzugehen.

Es wird bei alle dem also deutlich, daß die Differenzierung von Beteiligungs- und Investivlohn bereits im staatlichen Förderkonzept des 5. VermBG und des § 19 a EStG angelegt ist.

Soweit Unternehmen Mitarbeitern die *steuerlichen* Möglichkeiten des 5. VermBG bzw. § 19 a EStG einräumen wollen und deshalb eine Mitarbeiterkapitalbeteiligung zur Verfügung stellen, erschöpft sich – wenn nichts weiteres hinzukommt – darin das *Ziel* sogenannter direkter oder mittelbarer betrieblicher Mitarbeiterbeteiligungsmodelle. Dies ist allerdings in den wenigsten Fällen zutreffend, vielmehr verbinden Unternehmen mit betrieblichen Mitarbeiterkapitalbeteiligungsmodellen in aller Regel kumulativ oder alternativ weitergehende oder andere *Ziele*. Solche können z. B. sein:

- ☐ Ankoppeln der Gehälter an den Erfolg des Unternehmens aus denen bereits zur Erfolgsbeteiligung genannten Gründen[101].

99 § 13 5. VermBG
100 § 2 Abs. 6 und 7 5. VermBG
101 Schärfung der Bewußtseinsbildung und Motivation der Mitarbeiter zu wirtschaftlichen Vorgängen im Zusammenhang mit dem Unternehmen, dessen Abhängigkeiten vom Markt etc.

□ Aufbau einer weiteren Säule der Altersversorgung für Arbeitnehmer.

□ Innenfinanzierung des Unternehmens zur Stärkung der eigenen Wettbewerbskraft und damit mittelbare Sicherung von Arbeitsplätzen.

□ Flexiblere Personalkostensituation bei Chancen der Mitarbeiter, im Erfolgsfalle relevant mehr hinzu zu verdienen etc.

Während der Beteiligungslohn aus Kapitalbeteiligung im Wachsen ist[102], ist der Investivlohn noch nicht sonderlich populär. Er wäre es sicherlich dann, wenn Mitarbeiter Teile des unversteuerten und nicht mit Sozialversicherungslasten versehenen Gehalts – also des Bruttoeinkommens – dazu verwenden könnten, in das eigene arbeitgebende Unternehmen zu reinvestieren, was aber insoweit gesetzliche Korrekturen erfordern würde[103]. Das Korrelat könnte sein, bei Rückzahlung des solchermaßen Eingelegten zum Ende der Kapitalbeteiligung die Versteuerung ganz oder teilweise nachzuholen, so daß bis dahin das Unternehmen auch bei mit Investivlohn begründeten Mitarbeiterkapitalbeteiligungsmodellen mit den entsprechenden Einlagen aus Bruttolöhnen arbeiten könnte, wie dies ja beim Modell des sogenannten Mitarbeiterguthabens auch jetzt schon möglich ist[104].

3. Fazit

Modelle für die betriebliche Lohnpolitik sind mehr auf Beteiligungslohn aus Erfolg bzw. Kapital ausgerichtet, während Invesitvlohnmodelle sich im Zusammenhang mit dem staatlichen Förderkonzept finden. Investivlohn aus versteuertem Lohn aufzubringen, ist nicht sonderlich attraktiv, weshalb zu überdenken ist, dies seitens des Gesetzgebers aus dem Bruttolohn zuzulassen. Wie dies im Rahmen einer Unternehmenssteuerreform eingebunden werden könnte wurde von *Wagner/Loritz* oben dargelegt[105].

Die mit betrieblichen Modellen verbundenen Ziele sind darauf gerichtet, beteiligten Mitarbeitern und Beteiligungsunternehmen Vorteile zu verschaffen, wobei je nach Ausgestaltung die Vorteile je geringer ausfallen, je risikoloser die Beteiligungen sind bzw. die Chancen auf höhere Vorteile mit dem Grad der Bereitschaft zur Übernahme von Risiko zunehmen.

---

102 wozu z. B. auch Erträge aus Belegschaftsaktien gehören

103 insoweit vorgeschlagen von *Loritz/Wagner* in DStZ 1992, 779 ff. = s. o. § 32

104 BFH 14. 05. 1982 BStBl. II 1982, 469. Dazu *Loritz,* Die Beteiligung der Nichtselbständigen am Produktivvermögen, 1992, S. 45; *Leitermeier,* MAB, Fach 7100, Rdn. 76-78

105 s. o. § 32

II. Tarifliche Modelle

1. KAB-AGP-Modell

Die KAB[106] sowie die AGP[107] stellten im Jahre 1987 den Entwurf eines Tarifvertrages der Öffentlichkeit vor[108], dessen Ziel es nicht in erster Linie war, die Mittelaufbringungsseite zu regeln, sondern den Versuch beinhaltete, Beteiligungen und damit auch § 19 a EStG tarifvertraglich mit einzubinden. Insoweit war dies der Versuch, für betriebliche Mitarbeiterkapitalbeteiligungsmodelle auf tariflicher Ebene quasi eine Unterstützung durch die Tarifvertragspartei zu erhalten.

Der Entwurf dieses Tarifvertrages regelte zum einen die vermögenswirksamen Leistungen nach dem 5. VermBG und dessen Verwendung zum Erwerb von Arbeitnehmerdarlehen nach § 19 a Abs. 7 EStG, wozu der Arbeitgeber seinen Arbeitnehmern ein konkretes betriebliches Angebot unterbreiten sollte bzw. wenn ein solches nicht möglich war, ein außerbetriebliches aus dem Anlagekatalog des § 2 5. VermBG.

Die Freiwilligkeit auf seiten der Arbeitnehmer war vorgesehen, die Wahlfreiheit der Arbeitgeber dagegen nur im Rahmen des § 19 a Abs. 7 EStG[109]. Der Arbeitgeber sollte mithin per Tarifvertrag verpflichtet sein, die Vereinbarung über ein Arbeitnehmerdarlehen anzubieten[110]. Der Arbeitnehmer sollte dann berechtigt sein, ein solches Angebot abzulehnen und statt dessen das Angebot einer vom Arbeitgeber gewählten verbrieften außerbetrieblichen Vermögensbeteiligung gemäß § 19 a Abs. 3 Nr. 1-6 EStG zu verlangen. Dabei konnte die angebotene außerbetriebliche Vermögensbeteiligung auch z. B. die Beteiligung an einer Mitarbeiterbeteiligungsgesellschaft sein, die die für die Beteiligung aufgebrachten Mittel dem arbeitgebenden Unternehmen wieder zur Verfügung stellt.

Das Bundesarbeitsministerium äußerte bezüglich dieses Ansatzes keine Bedenken, wohl aber was die steuerlichen Auswirkungen dieses Tarifver-

106 Katholische Arbeitnehmerbewegung

107 Arbeitsgemeinschaft zur Förderung der Partnerschaft in der Wirtschaft e.V.

108 MAB, Fach 6910, S. 3

109 § 19 a Abs. 7 EStG lautet: »Werden Darlehensforderungen nach Abs. 3 Nr. 10 in Tarifverträgen vereinbart, so kann der Arbeitgeber sich hiervon befreien, wenn er dem Arbeitnehmer anstelle der Darlehensforderung eine andere gleichwertige Vermögensbeteiligung nach Abs. 3 zuwendet; sofern der Arbeitnehmer dies verlangt, sind dabei mindestens zwei verschiedene Formen der Vermögensbeteiligung nach Abs. 3 Nr. 1 bis 9 und 11, von denen mindestens eine keine Vermögensbeteiligung am Unternehmen des Arbeitgebers ist, zur Auswahl anzubieten.

110 § 19 a Abs. 3 Nr. 10 EStG

tragsentwurfes betraf: Denn wenn der Arbeitnehmer nur die vom Arbeitgeber ausgewählten Anlageformen per Tarifvertrag wählen konnte und die Verbilligung zu überlassender Beteiligungen im Tarifvertragsentwurf nicht mit vorgegeben war, fehlten bereits zwei wesentliche Eckpfeiler des gesetzlichen steuerlichen Förderkonzepts.

Dieser erste Vorschlag stieß auf Gewerkschafts- und Arbeitgeberverbandsseite gleichermaßen auf Kritik[111]. So wurde angemerkt, damit sei nicht nur die tarifvertragliche Regelung der Mittelaufbringungsseite sondern auch die der Mittelverwendungsseite angesprochen. Dieser Entwurf lasse ferner nicht ausreichend deutlich werden, ob die Mitarbeiterbeteiligung erstreikbar sein solle, wie weit Freiwilligkeit und Wahlfreiheit auf Arbeitgeber- und Arbeitnehmerseite gehe etc.

2. Wagner/Loritz-Modell

Mit dem KAB/AGP-Modell einer die betriebliche Mitarbeiterkapitalbeteiligung begleitenden tariflichen Regelung war die Diskussion *1987* angeschoben worden und wurde nun von *Wagner/Loritz* mit einem eigenen – ersten – Modellvorschlag im Jahre *1988* fortgeführt[112].

Darin wurde der Arbeitgeber nicht zum Angebot von Mitarbeiterbeteiligungen verpflichtet, vielmehr war Regelungsgegenstand, daß man, *wenn* Arbeitgeber sich für eine Mitarbeiterkapitalbeteiligung entscheiden, dann *inhaltlich* die Eckpunkte beachtet werden sollten, die in dem Tarifvertragsentwurf ausdrücklich angesprochen waren. Dies kam in der Vorbemerkung des Vorschlages wie folgt zum Ausdruck:

> »Mit dem Tarifvertrag ist beabsichtigt, dem Arbeitgeber, wenn er eine investive Mitarbeiterbeteiligung seinen Arbeitnehmern anbieten möchte, auch für beteiligungswillige Arbeitnehmer die Wahlmöglichkeit zu eröffnen, entweder . . .% gemessen an dem bei einer vollen Gehaltserhöhung zu ermittelnden Betrages, insoweit an Stelle der Gehaltserhöhung, eigenen Arbeitnehmern auf deren Wunsch eine investive Mitarbeiterbeteiligung zur Verfügung zu stellen, oder aber, soweit Mitarbeiter dies wünschen, an Stelle dieser Möglichkeit bzw. einer Gehaltserhöhung schlechthin einen der Gehaltserhöhung entsprechenden Geldbetrag für eine investive Mitarbeiterbeteiligung zur Verfügung zu stellen. Dabei soll der Arbeitgeber, der eine investive Mitarbeiterbeteiligung anbietet, auf Wunsch des Arbeitnehmers darauf achten, daß die Fördermöglichkeiten des 5. VermBG bzw. § 19 a EStG – wenn möglich kumulativ – dem Arbeitnehmer zu

111 Wiedergabe bei *Wagner,* MAB, Fach 6550, Rdn. 53
112 *Wagner/Loritz,* MAB, Fach 6910, S. 11-23

Gute kommen, sofern die gesetzlichen Voraussetzungen dies zulassen. Soweit Mitarbeiter eine der zuvor genannten Alternativen der zur Verfügung zu stellenden Geldmittel für eine investive Mitarbeiterbeteiligung in Anspruch nehmen möchten, verzichten sie in dem Maße auf Gehaltserhöhungen wie sie statt dessen sich Mittel für eine investive Mitarbeiterbeteiligung zuwenden lassen wollen.«[113]

Insoweit war dieser Tarifvertragsentwurf als Regelungsinstrument und nicht als Zwangsinstrument gedacht. Sein *Ziel* war – ebenso wie schon beim KAB/AGP-Modell – die tarifliche Begleitung betrieblicher Mitarbeiterkapitalbeteiligungsmodelle, womit fünf weitere *Ziele* angesprochen werden sollten[114]:

»1. Der Arbeitgeber soll die Wahlmöglichkeit behalten, ob er eine investive Mitarbeiterbeteiligung wählt.

2. Auch der Arbeitnehmer wird nicht gezwungen, Mittel für eine investive Mitarbeiterbeteiligung zu verwenden, er kann sich auch statt dessen für die Entgegennahme einer Gehaltserhöhung entscheiden, entweder ausschließlich oder in Kombination mit einer investiven Mitarbeiterbeteiligung.

3. Entscheidet sich der Arbeitgeber dafür, eigenen Mitarbeitern eine investive Mitarbeiterkapitalbeteiligung anzubieten, können die Mitarbeiter bezüglich der zur Verfügung zu stellenden Mittel zwischen folgenden Möglichkeiten alternativ entscheiden:

(1) Mit diesem Tarifvertrag wird nicht die Frage der Gehaltserhöhung als solche geregelt, sondern die Zurverfügungstellung von Mitteln für eine investive Mitarbeiterbeteiligung (= Mittelaufwendung). Die Höhe einer vom Arbeitgeber zu gewährenden Gehaltserhöhung ist also beispielsweise bereits in einem anderen Tarifvertrag geregelt worden, wobei dort aber im Hinblick auf den hier abzuschließenden Tarifvertrag aus unten noch zu nennenden Gründen das Recht des jeweiligen Mitarbeiters für den Fall einer investiven Mitarbeiterbeteiligung eingebaut sein muß, auf Gehaltserhöhungen verzichten zu können. Folglich darf in jenem Vertrag die normative Wirkung des Tarifvertrages nicht die Verzichtmöglichkeit des Mitarbeiters in diesem Tarifvertrag beschneiden.

Bei der ersten Variante wird von dieser Gehaltserhöhung ein Betrag von ...% **gemessen** an der Gehaltserhöhung »herausgenommen«. Folglich würde sich bei Arbeitnehmern, die sich für diese Variante entscheiden, ihr Anspruch auf Gehaltserhöhung um diesen Betrag minimieren und sie erhielten insoweit quasi außerhalb der Gehaltserhöhung diesen Betrag als vermögenswirksame Leistungen für eine investive Beteiligung als sonstige Zuwendung, nicht aber als Gehaltsbestandteil.

Dadurch, daß die Gehaltserhöhung als solche für die vermögenswirksame Leistung nur Bemessungsgrundlage für den Betrag ist, um den an Stelle von Arbeitslohn Mittel für eine investive Beteiligung zur Verfügung gestellt werden, soll folgendes bewirkt werden: Was bei dieser Variante nicht Gehaltserhöhung ist, sondern qualitativ für eine investive Beteiligung seitens des Arbeitgebers dem

113 *Wagner/Loritz* (FN 112), S. 11, 12
114 *Wagner/Loritz* (FN 112), S. 14-19

Arbeitnehmer an Geldmittel bereitgestellt wird, für die der Arbeitnehmer sich entschieden hat, sollte auch nicht Arbeitslohn sein, denn diese Beträge werden nicht **wegen** erbrachter Arbeitsleistungen zur Verfügung gestellt, sondern **für** eine investive Beteiligung. Da es einem Arbeitnehmer frei steht, auf eine Gehaltserhöhung zu verzichten und diese Freiheit tarifvertraglich sogar geregelt wird, kann man **rechtlich** bezüglich der finanziellen Mittel die dem Arbeitnehmer für eine investive Mitarbeiterbeteiligung zur Verfügung gestellt werden, auch nicht von »ohnehin geschuldetem Arbeitslohn« sprechen (was ja sonst gemäß Ziff. 6 des BMF-Schreibens vom 31. 08. 1987 zu § 19 a EStG für diesen ein Hindernis wäre). Ich möchte ferner meinen, daß das BMF gut beraten wäre, nicht in Überziehung des Wortlautes des **Gesetzes** – denn nur auf dieses kommt es an – auch eine solche Konstruktion als schädlich für § 19 a EStG anzusehen, da das, was für § 19 a EStG schädlich oder nützlich ist, sich nicht aus BMF-Schreiben, sondern letztlich bei Belastungswirkungen aus dem Gesetz selbst ergeben muß (Grundsatz des Vorrangs und Vorbehalts des Gesetzes bei belastenden Eingriffen im Steuerrecht: siehe hierzu Artikel 20 Abs. 3 GG).

(2) Das gleiche Prinzip soll bei der 2. Variante gelten, wenn Mitarbeiter auf eine Gehaltserhöhung schlechthin verzichten und diese insoweit nur der **Höhe** nach Bemessungsgrundlage für die Ermittlung des Betrages ist, statt seitens des Arbeitgebers dem Arbeitnehmer eine Gehaltserhöhung zu gewähren, finanzielle Mittel für eine investive Mitarbeiterbeteiligung zuzuwenden.

Während mit denen unter 1. und 2. genannten Gründen das Postulat der Freiwilligkeit auf Arbeitgeber- und Arbeitnehmerseite gewahrt wird, soll hier unter Ziff. 3, da nur die Mittelaufwandseite angesprochen wird, die Wahlmöglichkeit von Arbeitgeber und Arbeitnehmer, für welche Beteiligungsart die Mittel eingesetzt werden sollen, nicht präjudiziert werden.

4. Wie zuvor dargestellt soll als 4. Ziel ferner der Versuch unternommen werden, tarifvertragliche Gestaltungsspielräume offen zu halten, an den Diskussionspunkt der»Kostenneutralität« möglichst nahe heranzukommen.

5. Der Arbeitgeber hat zwar die Wahlfreiheit, ob er eine investive Mitarbeiterbeteiligung anbieten will. Wenn er sich aber dafür entscheidet, muß er zwei Dinge beachten:

(1) Die Wahlmöglichkeit der Mitarbeiter,

☐ ob diese nämlich das Angebot der investiven Mitarbeiterbeteiligung annehmen wollen und

☐ wie diese die entsprechenden Mittel zur Verfügung gestellt haben wollen (s. o. Ziff. 3).

(2) Der Wunsch der Mitarbeiter, sich für investive Mitarbeiterbeteiligung und eine der Aufwandsalternativen gemäß Ziff. 3. entschieden zu haben, bei der Gestaltung des Beteiligungsvertrages die Fördermöglichkeiten des 5. VermBG und § 19 a EStG beachtet zu sehen, soweit die gesetzlichen Voraussetzungen gegeben sind. Da manche Arbeiter bzw. Angestellte wegen Überschreitens der Gehaltsgrenzen das 5. VermBG nicht in Anspruch nehmen können, aber ggf. § 19 a EStG, ich aber im Tarifvertrag keine bestimmte Anlageform präferieren wollte (weil die Mittelverwendungsseite betreffend), habe ich davon abgesehen, bestimmte Personen oder Personengruppen ausdrücklich vom Geltungsbereich des Tarifvertrages auszunehmen.

> Dieser Tarifvertrag ist ein solcher mit nur schuldrechtlichen und nicht mit normativen Wirkungen. Folglich ist nicht entscheidend, wem gegenüber der Tarifvertrag normativ wirkt, sondern wer aus ihm schuldrechtliche Rechte herleiten kann (also quasi ein schuldrechtlicher Verbandstarifvertrag zugunsten Dritter). Folglich können diejenigen keine Rechte aus ihm herleiten, bei denen beispielsweise die gesetzlichen Voraussetzungen des 5. VermBG bzw. § 19 a EStG im **Einzelfall** nicht gegeben sind, was sich jeweils aus der konkreten Situation oder aus dem individuellen Beteiligungsverhältnis ergibt.
>
> Die Frage der **Norm**adressaten des Tarifvertrages stellt sich mithin hier nicht.«

Wagner/Loritz gingen dabei davon aus, daß aus prinzipiellen verfassungsrechtlichen Überlegungen[115] nur die Aufwendungs- und nicht die Verwendungsseite geregelt werden kann und die Vielfalt der Gestaltungsmöglichkeiten nicht eingeengt werden sollte. Und bereits 1988 legten sie den Grundstein für die Erweiterung dieses Modellansatzes in dem 1992 vorgestellten Regelungsmodell[116], indem sie darauf hinwiesen, die Konkretisierung der Beteiligung selbst und damit auch die Verwendungsseite müsse auf einer anderen vertraglichen Ebene als der des Tarifvertrages erfolgen.

In jenem bereits 1988 vorgestellten Vorschlag findet sich mithin als Grundgedanke, eine Tariflohnerhöhung – pauschal ausgedrückt – um so geringer ausfallen zu lassen, je höher die vom Arbeitgeber gewährte und vom Arbeitnehmer in Anspruch genommene Vermögensbeteiligung ist. Ein weiteres kam hinzu:

Sie gingen bei diesem Modellvorschlag von der Variante aus, daß der Arbeitgeber im Falle der Gewährung von Vermögensbeteiligungen geringere Tariflöhne zahlen müßte und dafür den Vorteil hätte, daß das Geld bei einer investiven Beteiligung im Unternehmen verbliebe, wenngleich für den Arbeitnehmer vermögenswirksam angelegt. Der Arbeitnehmer würde zwar weniger Barlohn erhalten, weil er im übrigen in seiner Vermögensbeteiligung investieren würde. Die Bruttozuwendung Barlohn + Wert der Vermögensbeteiligung wäre aber gleich hoch, während die Nettozuwendung beim Arbeitnehmer deshalb höher wäre, weil der halbe Wert der unentgeltlich zugewandten Vermögensbeteiligung gemäß § 19 a EStG bis DM 500,– steuerfrei wäre. Diese Variante wäre mithin für den Arbeitgeber quasi »kostenneutral« und würde dem Arbeitnehmer einen Vorteil in Höhe der Steuerersparnis sowie evtl. Vorteile nach dem 5. VermBG bringen[117].

---

115 dazu siehe *Wagner/Loritz* BB 1990, 1741, 1745; *Loritz,* MAB, Fach 6910, S. 21; *Buschmann,* Vermögensbildung durch Kollektivvereinbarung, 1983, S. 232 ff.; *Wagner,* MAB, Fach 6550, Rdn. 39 ff.

116 *Wagner/Loritz,* MAB, Fach 6910, S. 25

117 zutreffend *Loritz,* MAB, Fach 6910, S. 21, 22

Loritz hat diesen Denkansatz optimiert, indem er Arbeitnehmer und Arbeitgeber zusätzlich sich anteilig die Vorteile aus dem Finanzierungseffekt einer investiven Mitarbeiterkapitalbeteiligung teilen ließ. Wenn folglich ein Arbeitnehmer einen Teil seines Lohnes investiv dem arbeitgebenden Unternehmen zur Verfügung stellt, wird ihm vom Arbeitgeber zugleich zur Vermögensbeteiligung deshalb ein Bonus zur Verfügung gestellt, da finanzierungsmäßig investives Mitarbeiterkapital für den Arbeitgeber zinsmäßig günstiger als eine Fremdmittelkreditaufnahme ist. Das, was die DAG Jahre später mit ihrem »8 + 2« Modell in vergleichbarer Weise zum Ausdruck brachte, war mithin von *Loritz* bereits im Jahre 1988 vorgestellt worden.

3. DAG-Modell »8 + 2« – Grundkonzept DAG/Gesamtmetall

Im Jahre *1991* schlug die DAG[118] die Regelung von Vermögensbeteiligungen per Tarifvertrag nach der Devise vor, entweder 9% Lohn- bzw. Gehaltserhöhung oder 8% Lohn- bzw. Gehaltserhöhung zzgl. 2% Zuwendungen bei investierter Vermögensbeteiligung (= 9% oder 8 + 2%)[119]. Die Beteiligungsform sollte durch eine Betriebsvereinbarung geregelt werden, soweit die Anlage nicht durch eine Beteiligungsgesellschaft erfolge. Als Anlage zum Tarifvertragsentwurf war vorgesehen, daß bei Arbeitnehmerdarlehen als Beteiligungsform diese eine Vorstufe für gesellschaftsrechtliche Beteiligungen sein sollte, bei stillen Beteiligungen u. a. die Verlustbeteiligung auszuschließen sei und diese sowie Belegschaftsaktien gegen Insolvenz seitens des arbeitgebenden Unternehmens zu sichern seien. Demnach sollte die tarifvertraglich ausgehandelte Lohnerhöhung dort gelten, wo Arbeitgeber und Arbeitnehmer sich nicht auf die Kombination einer geringeren Lohnerhöhung zzgl. der zumindest verbilligten Einräumung einer Vermögensbeteiligung gemäß § 19 a Abs. 3 EStG einigen, ein Ansatz wie er ähnlich im *Wagner/Loritz*-Modell zwecks Vermeidung von Befürchtungen über die Erstreikbarkeit von Mitarbeiterkapitalbeteiligungen zu finden ist. Der weitere Gedanke des »8 + 2« knüpft wirtschaftlich an die zuvor schon dargestellten Grundüberlegungen von *Loritz* an, so daß im Ergebnis das 1991 vorgestellte DAG-Modell die publizistische Fortführung des Grundkonzepts des bereits 1988 vorgestellten *Wagner/Loritz*-Modells ist.

Dieses Modell zielte mithin ebenfalls darauf, betriebliche Mitarbeiterkapitalbeteiligungsmodelle tariflich zu begleiten.

---

118 Deutsche Angestellten Gewerkschaft

119 umfassend dargestellt in AGP-FKS-Dokumentation, Quo Vadis Vermögenspolitik? Bonn 11. 12. 1991, S. 105-135 = s. o. § 31

Diese Grundgedanken wurden Diskussionsgegenstand einer aus Vertretern von DAG und Gesamtmetall bestehenden Arbeitsgruppe, die in ihrem Bericht über»Möglichkeiten einer Tarifvereinbarung über eine freiwillige Beteiligung der Arbeitnehmer am Produktivvermögen« zu folgendem *Grundkonzept* kam:

»1. Die Tarifparteien legen im Zusammenhang mit der Vereinbarung von Lohn- und Gehaltserhöhungen jeweils durch Tarifvertrag fest, ob und ggf. in welchem Umfang von der vereinbarten tariflichen Entgelterhöhung eine Vermögensbeteiligung erfolgen kann und welche Höhe der Zuschuß des Arbeitgebers hat.

2. Der Arbeitgeber erklärt seine Bereitschaft/Nichtbereitschaft zur Vermögensbeteiligung und macht im Falle seiner Bereitschaft ein Angebot zur Anlage(n).

3. Der Mitarbeiter teilt seinem Arbeitgeber mit, daß er ein Interesse an einer Vermögensbeteiligung gemäß Tarifvertrag hat.

4. Kommt es zwischen Arbeitgeber und Arbeitnehmer nicht zu einer Einigung über die Anlage, gilt die tarifvertraglich vereinbarte Lohn- und Gehaltserhöhung.«[120]

Im Gegensatz zum KAB/AGP-Modell sowie dem *Wagner/Loritz*-Modell wird bei diesem Grundkonzept eine tarifliche Lösung im Rahmen des 5. VermBG nicht angestrebt[121], wohl aber eine Ausrichtung auf § 19 a EStG[122]. Dies hängt damit zusammen, daß § 19 a EStG eine unentgeltliche oder verbilligte Zuwendung von Vermögensbeteiligungen voraussetzt, während ein nach dem 5. VermBG zu begründender tariflicher Anspruch auf vermögenswirksame Leistungen als Entgeltanspruch nicht unentgeltlich bzw. verbilligt zugewendet werden kann[123].

Im Zusammenhang mit diesem Grundkonzept sind div. Rechtsfragen offen geblieben, zu denen allerdings auch Stellungnahmen vorliegen:

(1) Die Vertreter von Gesamtmetall befürchteten in einer solchen Regelung einen Verstoß gegen das Verbot der Entgeltverwendungsabrede[124], eine Befürchtung, die in einer neueren Stellungnahme des Bundesarbeitsministeriums nicht geteilt wird, da der Tarifvertragsentwurf Vermögensbeteiligungen nicht zwingend vorschreibe, sondern nur, wenn sich Arbeitgeber und Arbeitnehmer auf diesen einigten.

120 s. o. FN 119, S. 112, 113
121 s. o. FN 119, S. 114
122 s. o. FN 119, S. 113
123 *Loritz,* BB 1990, 1741, 1746
124 §§ 115, 117 GewO

(2) Die Vertreter von Gesamtmetal befürchteten, daß die Anknüpfung des Tarifvertrages an eine privatrechtliche Vereinbarung zwischen Arbeitgeber und Arbeitnehmer, die nicht als Arbeitsvertrag angesehen werden könne, zur Unwirksamkeit des Tarifvertrages mit dem Risiko der Doppelzahlung durch den Arbeitgeber führen könne.

DAG wie auch das Bundesarbeitsministerium teilten auch diese Befürchtung nicht, da der Tarifvertrag die Festlegung einer Wahlschuld (§ 262 BGB) zum Gegenstand habe, wobei die Ausübung der Wahl – reine Barlohnerhöhung oder in Kombination mit Vermögensbeteiligung – beim Arbeitnehmer liege, jedoch versehen mit dem Zustimmungsvorbehalt des Arbeitgebers. Durch die Ausübung dieses Wahlrechts sei gemäß § 263 Abs. 2 BGB die gewählte Leistung die nach dem Tarifvertrag von Anfang an geschuldete, so daß keine Umwandlung des Anspruches in einen anderen stattfinde.

(3) In der Wahrnehmung der Variante Barlohnerhöhung und Vermögensbeteiligung liegt wegen der zuvor beschriebenen Rechtsfolgen des § 263 Abs. 2 BGB nach Ansicht des Bundesarbeitsministeriums auch kein gegen § 4 Abs. 4 TVG verstoßender Verzicht auf tarifliche Rechte. Die Ausübung eines Wahlrechts sei mithin kein Verzicht auf entstandene Rechte.

(4) Die Vertreter von Gesamtmetall befürchteten, daß die Kombination von Barlohn und Vermögensbeteiligung das für § 19 a EStG erforderliche Merkmal der Verbilligung bzw. Unentgeltlichkeit nicht erfüllen[125]. Das Bundesarbeitsministerium sieht dies anders. Mit Ausübung des zuvor beschriebenen Wahlrechts (§ 263 Abs. 2 BGB) erfolge ja gerade keine Umwandlung von Arbeitslohn wie auch der Arbeitnehmer keine Gegenleistung erbringe, vielmehr werde die Vermögensbeteiligung neben der Lohnerhöhung insoweit von Anfang an geschuldet.

4. Das Regelungsmodell

Sowohl mit dem *Wagner/Loritz*-Modell wie auch mit dem DAG-Modell war den Hauptbefürchtungen einer Erstreikbarkeit von Mitarbeiterkapitalbeteiligungen begegnet worden. Gleichwohl blieben mehr oder weniger unausgesprochene Berührungsängste bei der thematischen Zusammenführung von Mitarbeiterkapitalbeteiligungen, Investivlohn und Tarifvertrag.

125 im Hinblick auf Abschnitt 77 Abs. 4 der LStR 1993; *Loritz,* BB 1990, 1741, 1746

Um diese eher emotionalen Schwellen zu überwinden, stellten *Wagner/ Loritz* in Fortführung ihres Modells aus dem Jahre 1988[126] ein so zu bezeichnetes »Regelungsmodell« vor[127]. Ausgangspunkt war die tarifliche Entwicklung, daß im Westen Deutschlands die Gewerkschaften beträchtliche Gehaltserhöhungen forderten, um in Anbetracht gestiegener Lebenshaltungskosten bei Arbeitnehmern reale Einkommensverluste zu vermeiden, während im Osten Deutschlands die Angleichung der Gehälter an westliches Niveau avisiert wird. Investivlöhne können in beiden Fällen dazu führen, mit besagten Gehaltserhöhungen für die Unternehmen verbundene Liquiditätsbelastungen zu minimieren. Sie befaßten sich vor diesem Hintergrund mit der Frage, ob in Anbetracht der skizzierten emotionalen Befürchtungen eine Investivlohnkonzeption zwar unter Einbindung von Arbeitgeberverbänden und Gewerkschaften, aber *außerhalb* des Tarifvertrages möglich sei, wobei den Grundsätzen der beiderseitigen Freiwilligkeit der Anlageentscheidung, der Beachtung von Verteilungsspielräumen Rechnung getragen wurde und keine Fondslösung angestrebt wurde, ohne daß es im übrigen des Rufes nach dem Gesetzgeber bedurfte.

Dem haben sie im *Regelungsmodell* Rechnung getragen, das zwei neue Gestaltungselemente mit sich bringt:

□ Arbeitgeberverbände und Gewerkschaften regeln im *Tarifvertrag* als *Tarifvertragsparteien* die Frage der Gehaltserhöhung sowie das Wahlrecht des Arbeitnehmers, statt dessen eine Kombination aus Barlohnerhöhung und Vermögensbeteiligung wählen zu dürfen, wenn der Arbeitgeber dem zustimmt.

□ Arbeitgeberverbände und Gewerkschaften regeln als *Verbände* in einem *schuldrechtlichen Vertrag zugunsten Dritter* (der begünstigten Arbeitnehmer), was geschehen soll, wenn der Arbeitnehmer die Investivlohnvariante wählt und sich mit Zustimmung des Arbeitgebers beteiligt.

Insoweit werden die arbeitsrechtlichen (tarifvertragliche) und beteiligungsrechtlichen (i. V. m. schuldrechtlichem Vertrag zugunsten Dritter) Aspekte rechtlich getrennt, wenngleich aufeinander abgestimmt.

Dabei gehen sie davon aus, daß Arbeitgeberverband einerseits und Gewerkschaften andererseits eigentlich eine Doppelfunktion haben, sie können Tarifvertragsparteien sein (soweit sie Tarifverträge schließen), sie müssen es aber nicht (soweit sie keine Tarifverträge schließen). Im ersteren Fall ist die Bezeichnung »Tarifvertragspartei« zutreffend, im letzteren Fall handelt es sich um »Verbände«. Arbeitgeberverband und Gewerkschaften

126 s. o. § 33 C. II. 2.
127 *Wagner/Loritz,* MAB, Fach 6910, S. 25-28

können sie gemeinsam interessierende Fragen im Interesse ihrer Mitglieder dort per Tarifvertrag regeln, wo es sich um einen tariflich regelbaren Gegenstand handelt, sie sind aber auf das Instrument des Tarifvertrages als ausschließliches Gestaltungsmittel *nicht* fixiert. Wie das Beispiel des Vertragsschlusses zwischen Gewerkschaft, Arbeitgeberverband, Treuhandanstalt und Land zum Komplex der Qualifizierungsgesellschaften zeigt, können statt Tarifverträgen auch andere Verträge geschlossen werden, so daß in einem solchen Falle Arbeitgeberverband und Gewerkschaften nicht Tarifvertragsparteien, sondern als Verbände ganz normale Vertragsparteien sind. Also ist es denkbar, daß Gewerkschaften und Arbeitgeberverbände Verträge miteinander schließen, die nicht Tarifverträge sind (z. B. auch normale schuldrechtliche Verträge), bei denen Befürchtungen im Hinblick auf Streik oder ähnliches keine Rolle spielen, die allerdings auch nicht normativ wirken.

Von diesem Ansatz ausgehend könnten Arbeitgeberverbände und Gewerkschaften als Tarifvertragsparteien einen ganz normalen Tarifvertrag z. B. über eine Tariflohnerhöhung abschließen. In diesem könnte z. B. geregelt sein, daß die Tariflohnerhöhung 7% beträgt. Gleichzeitig könnte aber in diesem Tarifvertrag auch geregelt sein, daß Arbeitnehmer, welche Anspruch auf Vergütung zum Zwecke der Investition in das arbeitgebende Unternehmen haben, nach ihrer eigenen Wahl statt diesem tarifvertraglich begründeten 7%igen Anspruch nur z. B. 5% sollen erhalten können. Damit hätte man im Tarifvertrag gespalten eine Tariflohnerhöhung einmal von 7% und alternativ dazu in Höhe von 5% geregelt und es würde der Wahl des einzelnen Arbeitnehmers überlassen bleiben, ob er sich für die 7%ige Tariflohnerhöhung (für Konsum) entscheidet oder für die 5%ige (wenn er auf anderem Wege Gelder für Zwecke der Investition in das arbeitgebende Unternehmen erhält). Würde der Arbeitnehmer diese zweite Variante wählen hätte er tarifvertraglich gegenüber der ersten Variante nicht auf 2% Tariflohnerhöhung verzichtet, sondern es würden ihm rechtstechnisch tarifvertraglich 2% weniger zugestanden und zwar in Ausübung des Wahlrechts gemäß § 263 Abs. 2 BGB von Anfang an, sofern auf der Ebene des Beteiligungsvertrages zwischen Arbeitgeber und Arbeitnehmer über die Zuwendung einer Vermögensbeteiligung eine Einigung erzielt würde.

Nun muß aber, da im Tarifvertrag über die Gehaltsfrage – wie zuvor ausgeführt – die Zuwendung für Beteiligung (Variante 2) nicht geregelt ist, in einem anderen Vertrag geregelt werden, wie und unter welchen Voraussetzungen eine Vergütung an den Arbeitnehmer fließt, die dieser wiederum mittels Mitarbeiter*beteiligung* in das arbeitgebende Unternehmen *investiert*. Dieser zweite Vertrag hat zum Ziel, daß Arbeitgeberverband und

Gewerkschaft nicht als Tarifvertragspartei (weil insoweit ja kein Tarifvertrag geschlossen wird) sondern als Verbände in einem schuldrechtlichen Vertrag zugunsten Dritter (nämlich der begünstigten Arbeitnehmer) sich darauf einigen können, wie denn die Abwicklung der Mitarbeiterbeteiligung inhaltlich und qualitativ aussehen soll, wenn einerseits das arbeitgebende Unternehmen eine Mitarbeiterbeteiligung zur Verfügung stellt und andererseits der Arbeitnehmer sich für die zuvor geschilderte zweite Variante entscheidet. Es würde dann insoweit sich um einen schuldrechtlichen Vertrag zugunsten Dritter quasi als *Regelungsvertrag* (nicht als Tarifvertrag) handeln, in welchem Arbeitgeberverband und Gewerkschaften als Verbände (nicht als Tarifvertragsparteien) inhaltlich und qualitativ den Bereich für die Investition und Beteiligungen regeln würden, der aus genannten Gründen nicht Gegenstand des normalen Gehalts-Tarifvertrages wurde, denn die Regelung von *Beteiligungen* gehört nicht in den arbeitsrechtlichen Bereich und in den Bereich von Tarifverträgen, sondern kann nur außerhalb derselben geregelt werden. Bei diesem schuldrechtlichen Vertrag der Verbände zugunsten Dritter (der Arbeitnehmer) – dem sogenannten *Regelungsvertrag* – wäre der Inhalt desselben (da kein Tarifvertrag) nicht erstreikbar wie auch derselbe nicht normative Wirkungen zugunsten der Mitglieder von Arbeitgeberverbänden und Gewerkschaften erzeugen würde. Und weil dem so ist, müßte der Arbeitgeberverband bei diesem Vertrag aufgrund ihm von seinen Mitgliedern zu erteilender rechtsgeschäftlicher Vollmacht handeln, um Beteiligungsunternehmen vertreten und verpflichten zu dürfen, während die Arbeitnehmer nur den echten Vertrag der Verbände zugunsten Dritter (nämlich der berechtigten Arbeitnehmer) Forderungs*berechtigte* würden. Die Wahlfreiheit bliebe mithin auf beiden Seiten gewahrt: Das einzelne arbeitgebende Unternehmen könnte über die Vergabe der Vollmacht an den Verband entscheiden, ob er sich vertreten lassen möchte und das Forderungs*recht* zugunsten von Arbeitnehmern begründet dort ja keine Pflicht, davon Gebrauch zu machen. Würde sich im übrigen ein Unternehmen nicht durch einen Arbeitgeberverband rechtsgeschäftlich vertreten lassen, könnte es gleichwohl bei entsprechender Ausgestaltung des Tarifvertrages dennoch seinen Arbeitnehmern Beteiligungen anbieten und die Modalitäten – auch des Investivlohnes – individualvertraglich regeln, wenn und soweit Arbeitnehmer sich freiwillig dafür, statt für einen höheren Barlohn entscheiden.

Damit wären auf seiten der Arbeitgeber die Grundsätze Freiwilligkeit eines Beteiligungsangebotes nicht tangiert und auf seiten der Arbeitnehmer die Grundsätze der Freiwilligkeit bezüglich der Inanspruchnahme einer Beteiligung, der Inanspruchnahme einer Investition aus eigenem Geld und bezüglich der Wahlfreiheit der Anlage nicht tangiert und das sonst vorhandene Problem der Erstreikbarkeit von Beteiligungen würde sich nicht stellen.

In der Praxis würde dies dann so aussehen, daß ein Arbeitnehmer, der sich bezüglich des Gehalts-Tarifvertrages für die Variante 2 (z. B. 5%) entscheidet, dann im Falle der Ausübung des Wahlrechtes und der Einigung mit dem Arbeitgeber über die Zuwendung einer Vermögensbeteiligung als tarifvertragliche *Gehalts*erhöhung auch nur 5% (statt 7%) erhielte, jedoch aufgrund des Regelungsvertrages zusätzlich 2% zur Reinvestition via Mitarbeiterbeteiligung mit einem weiteren 1% bzw. weiteren 2% als Bonus. Die Folge wäre, daß die derzeitige Tariflohndiskussion entspannt werden könnte, denn der investitionswillige Mitarbeiter würde bei einer solchen Konzeption im Rahmen eines Mitarbeiterbeteiligungsmodells nicht 7% Gehaltserhöhung konsumieren, sondern 2% davon in das arbeitgebende Unternehmen investieren, sofern auch das arbeitgebende Unternehmen 1% bzw. 2% Bonus zusätzlich im Rahmen der Mitarbeiterbeteiligung als Reinvestition in das arbeitgebende Unternehmen zur Verfügung stellt, so daß in dieser Größenordnung über die Sperrfrist einer Beteiligung kein Liquiditätsentzug beim arbeitgebenden Unternehmen vorhanden wäre. Zuwendungen bzw. Bonus könnten u. a. wiederum die Verbilligung sein, die die Nutzung des § 19 a EStG ermöglicht.

Daß und warum diese Trennung von *Tarifvertrag* über Gehaltserhöhung einerseits gegenüber dem *Regelungsvertrag* über Investitionen und Beteiligungen andererseits im Rahmen von Mitarbeiterbeteiligung wichtig ist, ist zum einen das beschriebene psychologische Problem der Unternehmer, nicht in Form von Mitarbeiterbeteiligungen mit neuen Streikeinflußnahmemöglichkeiten der Gewekschaften konfrontiert zu werden. Zum anderen aber auch deshalb, weil man Mittelaufbringung und Mittelverwendung oftmals nicht sauber trennen kann, wie beispielsweise § 19 a Abs. 7 EStG zeigt. Aus diesseitiger Sicht ist es ohnehin verfassungsrechtlich problematisch, daß in einem Steuergesetz in dessen Abs. 7 eine Vorschrift der Tarifvertragsfähigkeit der Mittelverwendungsseite (dort Arbeitnehmerdarlehen mit Ausweichmöglichkeiten) angesprochen wird, obwohl eigentlich nur die Mittelaufbringungsseite verfassungsrechtlich unbedenklich ist. Diese verfassungsrechtlichen Zweifel an der Haltbarkeit des § 19 a Abs. 7 EStG münden – auf einen kurzen Nenner gebracht – darin, daß ja immerhin mit einem Arbeitnehmerdarlehen die Pflicht zur Aufbringung einer Bürgschaft durch das arbeitgebende Unternehmen verbunden ist, eine Bürgschaft also, die auf den Kreditrahmen des Unternehmens angerechnet wird und ob man ein Unternehmen via Tarifvertrag zwingen kann, eine Mitarbeiterbeteiligung als Arbeitnehmerdarlehen mittels einer vom Arbeitgeber aufzubringenden Bürgschaft zur Verfügung zu stellen, ist verfassungsrechtlich mehr als zweifelhaft, zumal solches nicht in den Regelungsbereich eines Steuergesetzes hineingehört. Auch die in § 19 a Abs. 7 EStG genannten Ausweichmöglichkeiten ändern an dieser Problematik nichts, da sie als Einbruchstelle einer tarifvertraglichen Regelbarkeit der Mittelverwendungsseite mit den zuvor angesprochenen Problemen anzusehen ist.

Um solche Diskussionen bereits im Ansatz aus dem Wege zu gehen, da sie für die Praxis nicht zuträglich sind, schlagen *Wagner/Loritz* mit dem Regelungsmodell eine Trennung zwischen Tarifvertrag auf der einen Seite (betreffend Gehaltsfrage) und einem Regelungsvertrag auf der anderen Seite (betreffend Beteiligungsseite) als sinnvollen Weg vor. In beiden Vertragsbereichen sind Arbeitgeberverbände und Gewerkschaften angesprochen, im Tarifvertragsbereich als Tarifvertragsparteien, im Regelungsvertragsbereich dagegen als Verbände.

Diese z. Zt. aktuelle rechtspolitische Diskussion wird in dem Maße Praxisbezug erhalten, indem insbesondere in den neuen Bundesländern Tariferhöhungen einerseits eine Anpassung der Gehaltsstrukturen an westliche Verhältnisse ermöglichen sollen, andererseits aber ein zu großer Liquiditätsentzug der Unternehmen diesen in Anbetracht der noch nicht ausreichenden Rentabilität schaden könnte. Der Kompromiß könnte in dem hier vorgestellten *Regelungsmodell* gesehen werden, dessen Ziel es ebenso wie in den zuvor dargestellten Modellen ist, Investivlohnfragen und Mitarbeiterbeteiligungen verträglich miteinander zu kombinieren.

5. Tarifmodell der IG Bau-Steine-Erden

Da die IG Bau-Steine-Erden eine Fondslösung präferiert, dient dieses 1992 vorgestellte Modell »anders als die zuvor dargestellten« nicht als tarifliche Begleitung betrieblicher Mitarbeiterkapitalbeteiligungsmodelle. Folglich sind die mit diesem Tarifmodell der IG Bau-Steine-Erden verfolgten Ziele auch nicht solche, die mit der konkreten Situation von Unternehmen bzw. ihren Arbeitnehmern und deren Arbeitsplätzen zusammenhängen, vielmehr sind es eher allgemeine tarifpolitische Ziele:

> »(1) Verbesserung der Einkommensverteilung durch eine Beteiligung der Arbeitnehmer am volkswirtschaftlichen Zins- und Gewinneinkommen. Dies erfordert eine stärkere Teilhabe an der volkswirtschaftlichen Kapitalbildung.
>
> (2) Die derzeitige, dem ordnungspolitischen Leitbild der sozialen Marktwirtschaft nicht gerecht werdende Vermögensbeteiligung soll zugunsten der Arbeitnehmer verändert werden. Durch eine leistungs- und erfolgsorientierte Vermögensbildung in Arbeitnehmerhand soll der Konzentration des Produktivvermögen entgegengewirkt werden.

(3) Erhöhung der Attraktivität der Baubranche und Steigerung der Bindung qualifizierter Kräfte und Facharbeiter. Die hohe Fluktuation von Arbeitskräften und der eklatante Mangel an Facharbeitern legen auch und gerade im Interesse der Arbeitgeber die Gewährleistung eines branchenspezifischen Einkommensadditivs bzw. eines bautypischen Arbeitnehmerbonus nahe, dessen jeweilige Höhe sich auch am individuellen Lohn (als zwar problematischem, gleichwohl einzig praktikablen Indikator der persönlichen Leistungsfähigkeit und Leistungsbereitschaft) orientieren sollte.

(4) Erweiterung des tarifpolitischen Gestaltungsspielraumes.

Die Ergebnisse der jährlichen Tarifrunden sind in den letzten Jahren durch die Dominanz der »Pilotabschlüsse« in den jeweiligen »Vorreiterbranchen« gekennzeichnet. Durch die Institutionalisierung einer »zweiten vermögensbildungsorientierten Tarifrunde« wäre es möglich – sofern in dieser Tarifrunde über eine andere Bemessungsgrundlage als die Löhne verhandelt würde – der spezifischen Entwicklung der wirtschaftlichen Leistungen einer Branche besser als bisher Rechnung zu tragen.

(5) Im Interesse einer aus ökonomischen und sozialen Gründen möglichst schnellen Angleichung auch der materiellen Lebensverhältnisse und angesichts des – trotz tariflicher Bemühungen – deutlichen Effektivlohnrückstandes in den neuen Bundesländer wird ein Verteilungsmodus angestrebt, der geeignet ist, strukturbedingte bzw. regionale Einkommensrückstände durch eine einkommensunabhängige, aber beschäftigungszahlabhängige Regionalisierung der erhobenen Vermögensbildungsbeiträge tendenziell abzumildern."[128]

Das Modell geht davon aus, daß die Arbeitgeber per Tarifvertrag zwangsweise verpflichtet werden, einen bestimmten Prozentsatz der sogenannten »Nettowertschöpfung« eines jeden Unternehmens als Vermögensbildungsbeitrag zugunsten von Arbeitnehmern der Baubranche zum Zwecke der investiven Erfolgsbeteiligungen an regionale Kapitalanlagegesellschaften zu zahlen[129]. Unter »Nettowertschöpfung« wird dabei verstanden:

»Nach dieser Methode werden die Nettoumsatzerlöse (ohne Umsatzsteuer) um in der Rechnungsperiode erfolgte Bestandsveränderungen und um den Wert aktivierter Eigenleistungen korrigiert, »umsatzähnliche« Erträge wie Miet-, Leasing- und Zinserträgen werden hinzugefügt. Der so gewonnene Bruttoproduktionswert wird dann um die von den anderen Betrieben erbrachten Vorleistungen, die Aufwendungen für produktionsbedingte Leistungen (Lohnarbeiten u. ä.) sowie vorleistungsbedingte Aufwendungen (Transportgebühren etc.) vermindert. Werden von der so gewonnenen Bruttowertschöpfung zu Marktpreisen die auf die Periode entfallenden Abschreibungen auf Sacheinlagen, die indirekten Steuern

128 Leistungs- und erfolgsorientierte Vermögensbildung in Arbeitnehmerhand – Grundlagen und Prinzipien eines Tarifmodells –, S. 3, 4

129 s. o. FN 128, S. 5

(ohne Mehrwertsteuer) und abzugsfähigen Kostensteuern abgezogen und alle empfangenen Subventionen hinzugefügt, erhält man die Nettowertschöpfung; auch als ›betriebliche ordentliche Wertschöpfung‹ bezeichnet.«[130]

Bei Einigung soll statt dessen eine Beteiligung der Kapitalanlagegesellschaft in Höhe der Vermögensbildungsbeiträge am abführungspflichtigen Unternehmen zulässig sein[131].

Gesellschafter der Kapitalanlagegesellschaften sollen Tarifvertragsparteien sein bzw. diesen nahestehende Gesellschaften. Diese Gesellschaften sollen dann wenigstens zwei Sondervermögen (Fonds) vorweisen können, nämlich ein Immobiliensondervermögen und ein Beteiligungssondervermögen, wobei die dem Beteiligungssondervermögen zugewandten Mittel zu großen Teilen (wieder) in der deutschen Bauwirtschaft anzulegen sind[132].

Arbeitnehmer, die in einem Kalenderjahr mindestens 9 Monate beschäftigt waren, erhalten an der Vermögensbeteiligungsabgabe einen Beteiligungsanspruch[133], ohne daß näher erläutert wird, was darunter verstanden wird. Begünstigten Arbeitnehmern werden Anteilscheine bezüglich des Sondervermögens zugeteilt, wobei mit Ablauf einer Sperrfrist eine Verwendungs- bzw. Auflösungsoption besteht, womit sich der Arbeitnehmer seine Beteiligung zum Tageswert des Fondsanteils auszahlen lassen kann[134].

Damit ist im Gegensatz zu den bisherigen Grundsätzen der Vermögenspolitik der Grundsatz der Freiwilligkeit auf Arbeitgeberseite verlassen, indem dieser gezwungen ist, einen Vermögensbildungsbetrag zu entrichten, der i. d. R. nicht mehr zu ihm zurückfließen wird. Während mithin die betriebliche Mitarbeiterkapitalbeteiligungsmodelle auch zur Innenfinanzierung der entsprechenden arbeitgebenden Unternehmen führen kann, ist hier entsprechender Liquiditätsabfluß zwangsweise vorprogrammiert. Auch soll die Wahlfreiheit der Arbeitnehmer bei Tariffonds-Anteilen aufgehoben werden, so daß die Grundsätze von *Freiwilligkeit* und *Wahlfreiheit* auf Arbeitgeber- und Arbeitnehmerseite bei diesem Tariffonds-Modell nicht gegeben sind.

Damit wird deutlich, daß eigentliches Ziel dieses Tarifmodells die Veränderung der Vermögensverteilung in der Bundesrepublik Deutschland

130 s. o. FN 128, S. 24
131 z. B. als gesellschaftsrechtliche oder stille Beteiligung
132 s. o. FN 128, S. 7
133 s. o. FN 128, S. 7
134 s. o. FN 128, S. 8

ist[135], allerdings – wie dargestellt – nicht auf freiwilliger Basis, sondern ohne Freiwilligkeit und Wahlfreiheit auf Arbeitgeber- und Arbeitnehmerseite. Die Freiwilligkeit ist in die Vorstufe des Tarifvertragsabschlusses verlagert, indem insoweit die beschriebenen Folgen davon abhängig gemacht werden, ob sich der entsprechende Arbeitgeberverband bereit erklärt, einen entsprechenden Tarifvertrag abzuschließen. Da die aktive Lohnpolitik der Gewerkschaften es laut IG Bau-Steine-Erden bisher nicht vermocht hat, eine ungleiche Vermögensverteilung zu korrigieren, müsse dies eine institutionalisierte – »im Sinne einer tarifvertraglichen« – Beteiligung der Arbeitnehmer am Produktivvermögen tun[136].

Das Tarifmodell der IG Bau-Steine-Erden ist folglich nach deren eigenen Grundverständnis *kein* Modell einer tariflichen *Lohn*politik wie auch aufgrund der Zwangsabgaben durch den *Arbeitgeber* sich Investivlohnfragen hier nicht stellen.

6. Mitarbeiterbeteiligungsgesellschaft – IG Chemie[137]

Das insoweit angedachte Modell der IG Chemie geht von der Gründung einer »Mitarbeiterbeteiligungsgesellschaft« aus, an der alle Arbeitnehmer der Chemie-Branche beteiligt werden sollen. Diese sollen über einen Barlohnverzicht in bestimmter Höhe einen Teil der jährlichen Tariflohnerhöhungen in diese Gesellschaften einbringen, was bedeutet, daß insoweit die entsprechende Barlohnerhöhung vom Arbeitgeber in die Gesellschaft eingezahlt werden muß. Die Arbeitnehmer erhalten dann an dem zu bildenden Sondervermögen Anteilscheine. Diese Gelder sollen von besagter Gesellschaft für »Investitionen auch im Infrastrukturbereich« verwandt werden bzw. an andere Unternehmen ausgeliehen werden, und da dadurch Arbeitgeber unmittelbar auch Vorteile hätten, sollten sie über den Verteilungsrahmen hinaus ferner weitere zusätzliche Mittel »einbringen«, also abführen.

Die Beteiligungsgesellschaft solle paritätisch von Arbeitgeber- und Arbeitnehmervertretern verwaltet werden.

Auch hier wird erklärt, die Gewerkschaften hätten es durch ihre traditionelle Tarifpolitik nominaler Lohnerhöhungen nicht vermocht, das Ziel einer gerechteren Verteilung des Produktivkapitals zu erreichen. Mithin ist auch hier das Modell der IG Chemie primär kein solches einer tariflichen Lohnpolitik, sondern ebenso wie das der IG Bau-Steine-Erden ein solches i. S. Vermögensverteilungspolitik.

---

135 s. o. FN 128, S. 11
136 s. o. FN 128, S. 12
137 Handelsblatt v. 21. 09. 1992, S. 3

Anders als beim Modell der IG Bau-Steine-Erden wird hier aber der Investivlohn konzeptionell vorgesehen, jedoch nicht als eine Alternative zum Barlohn, sondern als Hebel zur Veränderung der Vermögensverteilung.

Auch hier scheinen Freiwilligkeit und Wahlfreiheit auf Arbeitgeber- und Arbeitnehmerseite in das Vorfeld des Tarifvertragsabschlusses verschoben zu sein.

D. Fazit

Modelle betrieblicher Lohnpolitik werden in der Praxis bereits angewandt, schwerpunktmäßig beim Beteiligungslohn (aus Gewinn/Ertrag bzw. aufgrund von Beteiligungen am Kapital), aber teilweise bereits auch mittels Investivlohn.

Modelle hier dargestellter tariflicher Investivlohnpolitik sind noch nicht Praxis, sondern befinden sich in der Diskussionsphase. Dabei sind ein Teil der Modelle[138] tarifliche Begleitinstrumente, insbesondere für betriebliche Mitarbeiterkapitalbeteiligungsmodelle, während ein anderer Teil[139] weniger Lohnpolitik als Vermögensverteilungspolitik beabsichtigen.

138 DAG-Modell, *Wagner/Loritz*-Modell, Regelungsmodell, KAB/AGP-Modell
139 Modell der IG Bau-Steine-Erden und IG Chemie

Stichwortverzeichnis

Die Zahlen verweisen auf Seiten